切る、貼る、削る。知らないと損をする工具選び 2018

森 慎二／著

大日本絵画

「模型用工具が多すぎて選べない」という、うれしい悲鳴に応えて。

模型店を覗くと工具がびっしり棚を埋める、
そんな時代にもっと模型を楽しむための工具選集

切る、貼る、削る。知らないと損をする工具選び

ここ５年くらいの模型用工具の増え方には目覚ましいものがある。かつては模型以外の用途の工具をなんとか工夫して模型に流用するのがあたりまえだったが、いまは模型店やamazonをのぞいてみれば、プラモデル用ニッパーひとつとっても優に10を超える製品が並んでいて選び放題だ。逆に言うと、相当模型工具に詳しい人でないと選びきれないのではないだろうか。

模型を製作するうえで工具をどう選ぶかは極めて重要だ。「あり合わせの工具を使ってなんとか気合いとテクニックでカバーする」という発想は、筆者に言わせるとナンセンスである。道具を用いるスポーツや楽器演奏などでも同じことが言えるが、根性論に基づいた練習だけでは早い段階で行き詰まってしまうし、なによりおもしろくも楽しくもなくなってしまう。

模型製作はすべての工程を工具を使って行なうものなので、製作しているキットと向き合う時間であるのと同じくらい、あるいはそれ以上に工具と向き合う時間でもある。よい工具を知り、その工具のよいところがどこなのか、あるいは弱点はなんなのかをきちんと把握して使っていれば、自然とテクニックも身についてどんどんうまくなる。そうやってうまくできるようになれば当然もっと楽しくなる。こういうサイクルの起点となるのが「よい工具」だ。

工具の難しいところは、同じ工具でも用途や使い方次第で「よい工具」にも「悪い工具」にもなり得てしまうところにある。たとえば、「コレ１本で万能な完璧ニッパー」というようなものは存在しない。どういうところにどういうふうに使うか、特徴はなんなのかを知らないと工具の真価は発揮されないのである。そこで本書では、いきなりひとつの工具を選んで使い方を説明するというようなハウツー解説方式はやめ、「その工具がどういうときにどこが優れているのか」ということに重点を置いて解説していくことにした。「使い方が載っていないから役にたたないじゃないか」とおっしゃるのは早計だ。いろいろな工具の用途や特徴、そしてその工具ならではの込められた意味について広く知ることこそ、工具を使いこなし、模型をよりうまく楽しく作れるようになる早道だと確信している。
（マルチジャンルモデラー／森 慎二）

乱暴にいってしまうとプラモデルは「ニッパー、ヤスリ、接着剤」があれば組み立てられる。しかしそれは単に「組み立てることができる」ということであって、「うまく楽しく組み立てられる」ということではない。

世のなかにこんなにいろいろな種類の工具があって、さらにいま現時も新しい工具が開発され続けているのは、「もっと具合よく、そしてもっと楽に作業を行なうことができる」ようにするためだ。プロフェッショナルの場合はわかりやすくて、短い時間で確実に作業を行なうことができれば、顧客の満足度が上がり、同時に時間コストが減ってたくさんの仕事をこなせるようになって儲かる。プロ用工具の多くが競って優れた性能や使い勝手を追求しているのはこのような理由があるからだ。そうして性能や使い勝手を追求していくと、たとえばニッパーであればどういう太さのどういう硬さのものをどういう状況で切るかによって形状や性能が最適化していくことになり、その結果同じジャンルであってもたくさんの工具が生まれ、そのなかから選んで使おう、ということになるのである。

「模型製作は趣味で商売ではないので……」と思われる方もいるかもしれない。でも根本は同じだ。優れた性能や使い勝手の工具を使えばよりうまく工作ができる。そうすれば、完成品の出来が上がって自分の満足度が上がる。工作の時間が短縮できればもっとたくさんの模型を完成させることができたり、浮いた時間で工作の密度や完成度を上げることだってできる。プロが顧客のために行なうことを自分で自分のために行なうだけのことで、むしろ自分に対して見返りがあるぶん、その実感は大きいことだろう。プロだからいい工具を使うのではなく、むしろアマチュアこそいい工具を使うべきだ。クオリティー オブ ライフならぬ「クオリティー オブ モデリングライフ」を高めるにはよい工具は不可欠だ。膨大な工具のなかからうまく短時間で工作できる工具を選ぶことこそ、豊かな模型ライフの第一歩なのである。■

ニッパー、ヤスリ、接着剤。
正直言うと、プラモデルは
この3つがあれば作れちゃう。
じゃあなぜこんなにも工具が
あるかといえば……

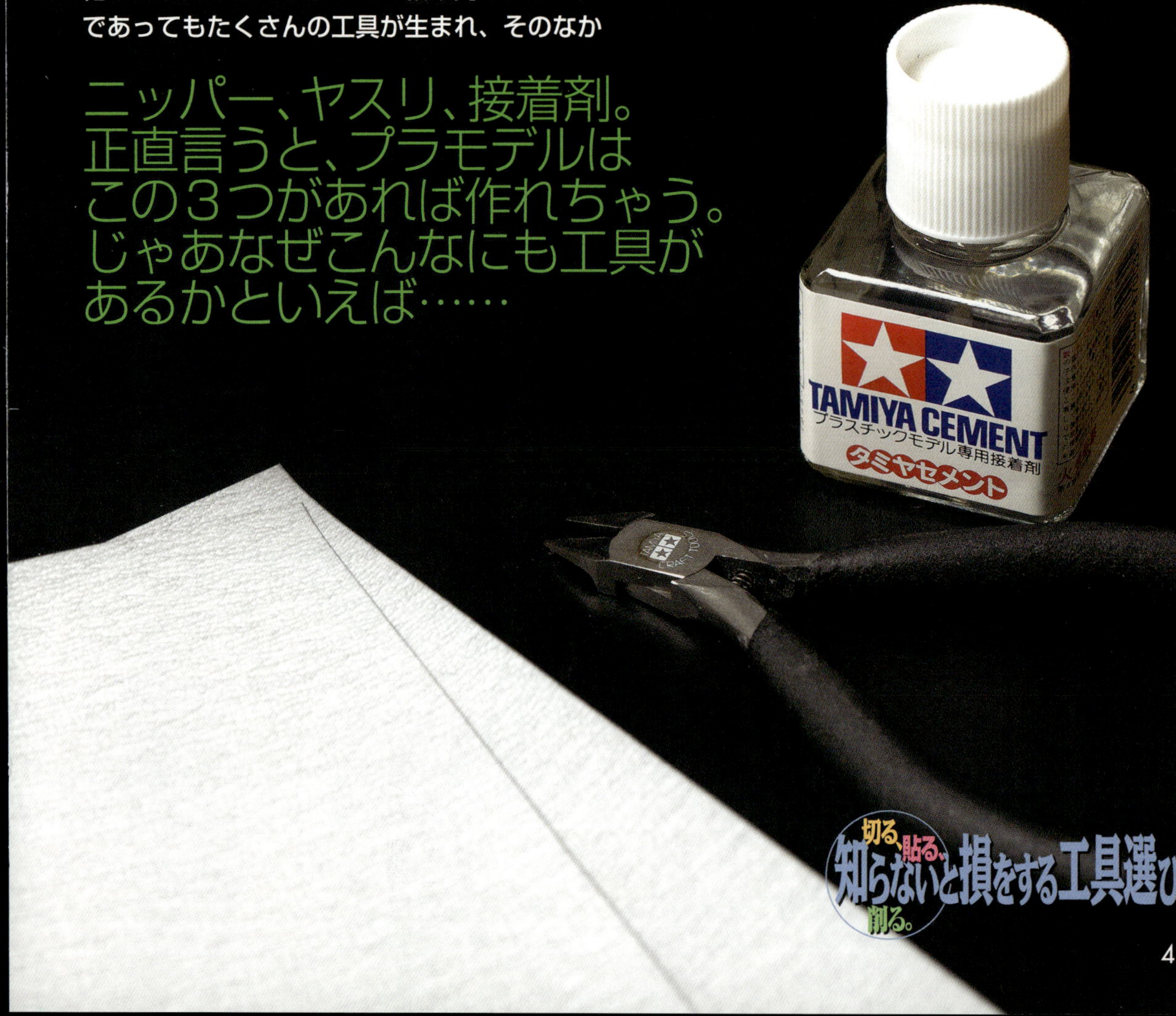

01 「ニッパーはパーツを切るもの」そんな常識は捨てちゃおう！

貼ってから形を調整できて超便利、マスキングテープ用ニッパー"マスパー"

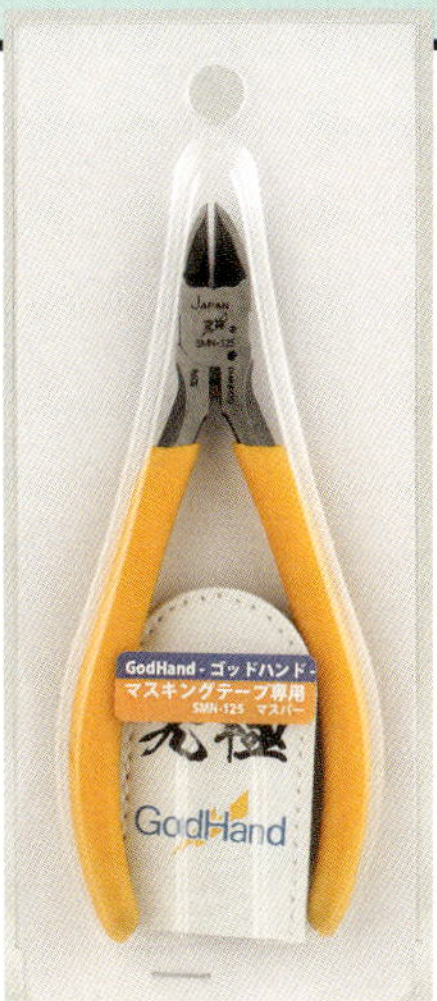

●ゴッドハンドのマスパーは、直販通販限定のテープ専用ニッパー。「ハサミでテープを切っていると、テープののりが刃にくっついたり、刃の間にテープが入ったりして……」というのを解消してくれる

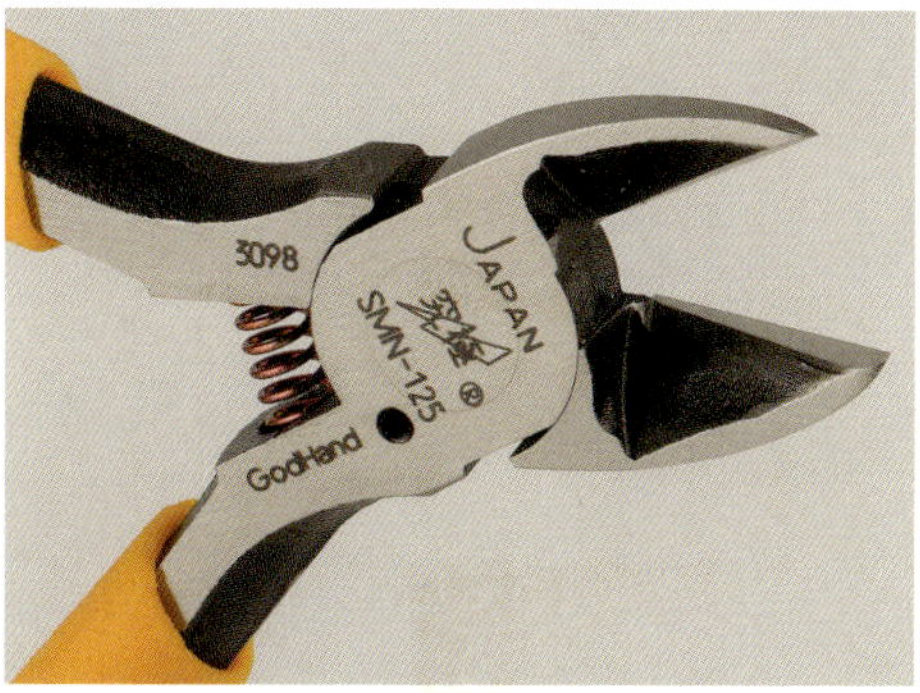

●「1発でまっすぐに切れて刃にテープののりがつきにくい」、そんなマスキングテープカット作業ができるように開発されたマスパー。実際に切ってみると、「パチン」という音とともに非常に気持ちよくテープをカットできる。カットしやすいのでマスキングテープを狙った形状にもしやすく、マスキング作業の手間を軽減しつつ完成品の仕上がりもよくしてくれるスグレモノ工具なのだ

マスパー
ゴッドハンド　実勢税込4100円

ATTENTION!
テープを１発で
「パチン」と切れる
鋭い切れ味

●さらに便利なのがこんなとき。わりとよく発生する「テープの角を少しだけ切りたいたい」というようなときでもマスパーならしごく簡単にカットすることができる

●パーツにテープを貼って合わせてから目算をつけてテープの端を切ることができる。ほとんど力をかけずにパチンときれいに切れるので、格段にテープをパーツ形状に合わせやすくなる

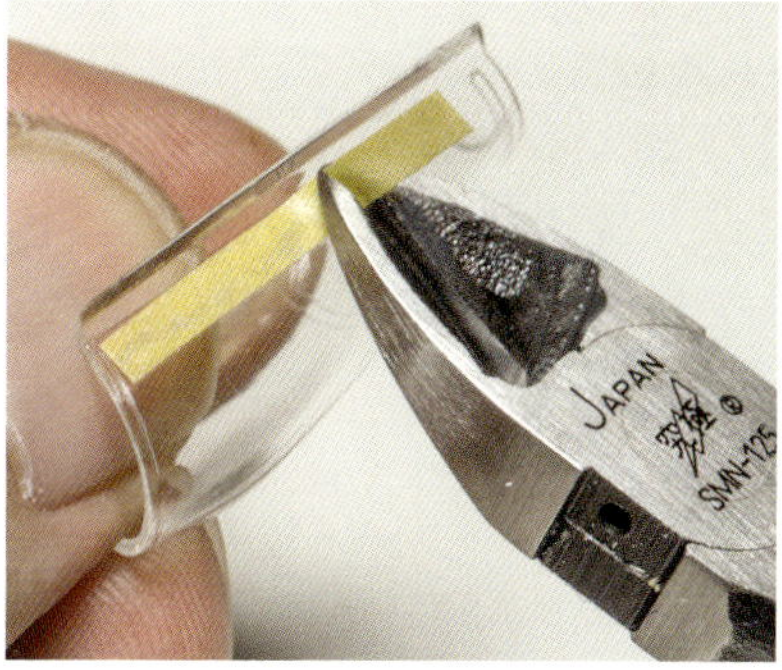

ニッパーといえばプラスチックパーツや金属線などを切る工具というのが一般的な認識だろうが、そんな常識を打ち破るのがこのマスキングテープ専用ニッパー「マスパー」だ。しかし、なぜマスキングテープをニッパーで切らなければならないのかピンとこない方もいることだろう。

　マスキングテープをハサミで切っているときにとてもイライラするのが、テープがハサミにくっついてしまうことだ。別項で紹介しているフッ素コーティングハサミを使えばベタベタを解消することもできるが、マスパーを使えば刃にテープがつかずにパチンと一発で気持ちよく切れる。また、ハサミは直線をきれいに切るのにはじつは意外と向いていないのだが、マスパーならきれいな直線が簡単に切れる。

　さらに言うとマスパーの最大の利点は「貼りながら切れる」ところにある。マスキングの際は塗り分けのラインにテープをぴったりと合わせなければならないが、テープを切り出してパーツに合わせてみるとちょっとずれていることがある、というか、ほとんどの場合はあまりぴったりとはいかない。そんなときはテープをさらに少しだけ切って微調整することになるが、その作業にハサミは向かない。相当刃先が細くて切れ味がよいハサミならできなくもないが、マスパーでテープの端を切るほうが簡単で、しかも狙いどおりに切りやすい。半分テープを貼った状態で端を持ち上げて切っていくこともできるので、マスキングの作業効率と精度が格段にアップするはずだ。

02 改造工作をするとき、同じ形のプラ板をたくさん切りたくなる。

米国の鉄道模型メーカーが作った自作派が手放せなくなる便利カッター

チョッパー 2型
NWSL　実勢税込9000円

ATTENTION!
手ごろな大きさでザクザク切れる模型用裁断機

●チョッパー 2型はカット面が10㎝四方の小型裁断機。裁断機型工具のよいところは、簡単かつ確かに、しかも手早く直線をカットできるところだ。さらに本製品はプラ材をカットすることに特化して刃や持ち手などがチューンされているので、気持ちいいくらいサクサクとプラ材をカットすることができるのだ

●切れ味のよい刃で上から押し切る構造なので、断面が直角になるのがポイント　ニッパーやPカッターで切ると断面が凸凹したり斜めになったりするが、チョッパー 2型は非常にきれいな面に仕上がる。2㎜厚くらいまでのプラ板ならそれほど力をかけなくてもカット可能で、付属のガイドを使用すれば、45度など同じ角度のプラ材を短時間で量産できる

板状の台の上にヒンジで長い刃が留めてあって挟んで押し切るようにする裁断機。一発で直線がきれいに切れる工具だ。普通は紙のフチを揃えて切るのに使うので、台は大きくて刃も紙が切りやすいようなものになっているが、プラ板工作に特化した仕様にしたのがこのチョッパー2型だ。ちなみに、これを開発したNWSL（North West Short Line）社はアメリカの鉄道模型メーカー。鉄道模型では、レイアウト（線路を配置したダイオラマ）を製作しようとするとストラクチャーの自作が当然のように必要になってくる。たとえば駅や建物用の板や柵などを自作しようとすると同形のプラ材を大量に作らないといけなくなるので、少ない手間で確実かつきれいに、しかも大量にプラ材をカットできることはとても重要。そのための工夫が込められたのがこのチョッパー2型なのだ。

通常の模型製作ではそれほど大きなプラ板を切り出すことはないので、台の大きさを20㎝以下に切り詰めて刃もプラ材が切れる厚手で切れ味がよいものになっているのがポイント。チョッパー2型なら1㎜厚程度のプラ板でもザクザクと切断することができ、簡単に切断部を垂直に近いきれいな面に仕上げることができる。断面がきれいに切れるとヤスリがけの手間を大幅に削減することができて仕上がりもよくなる。また、ガイドが装備されているので、それを使えば直角や45度の角のプラ材が手軽に量産可能。プラ材で改造や自作工作をよくする人なら持っていて損はない逸品だ。

03 瞬間接着剤なんてどれもいっしょ……と思っていませんか?

適材適所で使いたい機能特化した瞬間接着剤

瞬間接着剤には驚くほどいろいろな種類がある。一般向けや模型用として小売店で普通に売られているものはそのごく一部なのだが、そのなかで個性的かつ特徴的な性能を持つ2種をここで紹介してみたい。

タミヤ瞬間接着剤イージーサンディングは、その名のとおりヤスリがけの際の使い勝手を重視した瞬間接着剤だ。近年はプラモデルの合わせ目消しや小さい段差の処理が瞬間接着剤で行なわれることが多くなった。瞬間接着剤ならすぐに硬化するので工作時間の短縮が図れ、硬化後のヒケもほぼない。ただし一般的な瞬間接着剤は硬化すると硬めになるので、ヤスリの扱いに慣れていないと接着剤部分以外の周辺のプラスチックばかりが削れてしまうことがある。また、一般的な瞬間接着剤は低粘度なので盛りつけがしにくい。そこでやや粘度が高めで硬化後に削りやすいようになっているのがこのイージーサンディングなのだ。

ロックタイトのピンポインター ゼリー状は、特殊ラバーを配合することで硬化後にも適度な柔軟性を持たせた瞬間接着剤。一般的な低粘度の瞬間接着剤は硬化後硬くなるので衝撃にあまり強くないが、このピンポインターはその柔軟性により衝撃に強くなっている。その名のとおりピンポイントで接着しても強度が出せるので艦船模型の手すりのエッチングパーツなど接着面積が極めて少ない場面で活躍する。また、出す量がコントロールしやすいサイドボタンと極細ノズルが標準装備で、こまかいところの接着に使いやすくなっている。

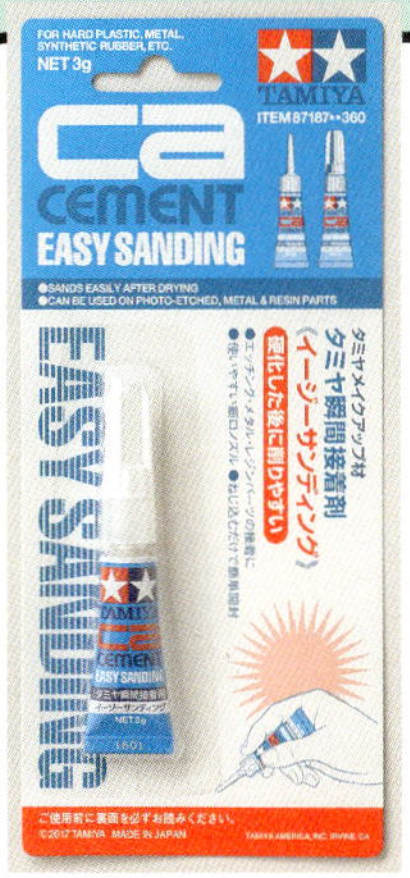

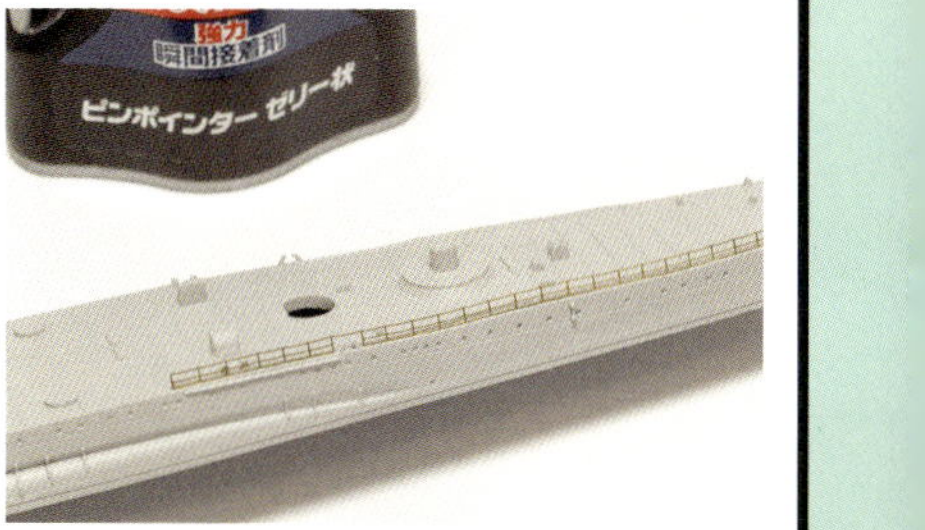

●硬い接着剤が強度が高いかというとそうではなく、むしろ適度な弾性があったほうが衝撃に強くてパーツが取れにくい。ピンポインターは特殊ラバー配合。硬化後も適度な柔軟性があるので、接着面が狭く工作中に触れやすいエッチングパーツなどの接着にはもってこいだ

ATTENTION!
削りやすい硬さでパテ代わりに使いやすい!

タミヤ瞬間接着剤 イージーサンディング
タミヤ　定価税込388円

●イージーサンディングは、通常の流し込み用接着剤やゼリー状接着剤よりも硬化後に削りやすくなっている。使用感としては流し込みとゼリー状の中間くらいの感じだ

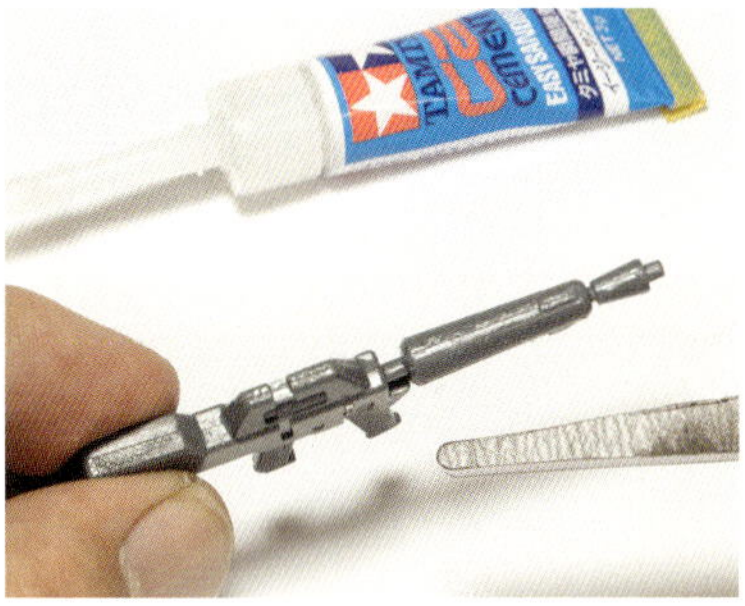

●プラモデルのパーツの合わせ目消し作業で、パテの代わりに使用すると便利。硬化後はプラスチックに近い削りやすさなので整形作業がやりやすい。そこそこ粘度があるので盛り上げていくこともできる

ATTENTION!
特殊ラバー配合で衝撃に強いピンポイント接着剤

ピンポインター ゼリー状
ロックタイト　実勢税込380円

04 老舗ハサミメーカーの技術がつまった粘着テープカットの“最終兵器”

のりがつきにくいフッ素コートハサミ なかでもオススメの逸品がコレ！

極細デザイン用はさみ ボンドフリー
長谷川刃物　実勢税込720円

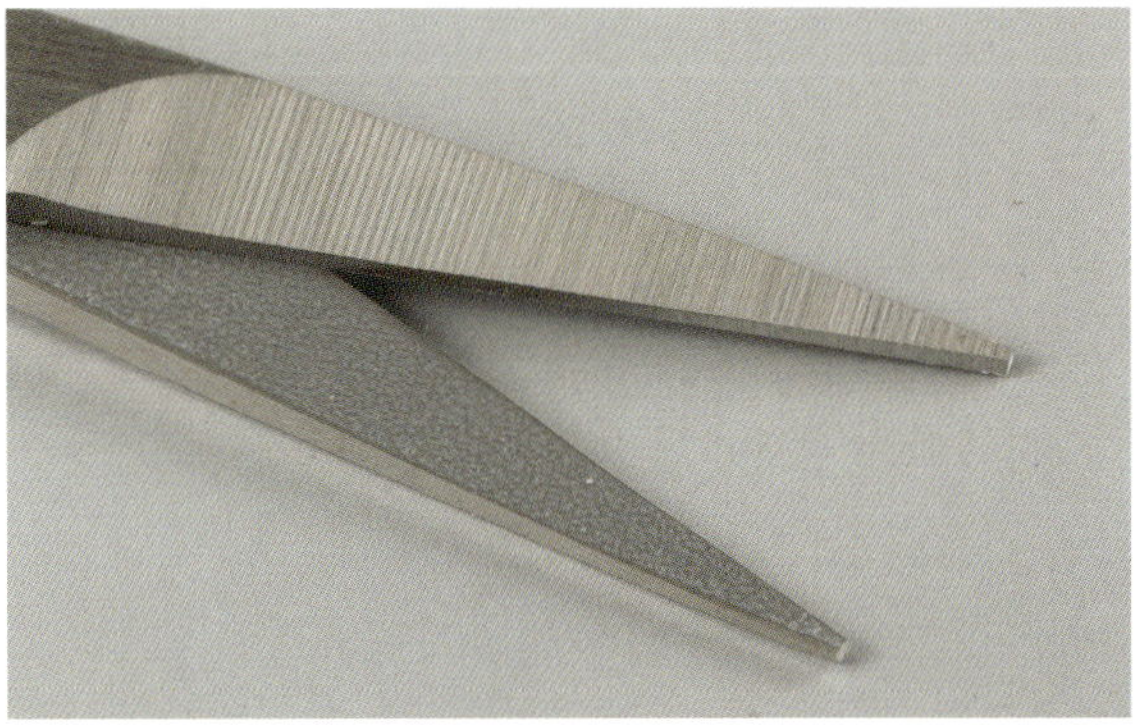

●刃先内側のザラついて鮫肌になっているところがフッ素コーティング。マスキングテープも両面テープもさくっと切れて刃にくっつかない

●もうちょっと大型でラフに使えるフッ素コーティングハサミがほしければ、文房具店やamazonなどで探せばたくさん見つかる。フッ素コーティングハサミは模型以外の日常使いでもとても便利

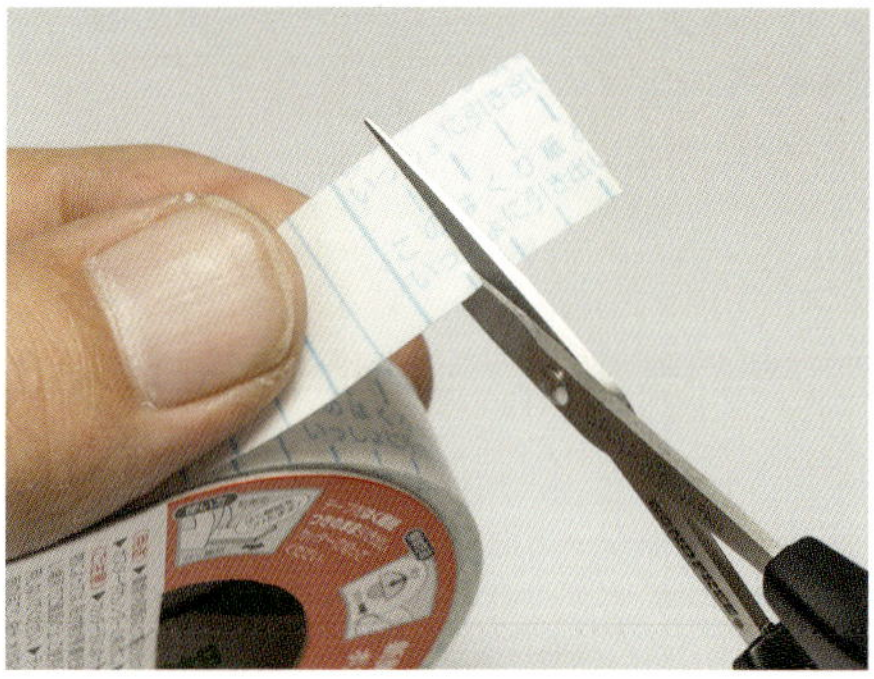

本書のために工具類を見直す作業の一環で文房具店に行ってみてはじめて気づいたが、昨今フッ素樹脂コーティング刃のハサミやナイフが流行っている。そこでホームセンターなどでも気をつけてみてみると、「汚れがつきにくいフッ素コーティングスパナ」などいろいろなところにフッ素コーティング工具があることに気づかされた。

さて、フッ素樹脂コーティングのメリットとは、ベタベタ汚れが表面に付着しにくいところにある。のりがついたテープを切ることがよくあるハサミにはうってつけのコーティングだ。とくに模型の工作では、ハサミはマスキングテープや両面テープの切断に使うことが多いので、のりが付着しにくい＝テープ離れがよいことは、作業のテンポをよくするためには非常に重要な要素。刃にくっついたテープをいちいち剥がしたり、ときどき刃先を溶剤などで掃除する手間がなくなると非常に快調だ。

さて、ここで紹介する極細デザイン用はさみ ボンドフリーは、長い伝統を誇る刃物の町 岐阜県関市の老舗刃物メーカー長谷川刃物製。同社のメインブランド「CANARY」のラインナップのなかのひとつで、デザイン作業用に刃先が細く繊細なコントロールが可能な小型はさみだ。初めてこのハサミでテープなどを切ってみると、驚くほど滑らかな合わせと鋭い切れ味に驚かされる。もちろんフッ素樹脂コーティングの効能はばっちりで、粘着力が強い両面テープなどを切っても刃にテープがくっつくことはなく極めて快適な使用感だ。

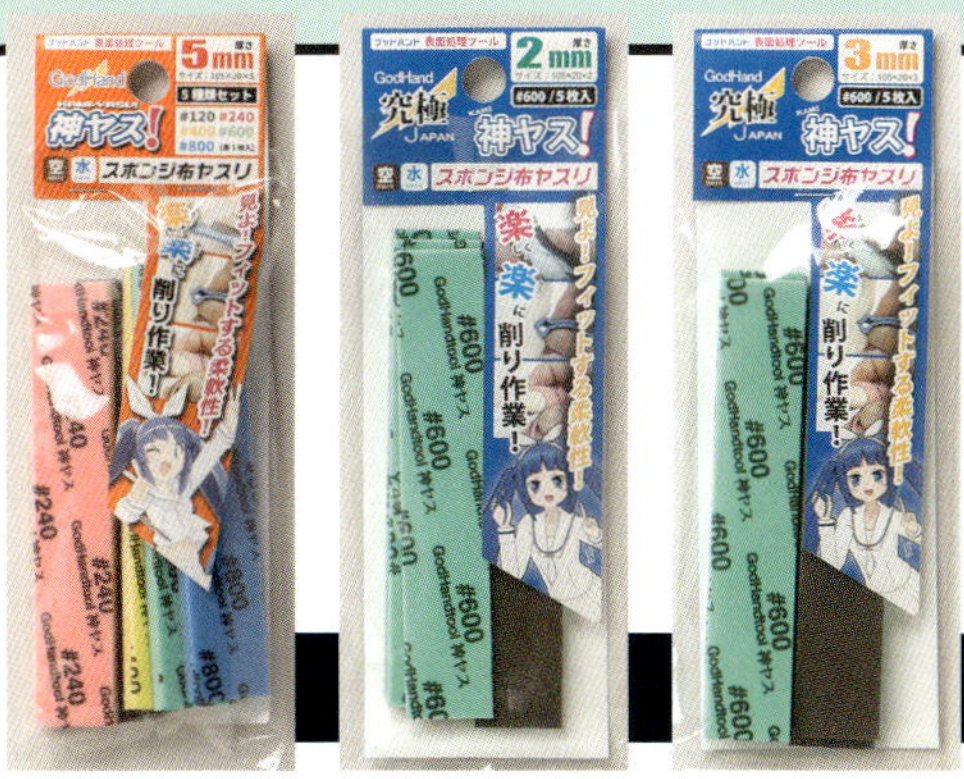

05 その適度な硬さが抜群の使い勝手のよさを生む!

模型製作に最適化された ちょっと“お硬い”スポンジヤスリ

神ヤス!各種
ゴッドハンド　実勢税込400～800円

●硬めのスポンジに高耐久な布ヤスリをくっつけたのがこの神ヤス!。#120から#10000まで各種番手がラインナップされていて、使いやすい#120～#800のセットや20パック入りのお徳用なども販売されている(番手やセットによっては直販通販限定)。折り曲げてもヤスリ面にシワや折れ跡がつきにくく、番手ごとにスポンジの色が変えてあるので視認性が高くなっている

●神ヤス!　のもうひとつの重要なポイントが厚さが2、3、5㎜の3種あるところ。厚みを変えることで、曲面から平面まで、いろいろなところのヤスリがけに対応できる。また、スポンジが適度に硬めなので均一にしっかりと力をかけることができる

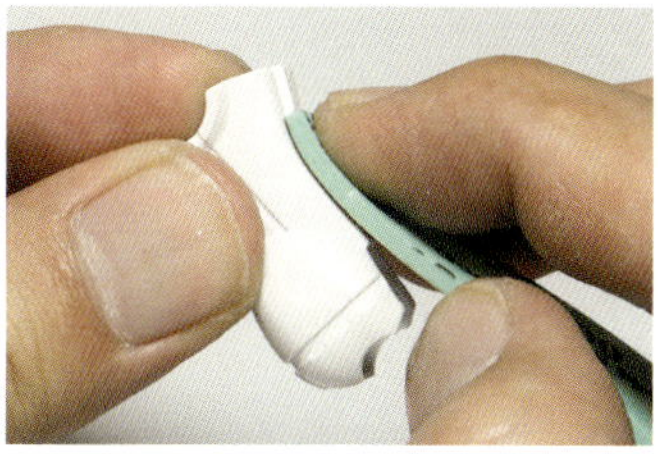

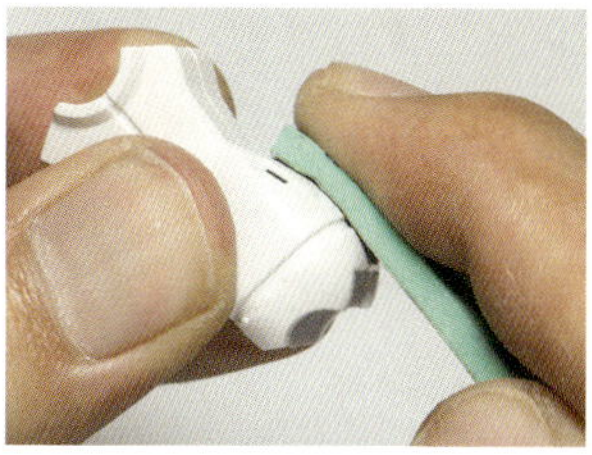

木工用の紙ヤスリにはじまり耐水性サンドペーパーがモデラーの間で一般化したあと、スポンジやすりなど用途に応じたさまざまなタイプのヤスリが使用されるようになったが、それらは基本的に「他の用途のヤスリ」をプラモデル製作に転用している。模型用工具の多くはそうやって他の用途の工具のなかから模型製作に使いやすそうなものを選んできたものだが、近年は、模型工具の充実をうけて「はじめからプラモデル用に開発された工具」が数多く店頭に並ぶようになり人気を博してきている。そもそも模型用として開発されているので使いやすいのはあたりまえといえばあたりまえなのだが、子供のころに爪切りでプラモデルを作ってオカンに怒られたことがある身としては隔世の感がある。

さて、この神ヤス!は、ゴッドハンドが模型製作の切削作業のしやすさを第一にして開発した硬質スポンジヤスリ。普通のスポンジヤスリはかなり軟らかいが、こちらはぎゅっと押すと軽く凹む程度の硬さになっている。この適度な硬さにより、狙った箇所だけにヤスリをあてやすく、同時にパーツの曲面にも均一な力でヤスリをあてることができるのだ。また、スポンジの厚さを3種用意することで、曲率の違いや凹面にも難なく対応できるようにしている。この狙った面だけを均一にヤスれる感触は神ヤス!特有のもので、「もはやコレがないとムリ!」というヘビーユーザーも。まだ使ったことがない方は、ぜひ一回使ってみてその削り心地に魅惑されてみてほしい。

06 工作スペースを確保しにくい日本のモデラーの強い味方！

いろんな機能がぎゅっと詰まった模型専用ワークステーション

●畳んだ状態の収納時の本体サイズは297㎜×209㎜×30㎜とコンパクトなので、広げても30㎝四方のスペースがあれば設置することができる。ルーペ、LEDライト、USB充電ケーブル1m、USBキャップが付属。また、ライトとルーペなどをなくしたワークステーションBasicもラインナップ

ATTENTION!
削り粉を集めて机を汚さないシステム搭載

ワークステーション プロ
プラモ向上委員会　実勢税込6000円

模型製作に必要な工具といえば、ナイフ、ニッパー、ヤスリといった刃物と接着剤。これらはないと模型が作れないからまず初めに揃えることになるわけだけれど、それらをひととおり揃えると気になってくるのが製作環境。工作机、手元を照らすライト、カッティングマット、ゴミ箱、工具入れや工具置き場、場合によってはルーペなど……。これらはなくても作れなくはないけれど、ちゃんと工作環境を整えたほうが快適に作業することができて当然完成品のクオリティーもアップする。

ただ、日本の住環境では、独立した模型部屋を用意して大きな作業机を入れ、そこに各種工作環境を整えるのはなかなか難しかったりする。そこで、「極力コンパクトに模型製作に必要な環境を集約しよう」というのが、このワークステーション プロだ。

USB電源のライト／ルーペ、ニッパースタンド、カッティングマットがコンパクトな筐体にまとめられ、使用しないときは畳んでスマートに収納することができる。おもしろいのは、工作スペースが金属メッシュになっていて削り粉を本体内にためることができるところ。粉がたまったら引き出してまとめて捨てることができる。模型製作は作業後のかたつけに結構な手間と時間が割かれるが、これなら少ない作業時間でも有効に使える。こういった「プラモデル工作環境」そのものを製品としたものが発売されるようになったいま、そろそろ本格的な「プラモデル工作専用机」みたいなものが一般化する日も近い……かもね。

①右サイドには樹脂性のニッパーホルダーを搭載。収納時や使わないときはホルダーを外せる
②工作中に手元が見やすいように、フレキシブルアームのLEDライトとLEDライト付きルーペを標準装備。ともにUSB給電で点灯し、使わないときはUSBコネクタのところで取り外し可能
③給電はUSB式で、内部には容量1000mAのリチウムポリマー充電池を内蔵。充電しておけば電源がないところでも点灯することができる。
④本体作業部には穴を空けた金属製のプレートを配しているので、ゲートカットやヤスリがけなどの工作をそこで行なえば、切断で出る小片や削り粉がその下に落ちるので周囲を汚さずに作業できる。下に落ちた小片や削り粉は下側の引き出し式になっているので、引き出してまとめて捨てれば手間いらずで楽に掃除ができるのだ。作業部には、面積の半分の大きさの専用カッティングマットが付属。奥と手前にスライドさせて使用できる。また、作業部のサイドにはヤスリやナイフなどを置いても転がらない凹みも配置されている。開閉式のカバーは説明書立てとして使うと便利だ

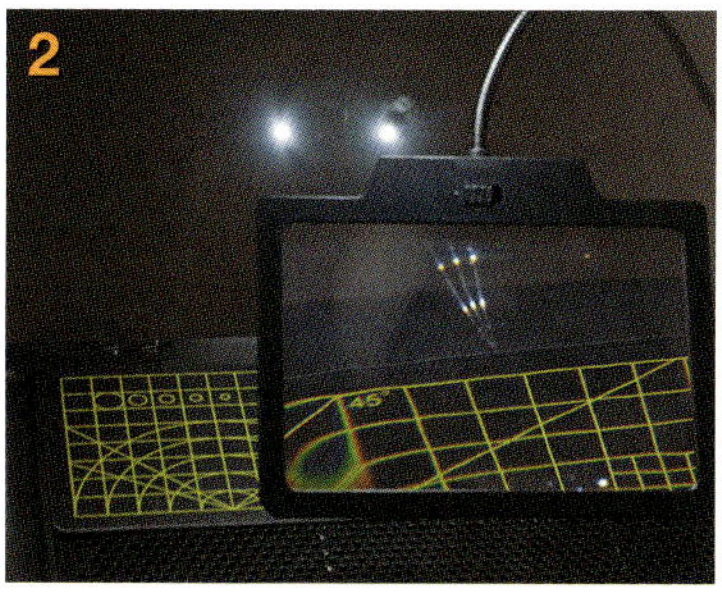

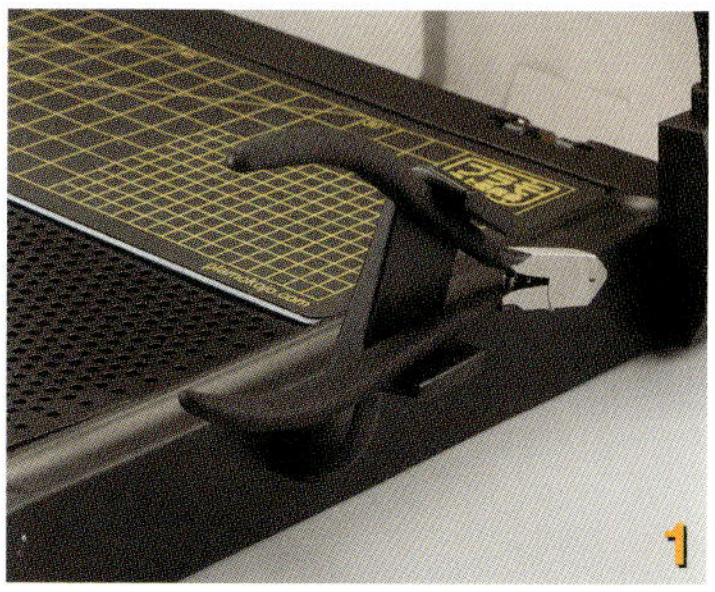

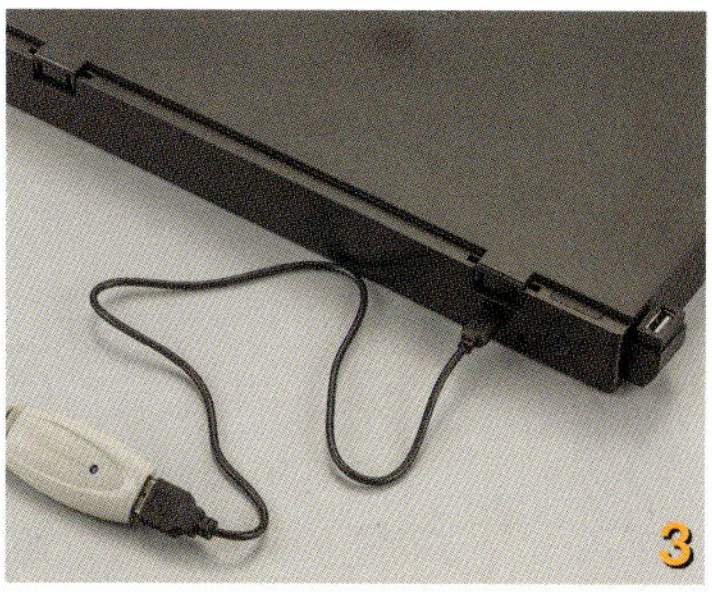

キーワードは「より楽しく快適に」工作環境を向上させてくれる名脇役

プラモ向上委員会は、模型製作環境の向上を狙ったアイテムを開発販売している新興メーカー。ワークステーションで認知度が赤マル急上昇中だがそのほかにもこんな便利なツールをラインナップしていて今後の展開にも要注目だ

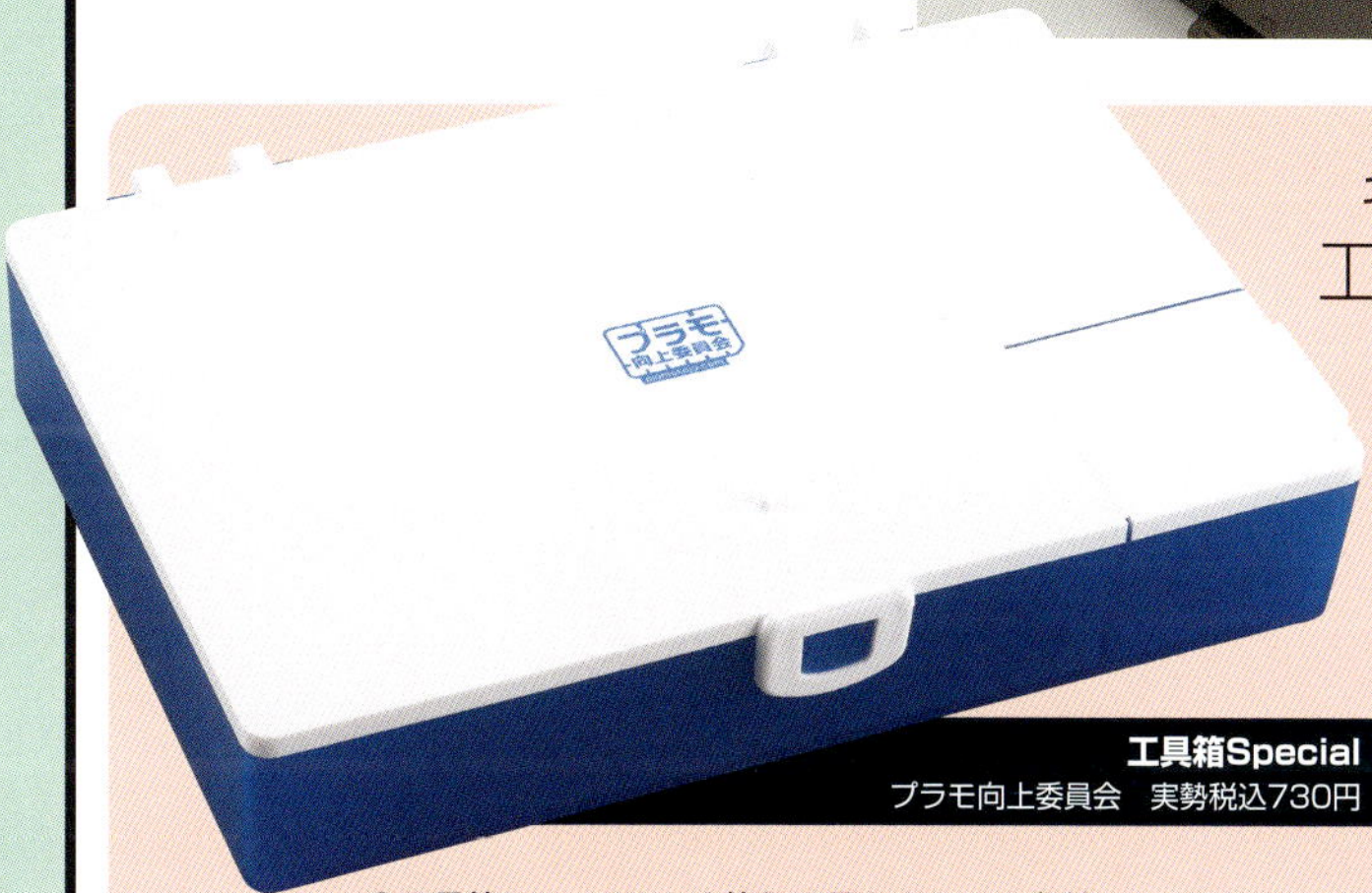

工具箱Special
プラモ向上委員会　実勢税込730円

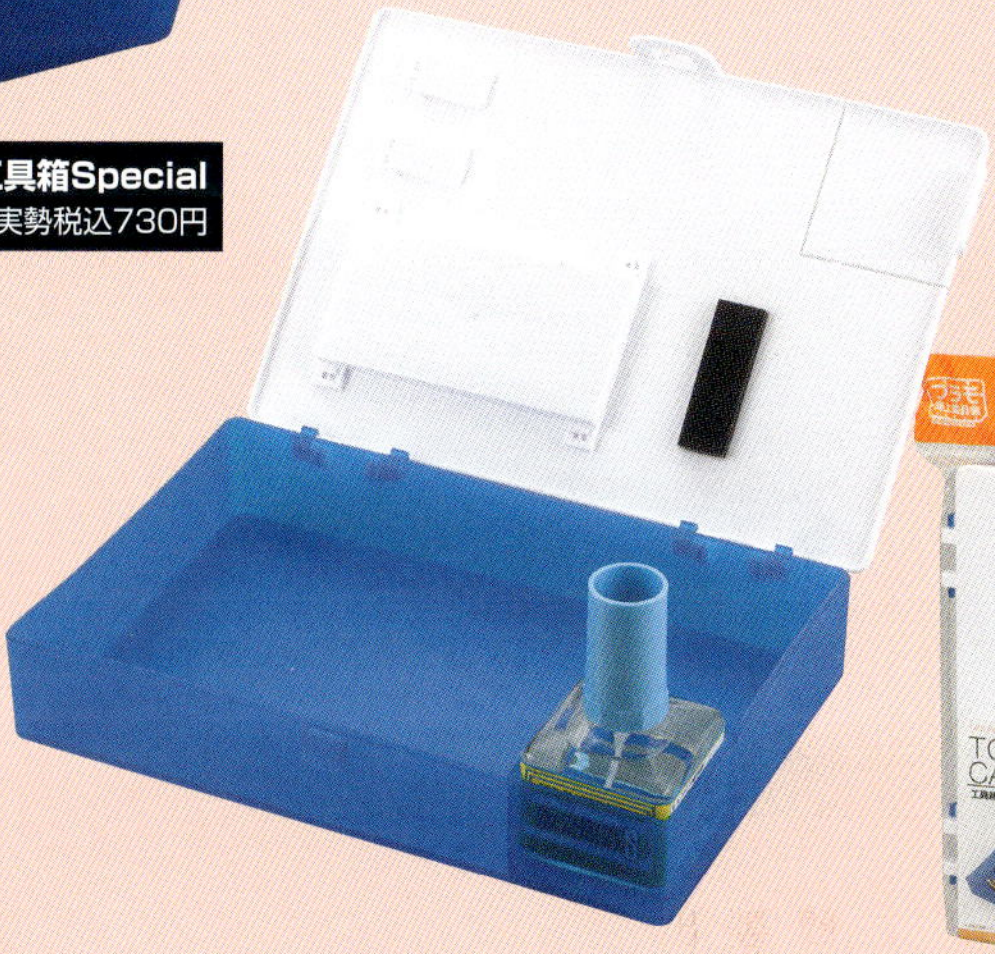

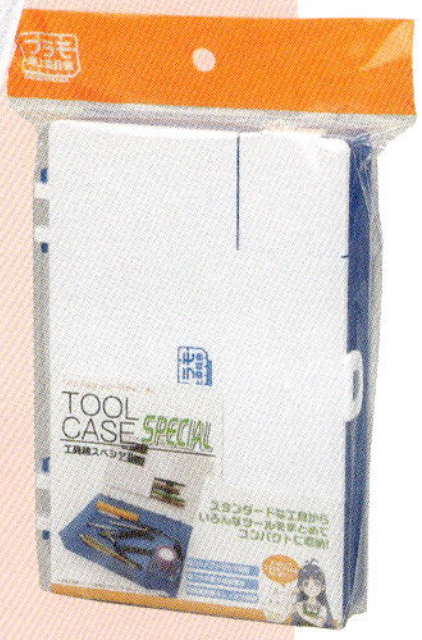

●工具箱Specialはよく使う工具をまとめて収納できるコンパクトな工具ケース。コンパクトながら、接着剤を倒しにくくするホルダー、ヤスリホルダー（寝毛留めゴムつき）、紙ヤスリホルダーなどを装備した高機能ケースだ。とくにフタを閉めていても使える接着剤ホルダーは秀逸！

●筆塗装セットは、筆塗りに必要な筆以外の道具をまとめたもの。塗料皿などをセットするホルダー、専用の使い捨てタイプの塗料皿（3個セット1枚）、筆置き、筆洗い用の洗浄ボトルがセットされている。使い捨てタイプの塗料皿は単体（24枚セット）でも販売されていて、実質1枚10円相当だ

使い捨て塗料皿セット
プラモ向上委員会　実勢税込240円

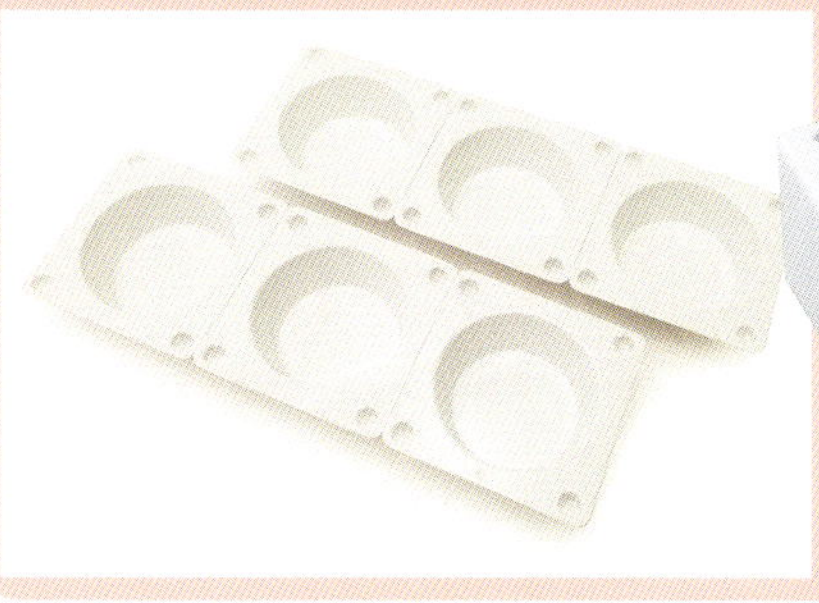

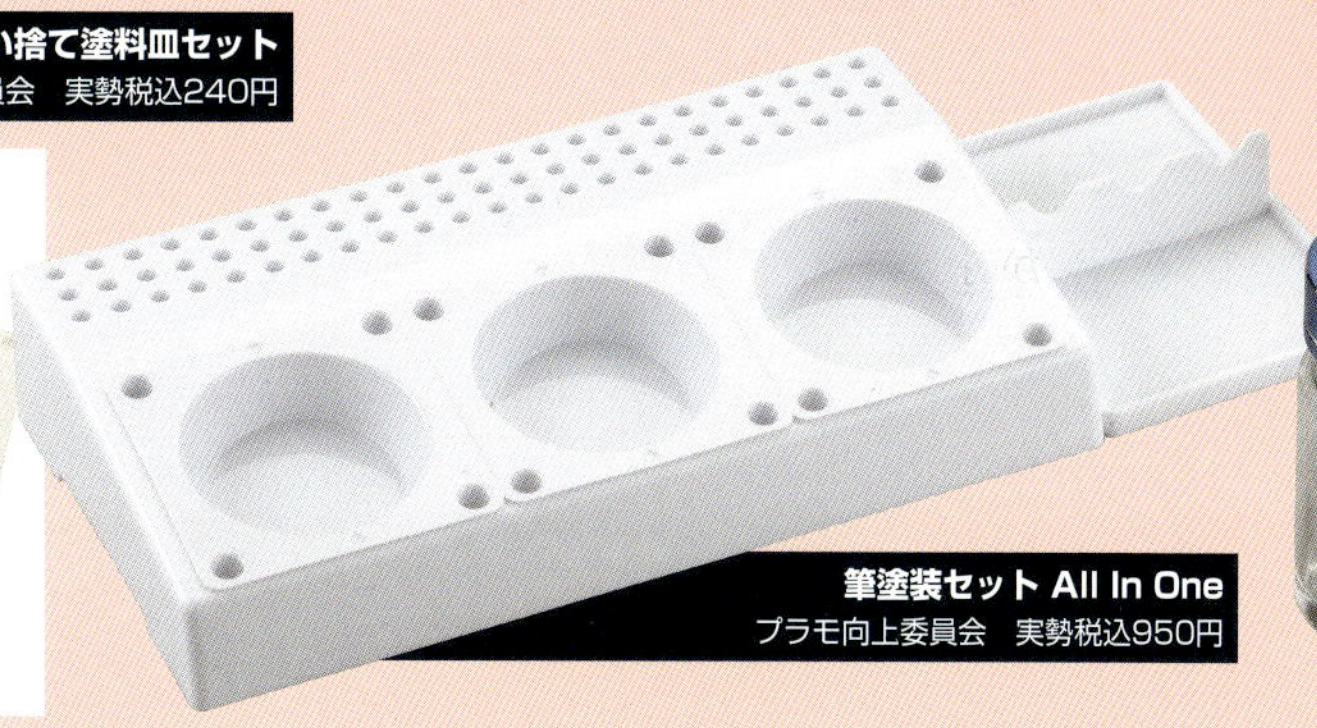

筆塗装セット All In One
プラモ向上委員会　実勢税込950円

07 よい工具ならばこそ よい状態で性能を発揮させよう!

模型用工具のメンテナンス、ちゃんとしていますか?

●セットされているのは、油2種とウェス2枚、ハブラシ、ステッカー。これひとつで「切りカスの除去」「潤滑」「防錆」というメンテナンスをすべて行なうことができる

ニッパーメンテナンス油セット
ゴッドハンド　実勢税込1500円

ATTENTION!
潤滑油と防錆油でニッパーをよい状態に保つ

▼切りカスなどの掃除をしてから、防錆油は金属部表面に、潤滑油は可動部に塗る。油はちょっと多めに塗っておくのが基本

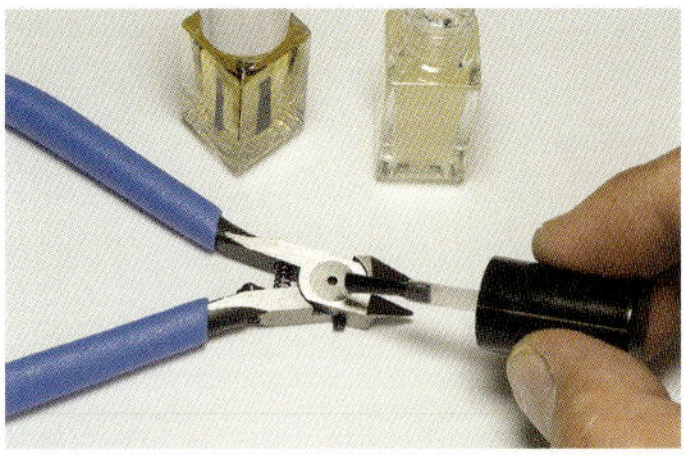

●セットには潤滑油と防錆油がセットされているので、識別しやすいようビンに貼るオリジナルステッカーが付属。ニッパー擬人化キャラクターのニパ子のオマケステッカーも入っているのだ

思えば長い間模型を作り続けてきたが、これまで模型用工具のメンテナンスをした覚えがほとんどない。ナイフの刃や紙ヤスリは使い捨ててしまうし、ニッパーも刃が鈍ったら新しいものに変えていた。それ以外は、「まあ使えるからいいか」という程度であまり深く考えてこなかった。もちろんモデラーがずーっと同じ工具を何十年も使い続けていたらメーカーも儲からないので、そうやって消費していくこともプラモデルシーンを支えていくためには重要ではあるのだろうけれど、このゴッドハンドのニッパーメンテナンスセットが発売されたときには「はっ」とさせられた。

メンテナンスには、工具を長持ちさせるという効能のほかに、「工具をもっとも使いやすい状態に保つ」という意味がある。クルマや自転車などの乗り物ではあたりまえの考え方で、きちんと油を差したり掃除をしたりしないと、機械は所定の性能を最大限に発揮できない。とくに金属でできた可動部がある機械ではメンテナンスは非常に重要だ。適切な油類を適正にさしておかないと錆びたり可動に支障が生じる。それは模型用ニッパーでもまったく同じことなのだ。このゴッドハンドのニッパーメンテナンスセットは「自信を持って送り出したニッパーだからこそ、よい状態で使ってほしい」という刃物メーカーの自信と矜持の現れだ。「プラモデルを作るニッパーなんて適当でいいじゃない」という安易でユルい姿勢を明確に飛び越える、同社の工具への自信と愛情に敬意を表したいと思う。

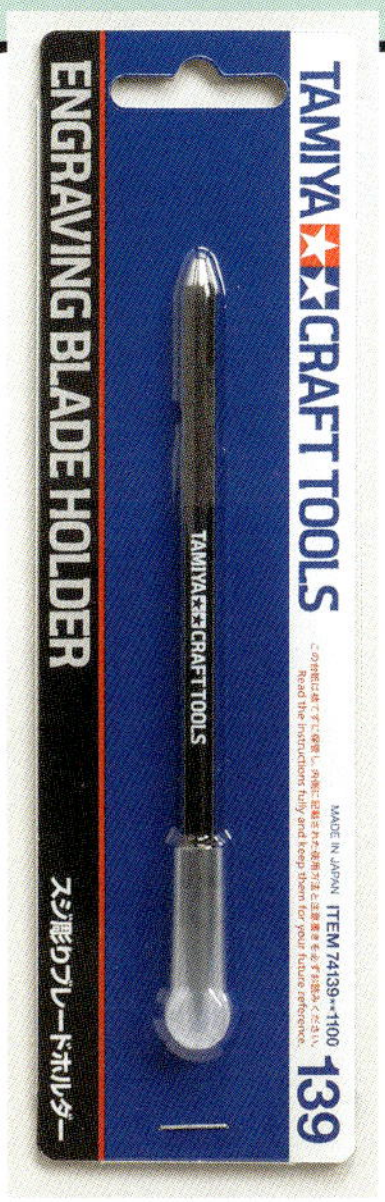

08 スジ彫り工作が驚くほど簡単きれいにできちゃいます

もはや定番のスジ彫り用工具 タミヤの工夫はここにあり。

スジ彫り超硬ブレード各種
タミヤ　定価税込2052円（0.5mm)、2160円（0.2、0.3mm)、2376円（0.1mm）

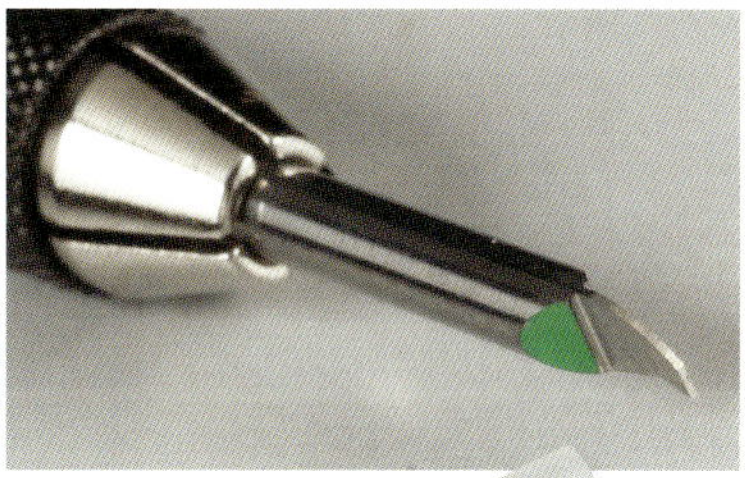

●刃先に識別色がついているのでひと目で刃厚がわかる。現在、0.1、0.2、0.3、0.5㎜厚のブレードをラインナップ

スジ彫りブレードホルダー
タミヤ　定価税込1188円

●ホルダーは別売り。刃はねじ込んで留めるタイプで、モデリングブレード（平ノミ刃2㎜）などを取り付けて使用することもできる。ブレードのケースにはまとめて10本まで刃先を収納することが可能

Mr.ラインチゼル
GSI クレオス　実勢税込2000円

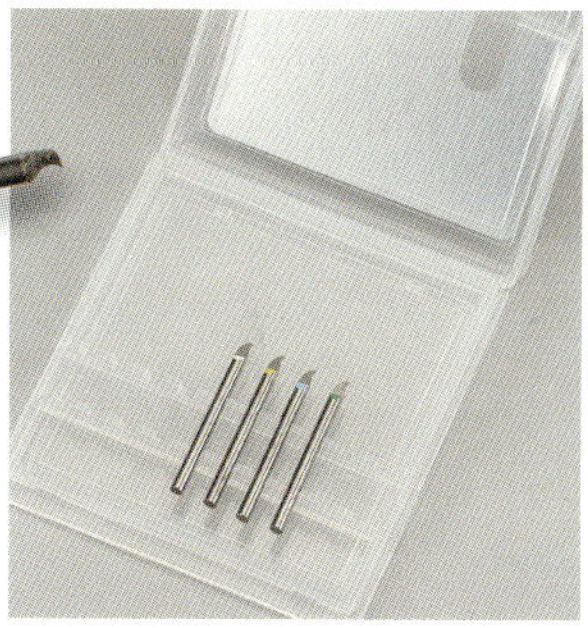

●Mr.ラインチゼルは、0.1、0.2、0.3、0.5㎜厚のほかに0.15㎜厚もラインナップ。刃先はワンタッチで交換可能になっている

模型製作の質問に答える原稿を数多く書いてきたが、昔質問が多かった模型工作の悩みの定番のひとつが「スジ彫りがうまく彫れません」だ。20年以上前は工具の選択肢がほとんどなかったのでスジ彫りを彫るときはナイフを使ったV時彫り（左右から斜めに彫っていく）が基本。これはほぼフリーハンドで等幅になるように彫らないといけないためモデラーの指先の技量が試される作業で、きれいなスジ彫りを施した作例はそれだけで評価が高かった。そんな状況を一変させたのがGSIクレオスのMrラインチゼルの登場だった。

Mrラインチゼルは、極薄刃で引いて彫る刃物工具。簡単に凹形のきれいで深く側面が垂直なスジ彫りが彫れるというものだ。ガイドを併用すれば、手先の器用さによらずきれいなスジ彫りが彫れる。使いやすさと仕上がりのよさでMrラインチゼルは永らくスジ彫り工具の定番だったが、ここにきてタミヤからも同種のスジ彫り工具が発売され、モデラーは使い方や好みで選べるようになった。いい時代になったものだ。

タミヤのスジ彫り工具「スジ彫りブレード」のいちばんのポイントは、刃厚ごとに識別色をつけたところだ。1㎜以下の刃厚だと目視では識別しにくいのでうれしい配慮といえる。また、刃をつけたままで置けるようにキャップが付属する。金属製の柄はMrラインチゼルより細くて長め。持った感じは、適度な重量感でコントロールしやすかったが、柄の形状や重さについては、使用者各人の好みによるだろう。

09 こまめに掃除しておくのが完成品をきれいに作る秘訣なのです。

模型製作とは、これすなわち“粉を作り出す”作業なのだ！

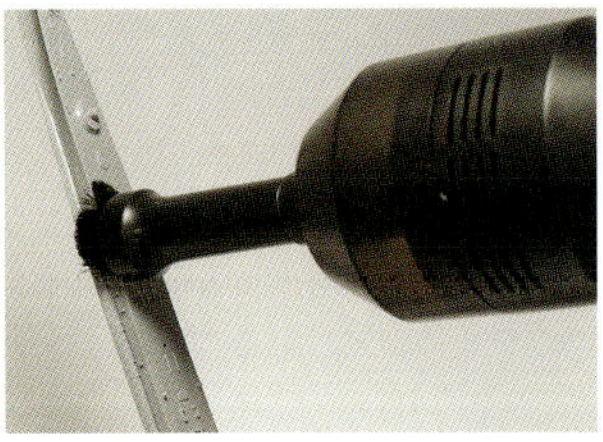

●小型で安価なので半信半疑で購入したが、実際に使ってみると吸引力は意外と強かった。USB充電式なのが抜群に便利で、机の横に置いておくと模型製作以外の掃除にも使えてとても便利。先端が交換できるのもよい

USB充電式ミニクリーナー
Honk　実勢税込1900円

ハンディクリーナー
ウェーブ　実勢税込750円

●ウェーブのハンディクリーナーは電池式で、手にすっぽり収まる10㎝程度の大きさ。机の横に置いておいても邪魔にならず、持ち上げたら片手でスイッチを入れて手早く掃除をすることがができる

模型を製作していると机や部屋が汚れる。考えてみればあたりまえで、模型の工作とは、製作している本人からすると「カッコいい●●をより精密に作り上げていく」作業なのだが、端から冷静に見ると「切りカスや削り粉をひたすら大量に生産している」ことにほかならない。ヤスってできた削り粉は机のうえに溜まったり床に落ちたりしていく。そこで、重い腰を上げて「仕方がないから掃除をするか」ということになるわけだが、余暇に模型を製作している多くのモデラーの場合掃除に時間をとられるということはすなわち楽しい工作の時間が圧迫されるということになる。そこで、なるべく手短に掃除を済ませるためのアイテムを机に用意しておこうではないか。

ここで紹介しているハンディ卓上掃除機は、電池／充電式でコードを繋がなくてもいいのがよいところだ。机の横に置いておけば、粉が出たとき取り出してにサッと掃除をすることができる。まとめて掃除しようとするから大変なので少しずつ手軽にきれいにしていこうという作戦だ。ａｍａｚｏｎなどで検索すると数千円で買える充電式小型掃除機が多数ヒットするので、予算と好みに合ったものを選べばいいが、ＵＳＢ充電式のものが使い勝手がよいだろう。

ちなみに、模型製作環境に削り粉がある状態だと塗装のときに舞っている粉がパーツや塗面に付着してザラつきがおきやすい。工作環境の削り粉をきれいに掃除しておくようにすると塗装をきれいに仕上げやすくなるというメリットもあるのだ。

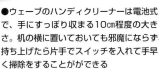

10 一家に1本と言わず、3本くらいはほしいかも

一家に1本のマストアイテム ホコリは模型製作の大敵です

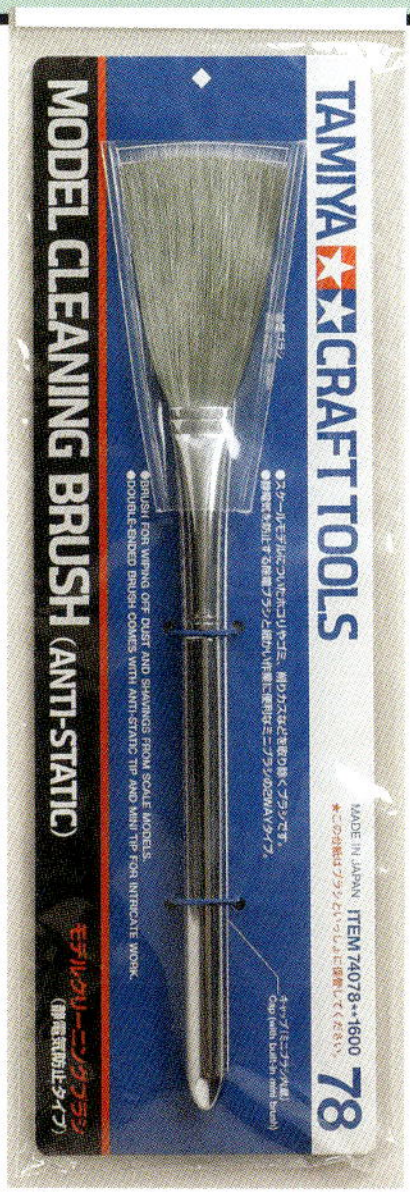

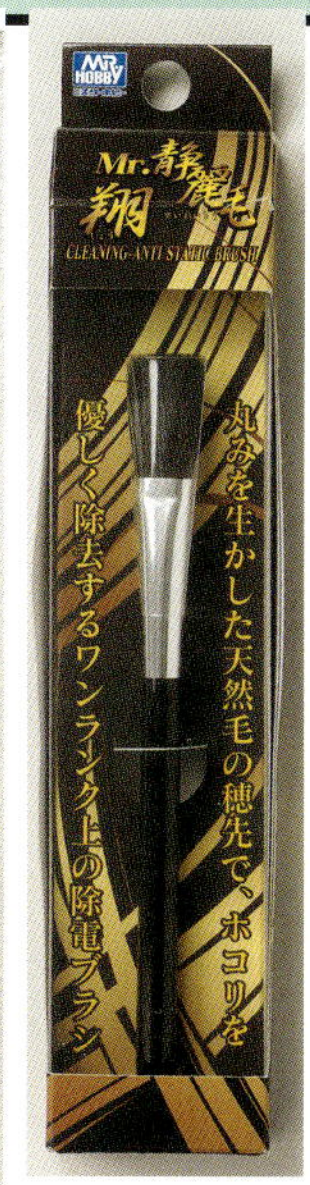

●とくにカーモデルではホコリは大敵。塗装直前はもちろん、塗装中にも頻繁にホコリをはらうようにすると塗膜をきれいに仕上げやすくなる

ATTENTION!
こすっても静電気が起きにくい毛先を採用

モデルクリーニングブラシ(静電気防止タイプ)
タミヤ　定価税込1728円

Mr.静麗毛 翔
GSI クレオス　税込2600円

●普通の筆やハブラシなどでホコリを取ろうとこすっていると、静電気が発生して結果的にはむしろホコリを集めてしまった、というようなことになるが、制電ブラシを使えばそういったことがなくなり確実にホコリを除去しやすくなる。製作中の使用はもちろん、完成品のホコリ取りなどにも便利に使えるぞ

●タミヤのモデルクリーニングブラシは毛の長さが5㎝程度と長めで幅広。GSIクレオスの Mr.静麗毛 翔は毛の長さが3㎝と短めで毛の密集度が高く腰が強い感触。場所によって使い分けると具合がよい

ホコリひとつついていない塗装仕上げの模型完成品を見ると「いいなあ、どうやってこんなにきれいに塗装しているんだろう」と思われるかもしれない。では塗装が上手な人はどうやっているかというと、なんのことはない、「塗装中になるべくパーツや塗膜にホコリや削り粉が付着したままにしないようにしている」だけである。こう言うと「いくら気をつけていても塗装中にホコリがつくんですけど、どういうこと?」という疑問も出てくるだろう。たしかに作業机や部屋を掃除したり塗装前にお風呂に入ったりしても塗装中にホコリはつく。その疑問に対する答えは、「塗装直前はもちろん、塗装中も常にホコリをとり続ける」ということなのだ。言われてみればごくあたりまえのことなのだが、きちんと実践できている方はどれくらいいるだろうか?

具体的には塗装時にハケなどでホコリや粉をとり続けるわけだが、問題は何を使うかだ。普通の筆で払おうとすると、毛先とパーツが擦れることで静電気が発生して、ホコリを取っているつもりが余計にパーツにホコリを集めてしまっている場合がある。そこでオススメしたいのが静電気の発生を抑える制電ブラシ(ハケ)。これを使って軽くパーツをなでるようにするとホコリが取れやすい。毛先が長く軟らかいものは広い面用として、毛先が短めで腰が強いものは凸凹があるところに使うと効果的にホコリを取ることができる。簡単手軽に仕上がりをよくできる制電ブラシ、一家に2本くらいはあっていい必須工具だ。

11 マスキング中にテープを切る足すとき、アナタはどういうふうにしてます？

これ、本当に便利なんで一回試してみてください!!

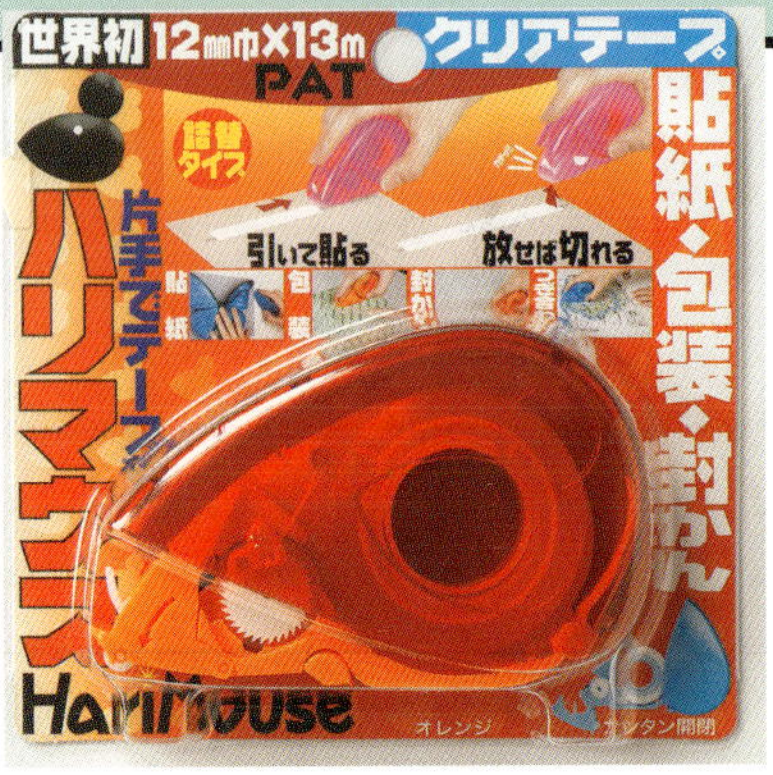

●ハリマウスは片手で貼るものを押さえながらもういっぽうの手だけでテープが貼れるテープカッター。大きめの文房具店や家電量販店、amazonなどで購入することができる。ちょうど手になじむ大きさで、見た目がなんだかかわいいのがチャームポイント

ハリマウス テープカッター
ハリマウス　実勢税込600円

ATTENTION!
押すだけで
片手でテープを
簡単カット！

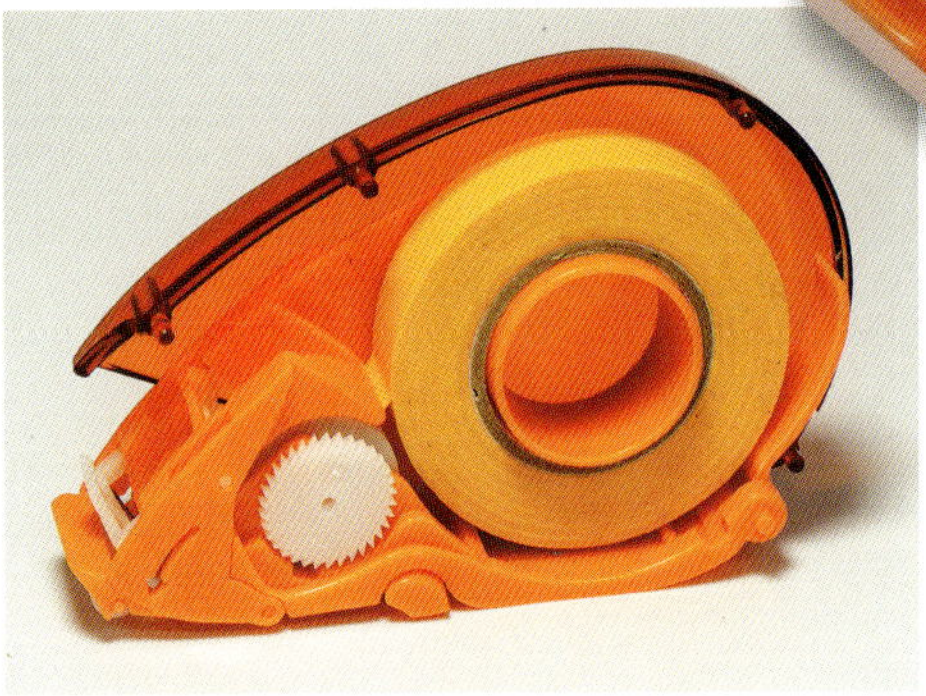

●本来は貼り紙や包装、封かん用途を想定しているが、同じ軸サイズならほかのテープも入れて使える。今回はタミヤのマスキングテープに入れ替えて使ってみている

●なかを覗くとローラーでテープを送り出して、山形のカッターでテープを切る仕組みになっている。幅がピッタリのテープを使えば、切断部はきれいな直角になる

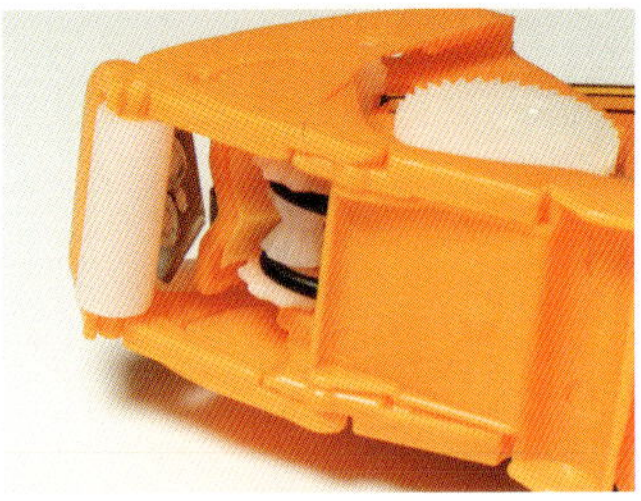

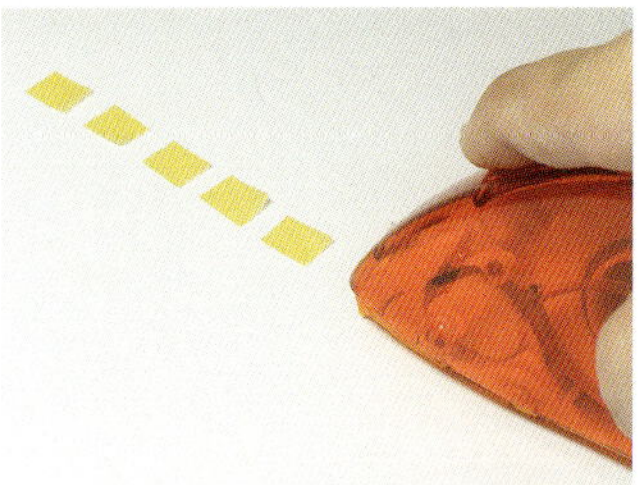

●1回押すと1㎝程度の長さのテープが切れる。片手でどんどん切れるので、切り出したらハリマウスを置いてピンセットに持ち換えればいい。パーツを手放さずにすんで超快適

以前から思っていたことなのだが、マスキングをするときにコマ切れのテープをたくさん用意するのは結構めんどうくさい。普通はコマ切れのマスキングテープが追加でほしくなると、いったんパーツを脇に置いてテープをハサミで切ってコマ切れを作っていくことになるが、一回マスキング作業の手が止まるしテープをハサミで切ると、テープがハサミの刃にくっついたりしてあまり作業性がよくない。また、切ったテープをいったん何かに貼りつけておくのにもひと手間かかる。作業の流れとしてはできれば片手でマスキング中のパーツを持ったままもういっぽうの手だけで細切れを追加で作りたいのだ。そんなときに便利なのがこのハリマウス。片手で1㎝程度の長さのテープをどんどん量産することができる。

ハリマウスは、梱包や包装を手早くきれいにできるように考えられたテープ内蔵式カッター。製品ではなかにセロテープが入っているが、コレをマスキングテープに入れ替えれば同じように使うことができ、本体の透明部分を一回押すごとに定量のテープが押し出されつつカットされるようになっている。細すぎるテープ幅だとうまく使えないので1㎝幅くらいまでのテープが使いやすい。模型のマスキングでは、塗り分けラインの境目に細いテープを貼ったあと境目以外もテープで埋めていくことになるが、そのときに貼るテープを量産するのに非常に便利だ。足りなくなったら片手でカチカチと机などに貼れるので、テンポよくマスキング作業を進めることができる。

12 分度器に定規がくっつくだけでこんなに便利になる

外角、内角、鋭角すべての測定がひとつでできる万能分度器

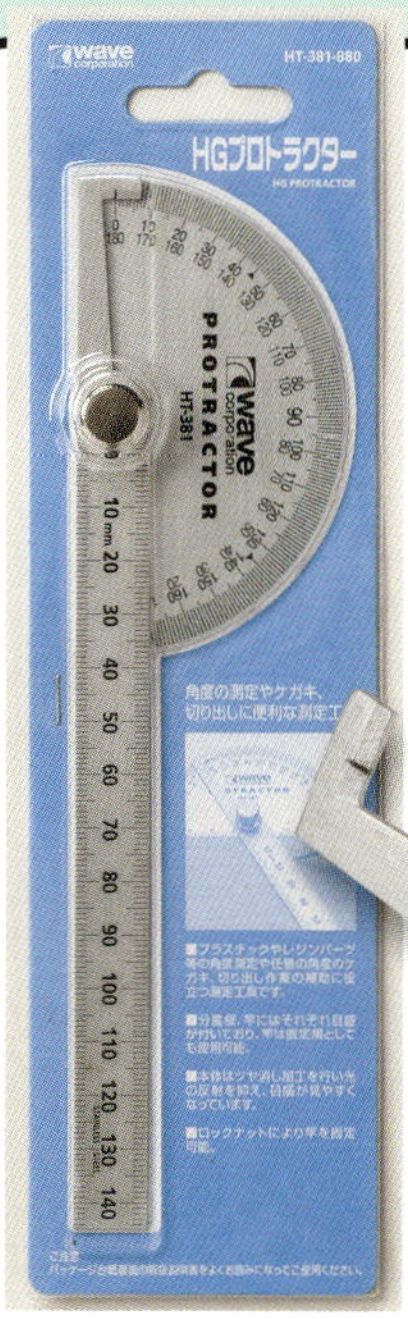

●プロトラクターにはいろいろなタイプや大きさのものがあるが、ウェーブのHGプロトラクターは、独立して回転する145㎜の定規と竿がついた模型に使いやすい小型タイプになっている。定規と竿は、分度器の中央にあるネジで動かしたり固定したりする

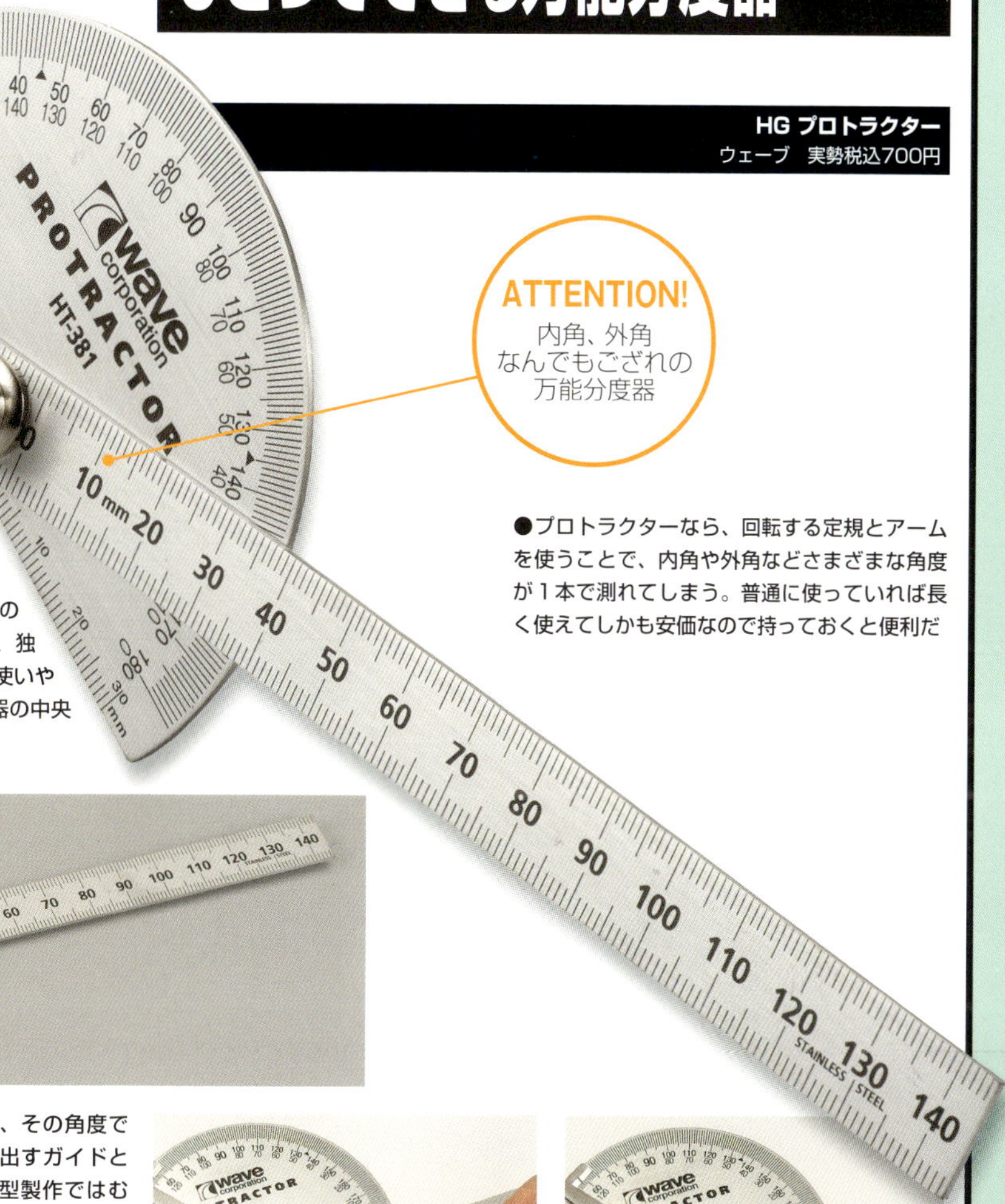

HGプロトラクター
ウェーブ　実勢税込700円

ATTENTION!
内角、外角なんでもござれの万能分度器

●プロトラクターなら、回転する定規とアームを使うことで、内角や外角などさまざまな角度が1本で測れてしまう。普通に使っていれば長く使えてしかも安価なので持っておくと便利だ

●角度を測るだけでなく、その角度でアタリ線を書いたり切り出すガイドとして使うこともでき、模型製作ではむしろこちらの使い方のほうが汎用性が高い。キットパーツをあてて角度を取り、つぎにそこにプラ材をあてて切れば、パーツと同じ角度のプラ材を簡単に切り出すことができる

プロトラクター（protractor）とは英語では分度器のことだが、日本語でプロトラクターといった場合、ただの半円形の分度器ではなく分度器に可動式の竿（あるいは定規）がついたものを指している。プロトラクターにはいろいろなタイプがあって、分度器が1／4円のものや竿が2本付いているもの、折れ曲がる定規状で角度がデジタル表示されるものなどもあるが、ここで紹介するウェーブのプロトラクターは、半円の分度器に独立可動する2本の竿がついた代表的な形状のものだ。

プロトラクターの特長は、部材を置いた状態のままでも外角／内角／鋭角がすべて測れるところにある。分度器が入らない凹んだところの内側の角度が測れたり、曲げながら曲げ角を確認することも可能。構造上は分度器に単に棒をつけただけなのだが、用途が格段に拡がっているのだ。

もしかするとここであなたは「プラモデルの製作で角度を測ることなんてある？」と思うかもしれない。たしかに「ここの角度は●度」というふうにパーツの角度の度数自体を計測する必要はあまりない。でも、パーツの形を写し取って同じ（あるいは部分的に同じ）形のものを作りたいケースは結構でてくる。とくに改造工作では、パーツに合う形状のプラ材を切り出したいことがあり、パーツをプラ板に直接あてて切り出すと不揃いになりやすい。そんなときに便利なのがプロトラクター。これを使えば、角度を測らずに同じ角度を切り出すことも簡単にできてしまうのだ。

13 これは知らなかった!! もっと早く知ってれば……(以下略)

超簡単に塗面のホコリをキャッチ!! スプレー塗装の新“マスト工具”

●スピナール S-1は、驚くほど簡単手軽に塗装面のホコリを除去できるツール。これを使えばサッとホコリを取れるので、息を留めて目をこらしピンセットで挟む……というのが必要なくなる。模型店頭で販売されているのは見たことがないが、amazonやモノタロウ、ゴッドハンド直販などで購入できる

スピナール S-1
MKC　実勢税込1700円

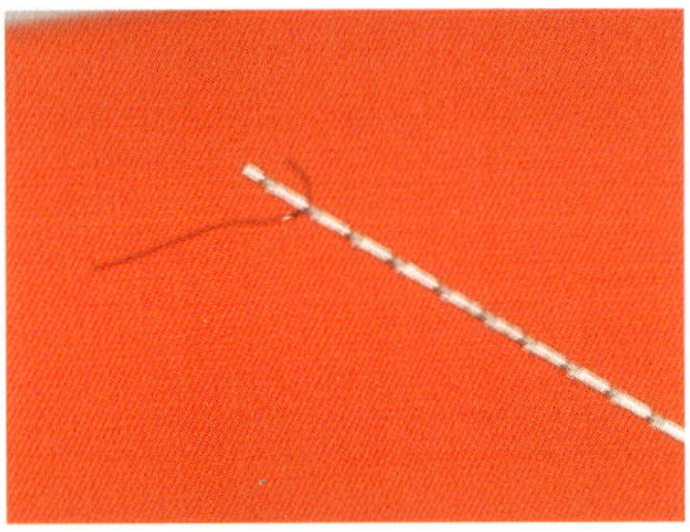

●とくだん引っかけるようなつもりで動かさなくても、ホコリがあるところを先端が通過しさえすれば勝手にひっかかってくれる。ホコリが先端に吸いつくような感覚でおもしろいように取れるのだ

ATTENTION!
極小のとげが
塗膜に付いた
ホコリをキャッチ

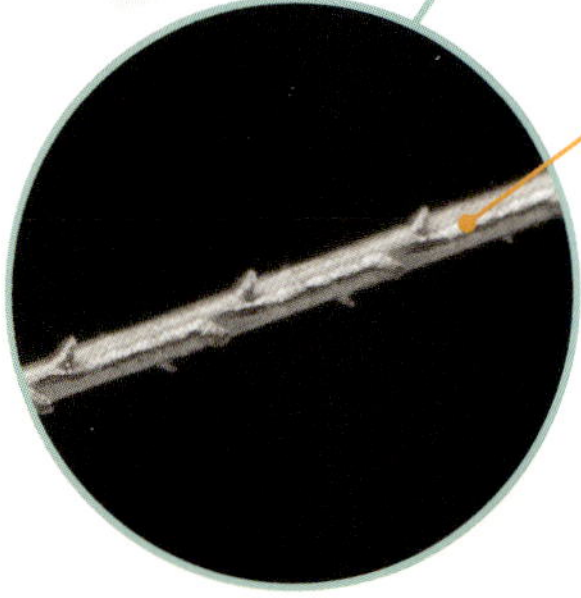

●ホコリを一発でキャッチするヒミツは、先端のミクロなトゲにある。ここにホコリがひっかかるようになっているのだ。あまりに小さいトゲなので肉眼で見るとびっくりするぞ！

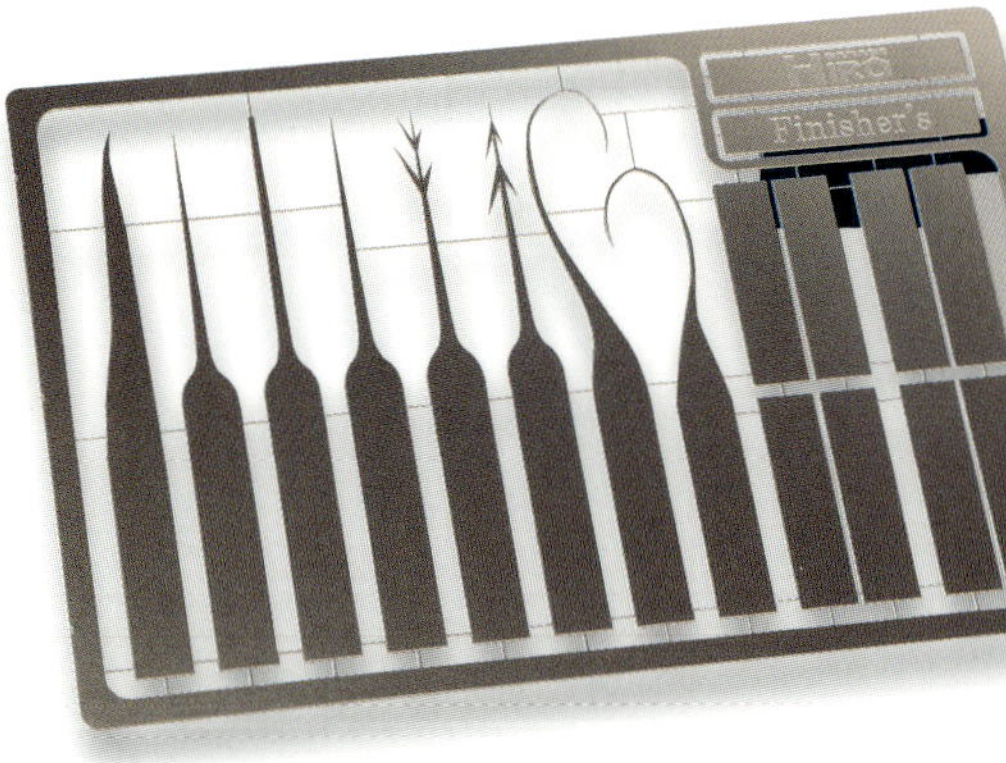

ダストピック
フィニッシャーズ　実勢税込1700円

●カーモデル専門メーカーのフィニッシャーズからは、エッチング製のこんなダスト除去ツールも販売されている。いろいろな塗膜のゴミに対応できるように8種類の先端のツールがセットされ場面に応じて使い分けることができる

本書のために改めていろいろな工具を見直したり新しい工具を探して見つけたりしたが、そこで出逢った数多くの工具のなかで、個人的にもっとビビッときたのがこのスピナールS-1だった。試した瞬間にその性能と利便性に驚き、「もっと早くコレを知っていれば!」とほぞを噛んだ……前置きが長くなったが、スピナールS-1は、塗装時に塗面に付着した糸状のホコリを取り除くためのツールである。

スプレー塗装をしているとどれだけ気をつけていても塗膜にホコリが付着する。いくら掃除をしておこうと塗装前にシャワーを浴びようと、ひとつの模型を作っている最中に一回もホコリがつかないほうが珍しい。この付着したホコリを無視して塗り進めると、ホコリを塗料で塗り込めてしまった状態で塗膜が固まるので、あとから削ってもきれいにはならない。そこで、ホコリが付着したらいったん塗装の手を止めてホコリを除去することになるのだが、ピンセットで取り除こうとすると、糸状のホコリはかなり細くてフワフワしているので、相当精度が高いピンセットを使い慎重に挟まないとうまく取れない。しかし! このスピナールS-1なら、先端とホコリが触れさえすればそれだけでスッとホコリが取れてしまうのだ。その秘密は先端の微細なトゲトゲにある。ホコリがこのトゲに触れるだけでひっかかってくれるのである。これで、ピンセットを塗膜に触れさせないように息を詰めながらホコリと格闘する日々とはもうオサラバ、なのである。

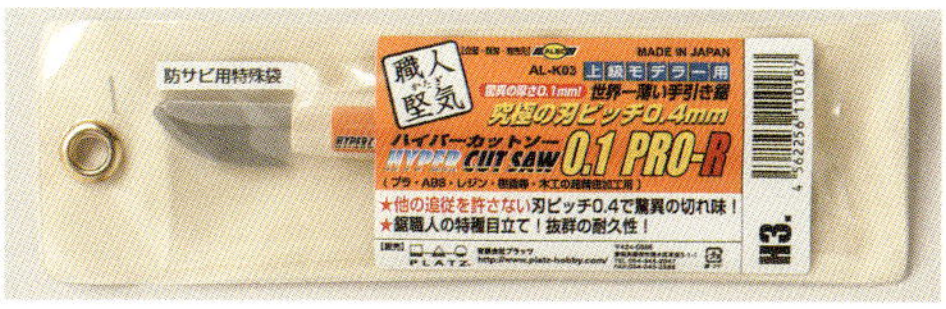

14 改造工作の心強い友、薄刃ノコをどんどん活用しよう

ノコの刃が薄いとこんなにいいことがあります。

●職人堅気 ハイパーカットソーは、いろいろな刃厚、刃先形状のものがラインナップされているが、「まず初めに1本」という場合は、0.1㎜厚で刃先にRがついたハイパーカットソー 0.1 PRO-Rがオススメ。丸刃は汎用性が高く切るパーツの形状を選ばない

職人堅気 ハイパーカットソー 0.1 PRO-R
シモムラアレック　実勢税込3200円

ATTENTION!
厚さ0.1㎜の超極薄刃でパーツを損なわない

●わずか0.4㎜という驚異のピッチと「あさり」がない刃形状が、すばらしい切れ味と最小限の切り幅をもたらす

●ハイパーカットソー 0.1なら、スジ彫りよりも欠損部分の幅がせまいくらいなので、切り離したパーツを両側そのまま使える

グリップのこ
ウェーブ　実勢税込750円

●ウェーブのグリップのこは、ステンレス製のエッチングソーにプラスッチック製のグリップをつけたもの。グリップのほかにスペーサーパーツも入っていて、それを使うと1～6㎜の間を約1㎜単位でカットしたり、スジ彫りのガイドにしたりすることもできる

●タミヤからは0.1㎜厚のエッチング製ノコが販売されている。数種類の刃先がセットされモデラーズナイフに取りつけることも可能。刃ピッチが異なるカット用とスジ彫り用がある

精密ノコギリII(スジ彫用)
タミヤ　定価税込972円

プラモデルを無改造でストレートに作るなら必要ないが、改造をしてみたくなったらまず用意しておきたいのが、平刃彫刻刀とノコだろう。パテを盛ったりプラ板箱組みをするような大改造でなくてもノコは活躍する。たとえばよくあるパターンが、キットでは一体成型になっているパーツを分割したい場合だ。スケールモデルでパネルのところで切り分けたいとか、ガンプラで一体化しているスカートなどのパーツを分けて可動させたいというようなことはわりとよくある。そういうときは、ナイフやスジ彫りツールで彫り込んで切り分けてもいいのだが、模型用の薄刃ノコを使うとサクッときれいに切り離すことができて便利だ。

模型用薄刃ノコとの定番といえば職人堅気のハイパーカットソー。ハイパーカットソーシリーズではいろいろな刃厚、刃渡り、刃形状のノコがラインナップされているが、いちばん薄いものは刃厚が0・1㎜で、刃のピッチは驚異の0・4㎜となっている。刃が厚く切断部の欠損幅が大きいと、切断後の両パーツを活かしたくても、欠けた部分を修整したりパーツを2セット用意して欠損がない側を使用することになる。しかし0・1㎜しか欠損しなければ両方のパーツをそのまま使うことができる。普通のノコは刃を入れていったときに刃への抵抗が増さないようマージンぶんも削るために刃を左右に少しずつ振る「あさり」がついているが、ハイパーカットソーはあえてあさりをなくしているので、切り幅がきっちり鋸の厚みと同じになるのだ。

15 彫る工具をゲットしたら、ガイドテープも忘れずに

スジ彫りがうまくできないならこのテープを使ってみよう

●スジボリ用ガイドテープは3㎜と6㎜があるが、3㎜は曲線や曲面になじませやすく、幅広の6㎜はよりしっかり貼れてずれにくいので、場所や彫るスジ彫りの形に応じて使い分けられる。そもそもテープの粘着力が強めなところもうれしい

スジボリ用ガイドテープ3㎜、6㎜
HiQparts　各実勢税込500円、550円

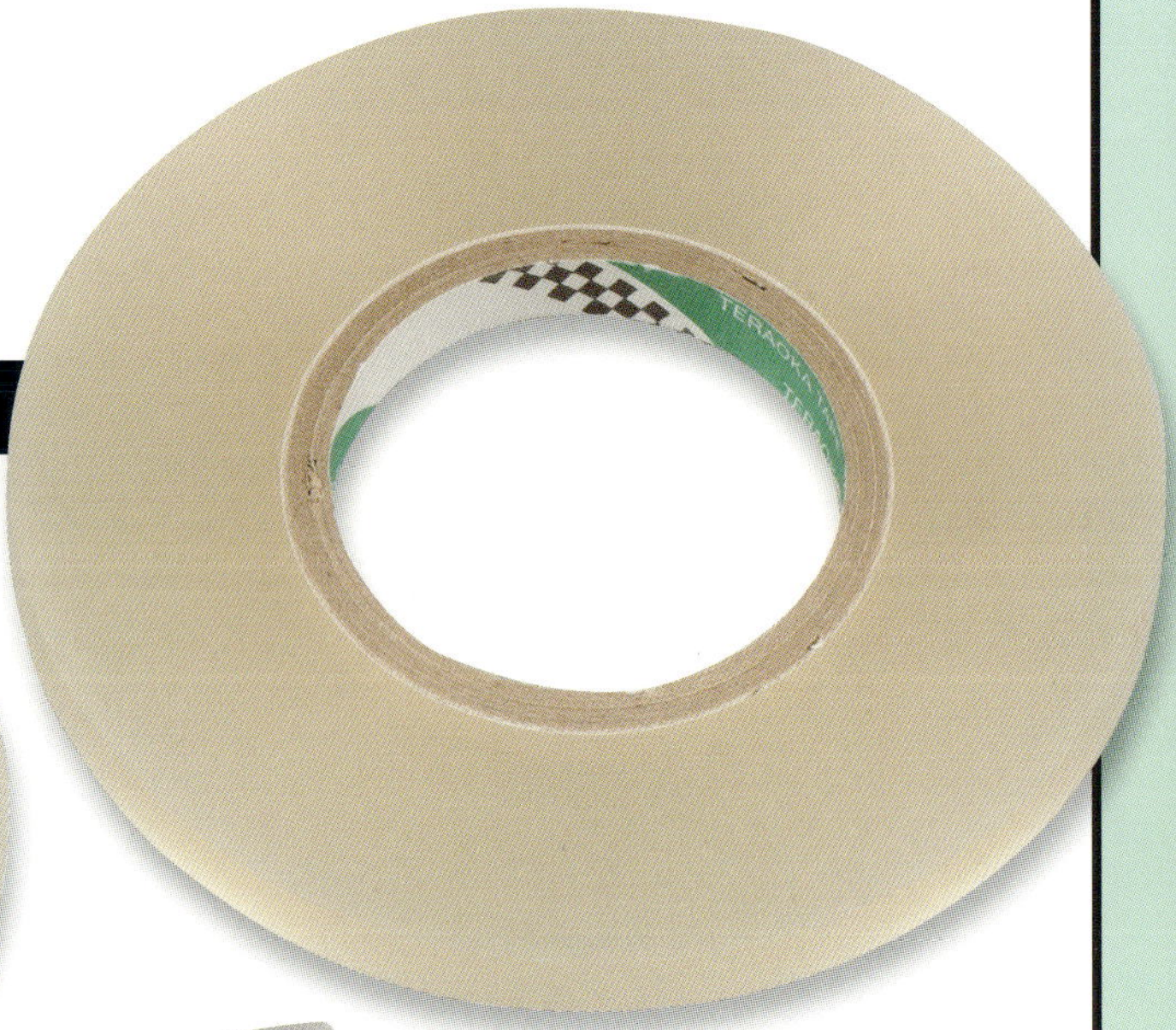

ダイモテープ
ダイモ販売株式会社　実勢税込350円

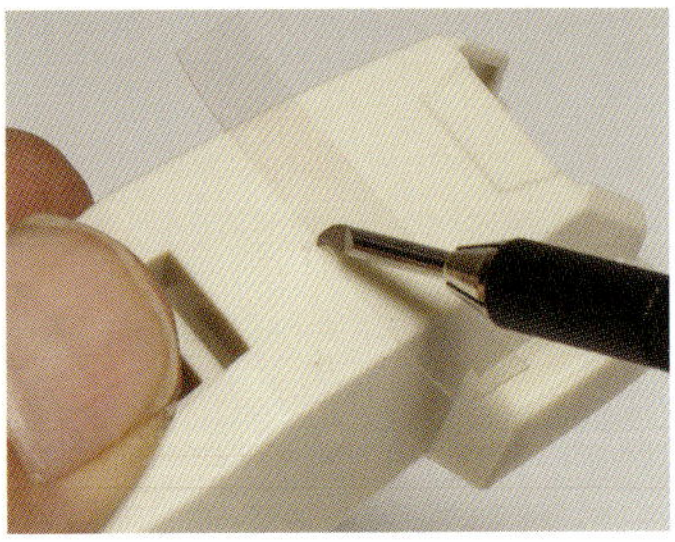

●透明なので、周辺のディテールや先に彫ったスジ彫りを見ながら作業できるのも利便性が高いポイント。これなら角のところをピッタリ揃えたりしやすいのだ

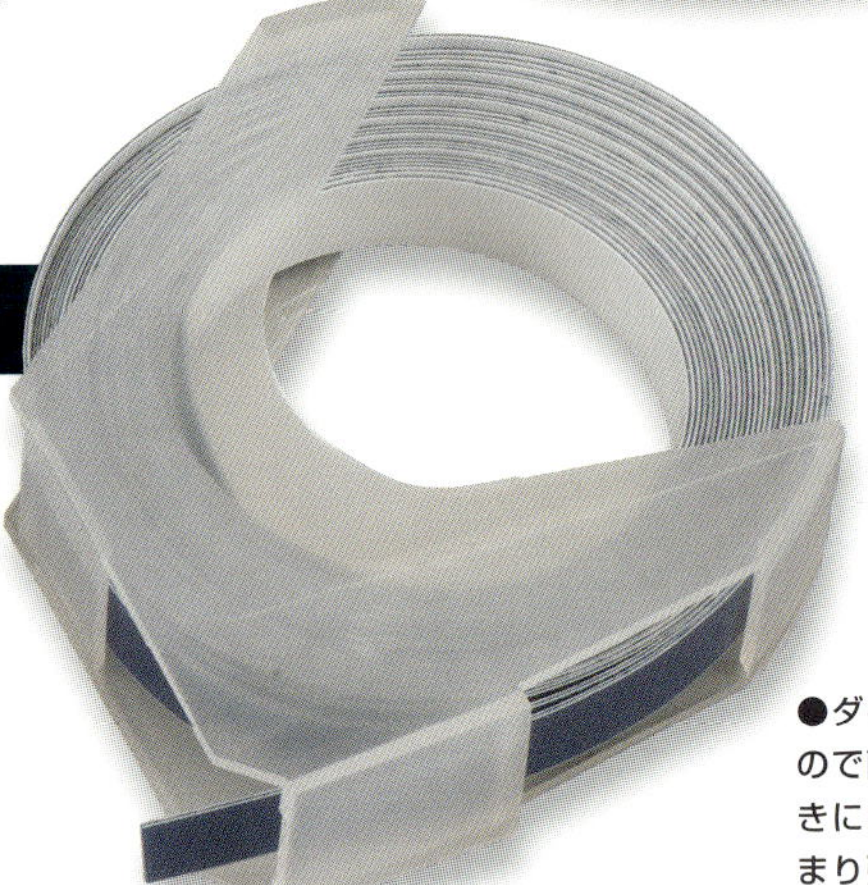

●ダイモテープは素材が硬めなので直線をビシッと引きたいときには便利。ただし粘着力があまり強くないので、削っているうちにずれないよう注意が必要

模型のパーツにスジ彫りのラインをきれいに彫るポイントはいくつかあって、第一はＭｒラインチゼルやスジ彫りブレード、ＭＢＣタガネのような切れ味がよく彫りやすい工具を選んで使うことだが、その次に重要なのが適切なガイドを使用することだ。もちろん、「フリーハンドできれいに彫れるようにとことん練習する！」というのもいいかもしれないが、ガイドを使うことで簡単にきれいなラインが引けるようになるので、スジ彫りに自信がない方ほどガイドをうまく活用するようにするとよい。

スジ彫り用のガイドには、普通の定規は使いにくい。たいていの場合パーツより大きすぎるし定規をパーツに固定できないと彫っている最中にラインがずれてきてしまう。そこで一部のモデラーが使いはじめたのがダイモテープだった。これはラベリング用の硬めで厚さがあるテープで、ラベルを貼るためののりがついているので簡単にパーツに貼りつけることができる。ただしダイモテープにも弱点があって、素材が固めで太いので直線以外のところや奥まったところにはそのままでは対応しにくい。また、粘着力がそれほど強くないので作業中のズレにも注意が必要だ。そこに登場したのがこのＨｉＱｐａｒｔｓのガイドテープである。適度な柔らかさなので曲線や曲面にも対応できて粘着力も強め。作業箇所が見やすいように透明で、場所に応じて使い分けられるように幅も2種用意されている。スジ彫りのために特化した性能だからこそ初心者におすすめしたい便利ツールだ。

16 「単なる細い両面テープ」がこんなに便利だなんて……

接着剤がハミ出して汚くなる? じゃあ、使わなきゃいいじゃない!

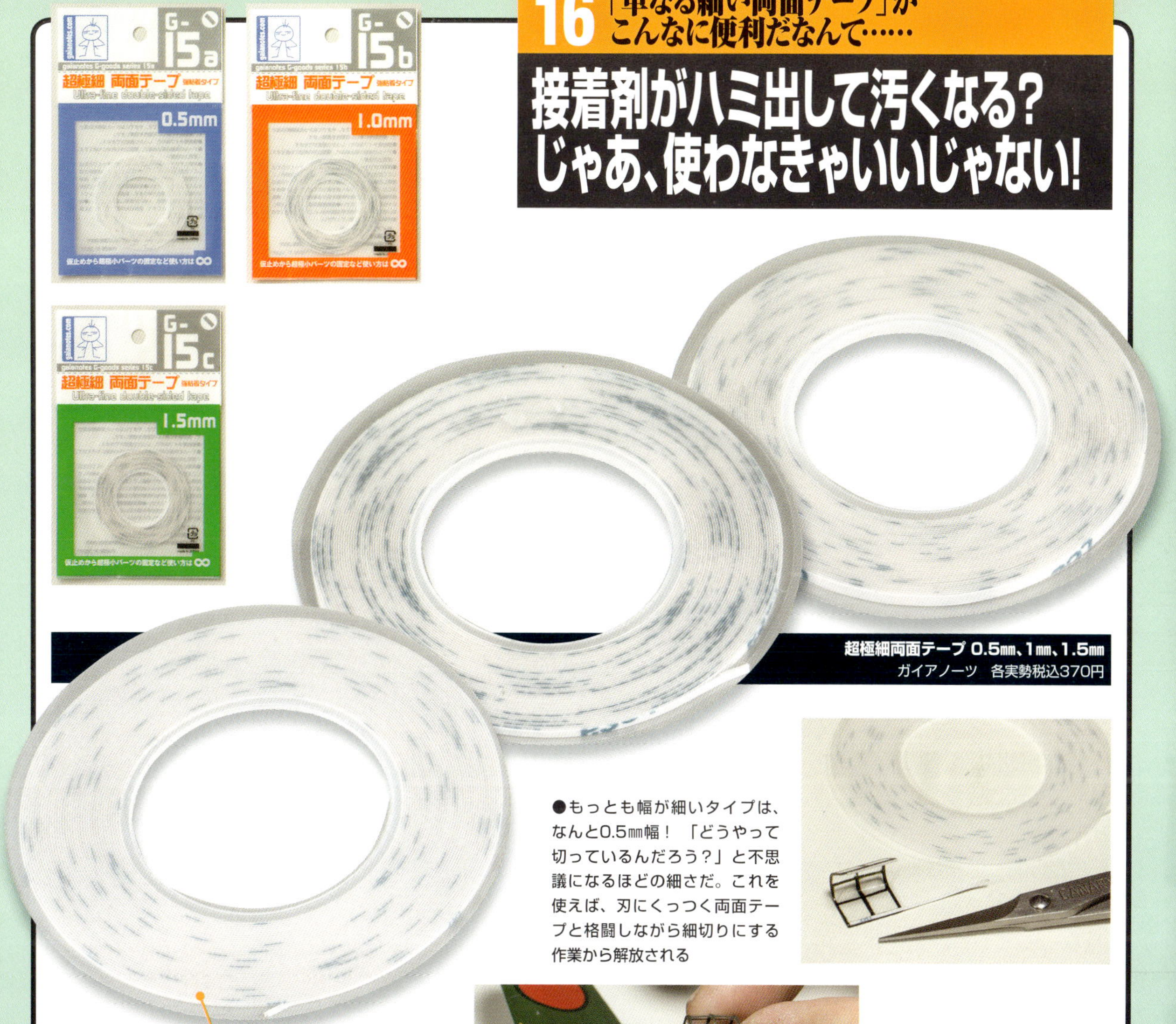

超極細両面テープ 0.5㎜、1㎜、1.5㎜
ガイアノーツ　各実勢税込370円

ATTENTION!
いちばん細いタイプはなんと0.5㎜幅

●もっとも幅が細いタイプは、なんと0.5㎜幅！「どうやって切っているんだろう?」と不思議になるほどの細さだ。これを使えば、刃にくっつく両面テープと格闘しながら細切りにする作業から解放される

●飛行機のキャノピーやカーモデルのライトパーツのようなクリアーパーツを取りつけるとき、両面テープで貼り付ければ接着剤がはみ出して汚くなるようなことがない。失敗したら貼り直せばいいだけなので安心なのだ

とくにカーモデルで多い質問に「どうやったらクリアーパーツをきれいに接着できますか?」というものがある。ここで言う「きれいに接着する」というのにはふたつの側面があって、ひとつは接着剤をはみ出させないこと、そしてもうひとつはクリアーパーツの透明度を損なわないことだ。たとえば瞬間接着剤を使ってクリアーパーツを接着するのは基本的にNG。揮発した成分でパーツが曇りやすいのと、はみ出したときに修整が困難だからだ。そこで、化学変化で硬化するので白化がなく硬化前に拭き取りもできなくはない2液式エポキシ系接着剤を使ったりするが、硬化まで時間がかかるのでパーツの保持が難しく接着剤のはみ出しをどう予防するかということについても「極力接着剤の量を少なくしてはみ出さないように気をつける」以外の根本的な解決法はない……ここではたと思いつくわけである。「そもそも接着剤を使わなければいいんじゃないか」と。

　プラモデルはパーツが軽いのでクリアーパーツ程度なら両面テープでも充分固定することができるし、そもそもできあがったら飾っておくだけの模型完成品にそんなに強度は必要ない。そこで両面テープを細切りにしたりしてパーツを固定するのだが、両面テープは細切りにするのが意外と難しく、すぐにくしゃくしゃになってしまいやすい。そんな不便を一気に解消してくれるのがこのガイアノーツの細切り両面テープだ。いちばん細いものはなんと0・5㎜幅!これでキャノピーの固定も楽々なのだ。

超速乾プラスチック用溶剤系接着剤「Mr.セメントS」の登場は衝撃的だった。超速乾プラ用接着剤を使えるようになったことで、プラモデルの作り方自体が変わったといってもいい。プラスチック用接着剤が速く乾くということの意味は、単に工作時間が短縮できるというメリットがあるだけではないのである。

プラスチック用溶剤系接着剤はプラスチックを溶かし乾くことでまた固まるというものだ。すなわち、「速く乾く＝結果的に溶ける量が少ない」ということである。プラモデルの組み上がりがきれいに見えない大きな原因のひとつに、「接着剤がはみ出して汚くなる」というのがある。プラスチック用接着剤がはみ出すとパーツをたくさん溶かしてしまうので見映えがとても悪くなってしまうが、速乾タイプなら溶かす量を少なくすることができる。また、速く乾く接着剤は粘度が低いので、そもそも大量に塗りにくく、その結果はみ出しも起きにくくなる。超速乾／極速乾タイプのプラスチック用接着剤となるとパーツがほとんど溶けないので、パーツ同士合わせて置いてから表面側から接着剤を塗る、というようなことができるようになる。乾くのが遅い高粘度のプラスチック接着剤でそんなとをしたらパーツの表面がぐちゃぐちゃに溶けてしまうが、超速乾／極速乾タイプなら表面がちょっと荒れるくらいで、上から塗装をしてしまえばほぼわからなくなる。

このようにパーツの表面側からパーツを合わせた状態で接着剤を塗れることには大きなメリットがある。まず、表側の目視しやすいところで接着剤が塗れるので、接着剤の塗りすぎが起きにくい。また、ぴったり合わせてから接着できてすぐに固まればパーツの位置が思いどおりに決めやすくなる。さらに、そうして最小限の速乾接着剤で接着ができるとパーツの溶ける量が減るので、多数のパーツを組み合わせていくようなところではパーツが溶けてできてくる誤差も減る。まさにいいことづくめなのだが、もちろん万能ではない。先に合わせにくいパーツや接着後の位置調整が必要な箇所は遅乾の高粘土が使いやすいのでうまく使い分けよう。

すぐに乾いて固まる、極速乾のプラスチック用溶剤系接着剤には工作が速くできる、だけではないいろんなメリットがあるのだ。

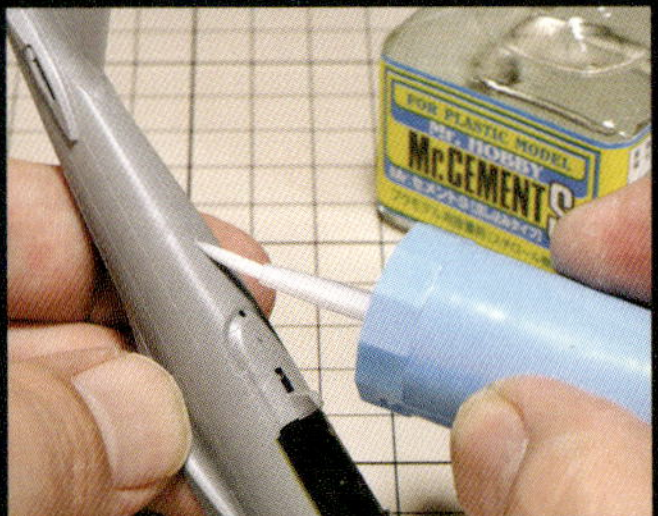

●「裏から接着剤を塗ったほうが表側がきれいになる」というのは昔の話。超速乾プラスチック用接着剤が登場してからは、表側から塗ったほうがきれいに仕上げやすい。表側から塗ると表面が少し荒れるが、600番～800番相当のスポンジやすりでひとこすりすれば簡単に表面をきれいに戻すことができる

17 全部手元に置いておくことで作業効率をUPしよう

プラ用接着剤は、併用しつつシチュエーションで選ぶ。

●プラスチック用溶剤系接着剤には、粘度が高いものは乾燥硬化が遅く、粘度が低いものは乾燥硬化が速いという相関関係がある。ここで紹介している5種だと、乾くのが速い順に、Mr.セメントSP≒タミヤセメント（流し込みタイプ）速乾>Mr.セメントS>タミヤセメント（流し込みタイプ）>タミヤセメントとなる。Mr.セメントSPとタミヤセメント速乾は乾くスピードに大きな差はない感じだ

Mr.セメントS
GSI クレオス　実勢税込240円

Mr.セメントSP
GSI クレオス　実勢税込240円

●ここでは紹介していないが、GSIクレオスからは乾くのが遅めのプラスチック用溶剤系接着剤も販売されているので、そちらも併せて使うのもよいだろう

タミヤセメント
タミヤ　定価税込216円

タミヤセメント（流し込みタイプ）
タミヤ　定価税込324円

タミヤセメント（流し込みタイプ）速乾
タミヤ　定価税込367円

●もはや定番テクニックだが、タミヤセメントはハケが太いので、流し込みタイプのハケと交換すると少量の接着剤を塗りやすくなる

普通にプラモデルを製作するときは、いわゆる溶剤系接着剤が使われる。この溶剤系接着剤は、プラスチックを溶かすが乾くとまたプラスチックの状態のままで固まるというものなので、その後の切削性がよく強度もあって使いやすいからだ。そんな便利なプラスチック用溶剤系接着剤、いま模型店の接着剤の棚を見るとたくさんの種類が並んでいる。皆さんは数あるなかからそれぞれの特性を把握したうえできちんと選んで使い分けているだろうか？

こうしたプラスチック用接着剤のそれぞれの違いは、溶かす力の強さと乾くスピードにある。溶剤の強さが同じくらいのプラスチック用接着剤であれば、乾くスピードが速いタイプはたくさん溶かす前に接着剤が揮発してしまうので、結果的に溶かす量が少なくできる。また、乾くスピードが速いタイプは粘度が低いので流し込むようにして使え、逆に粘度が高いタイプは合わせや位置調整に時間がかかるようなところに向いている。と、原則はこういうことなのだが、実際のところパーツ形状や作業の内容によってどれくらいの粘度と乾くスピードが最適かは変わってくる。上で紹介している5つのプラスチック用接着剤は、粘度や乾く速度がそれぞれ違うので、できればすべて揃えておいて場所に応じて使い分けていくようにすると作業性と仕上がりがよくなる。基本的には速乾のものをベースとして、速乾だと具合が悪いところはより粘度が高く乾くのが遅いタイプにシフトするようにするのがオススメだ。

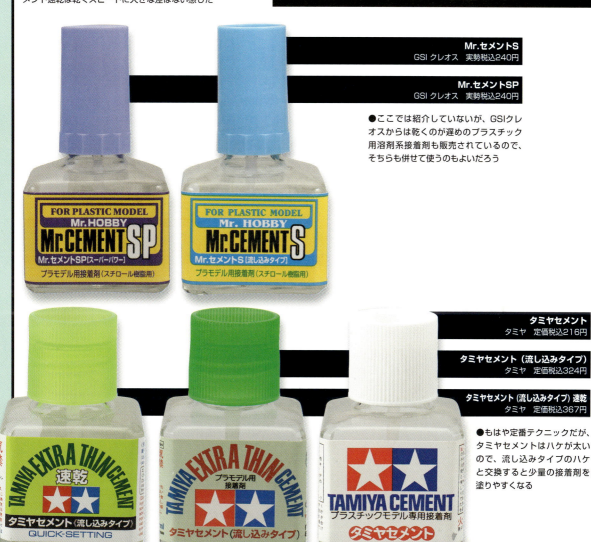

18 どんな微妙な曲面でもこれひとつで対応可能

10ミクロンの微細刃でどこでも削れる鋭いヤツ

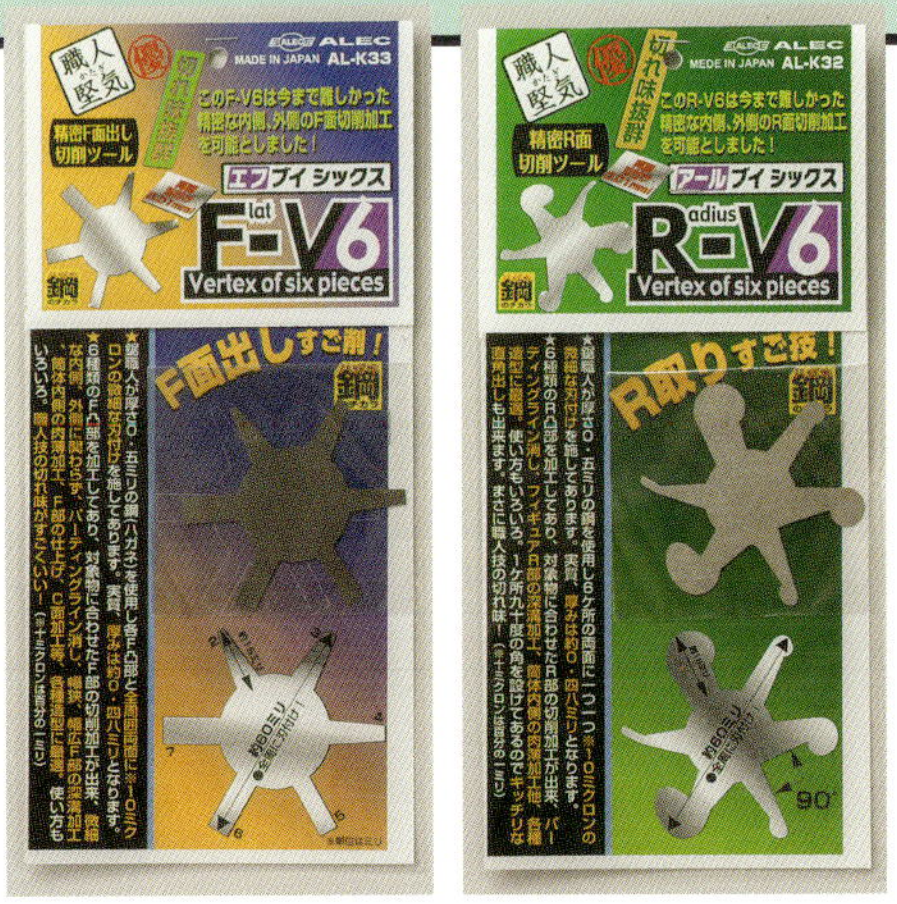

●R-V6とF-V6は金属板のエッジがすべて刃になっている切削工具。それぞれ6種類の張り出し部周辺がすべて異なる形状／角度になるようになっているので、さまざまなパーツ形状に対応できる。とくに奥まった凹面の切削では他の工具にはない利便性がある

職人堅気 精密R面切削ツール R-V6
シモムラアレック　実勢税込1600円

ATTENTION!
すべてのエッジでサクサク削れます

職人堅気 精密F面切削ツール F-V6
シモムラアレック　実勢税込1600円

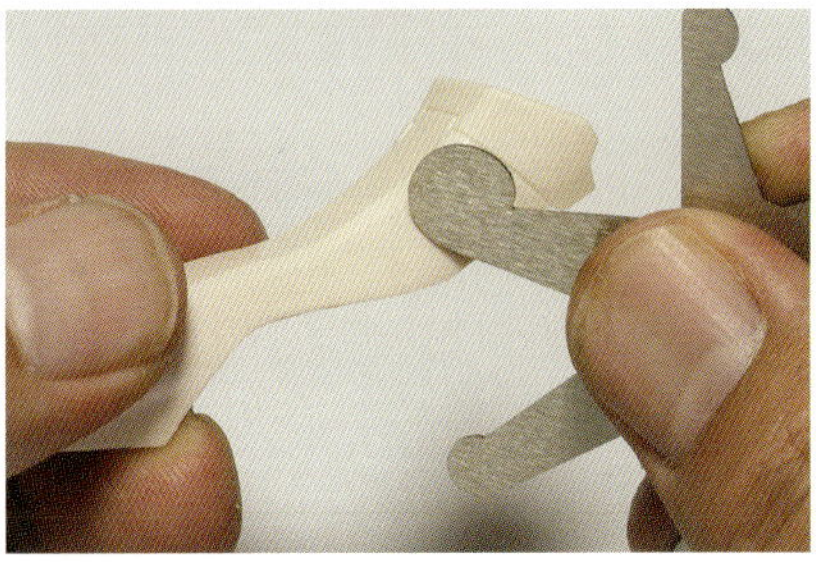

●試してみたところ、緩い凹曲面でもなんなく切削でき、削った跡もなめらか。ナイフの刃やヤスリが入りにくいところや複雑な曲面の整形の難易度を下げられる

平面を削りたいときは刃先が直線のナイフや板をあてたあてヤスリでなんの不自由もないが、模型のパーツ表面には平面だけでなく曲面もある。とくに飛行機やクルマのボディー、モビルスーツやフィギュアは完全な平面のほうが少ない。こういった曲面をどうやって削るかは模型工作における大きなテーマのひとつだ。曲面部分は紙ヤスリを使えば削ることができるが、紙ヤスリだけだとフニャフニャするし指をあてるのだと思っていないところにヤスリがあたったりして、思ったとおりの面に削るのは意外と難しい。形状が合う何かを紙ヤスリにあてればいいのだが、パーツごとに違う曲率の曲面それぞれにあう何かをいちいち用意するのも難しい。そんな悩みに応えてくれるのが、ここで紹介するマルチ刃切削ツール、職人堅気R-V6だ。

私がR-V6を見て初めに思い浮かべたのは「雲形定規」。いまはPCとドローイングソフトの普及でほとんど使われなくなったが、コンパスやテンプレートでは描くことのできない曲線を描画するための定規で、ひとつでいろいろな曲率の線を描くことができるというもの。このR-V6の先端部分の曲線は雲形定規の出っ張り部分にそっくりで、実際に削ってみても、予想どおりいろいろな曲面に簡単に対応することができた。とくに便利だと思ったのが凹んだ曲面が簡単かつきれいに削れるところで、レジン製フィギュアキットのパーティングライン消しやモビルスーツの工作などでは非常に威力を発揮しそうだ。

19 模型用工具だって重要なのは“中身”なのだ

ただの“シャーペン”に見えて細密工作用超極細ヤスリなんです

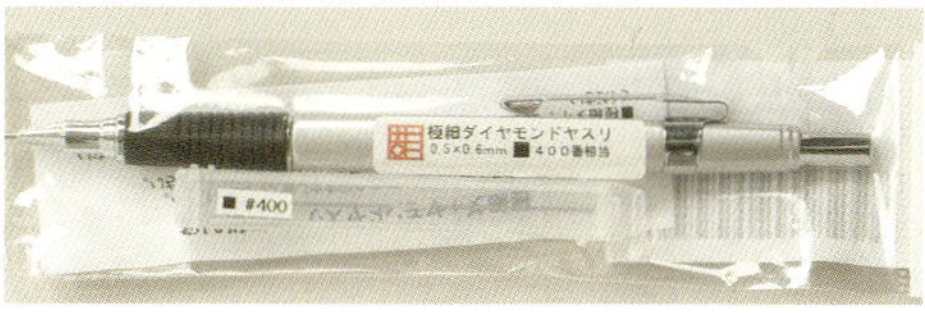

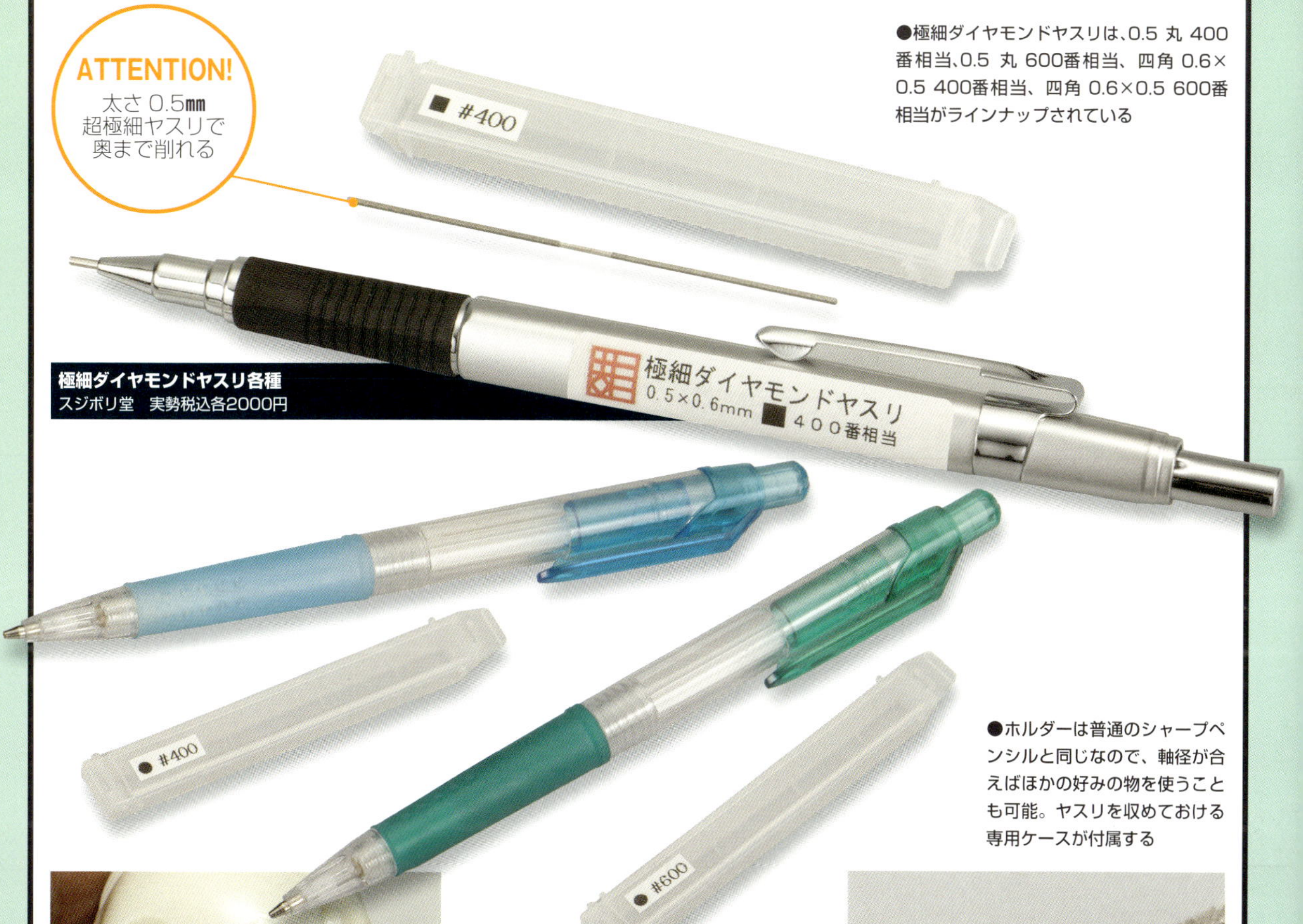

●極細ダイヤモンドヤスリは、0.5 丸 400番相当、0.5 丸 600番相当、四角 0.6×0.5 400番相当、四角 0.6×0.5 600番相当がラインナップされている

極細ダイヤモンドヤスリ各種
スジボリ堂　実勢税込各2000円

●ホルダーは普通のシャープペンシルと同じなので、軸径が合えばほかの好みの物を使うことも可能。ヤスリを収めておける専用ケースが付属する

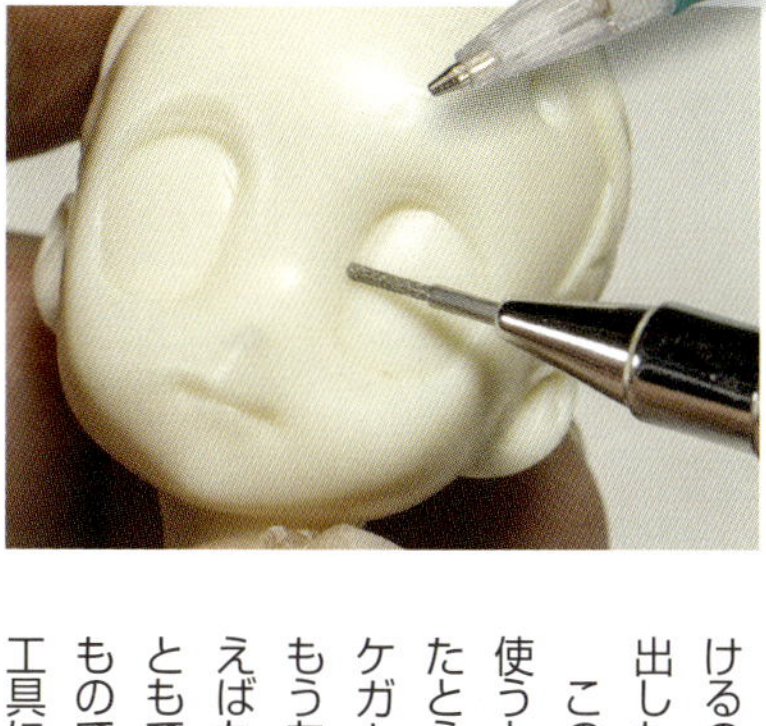

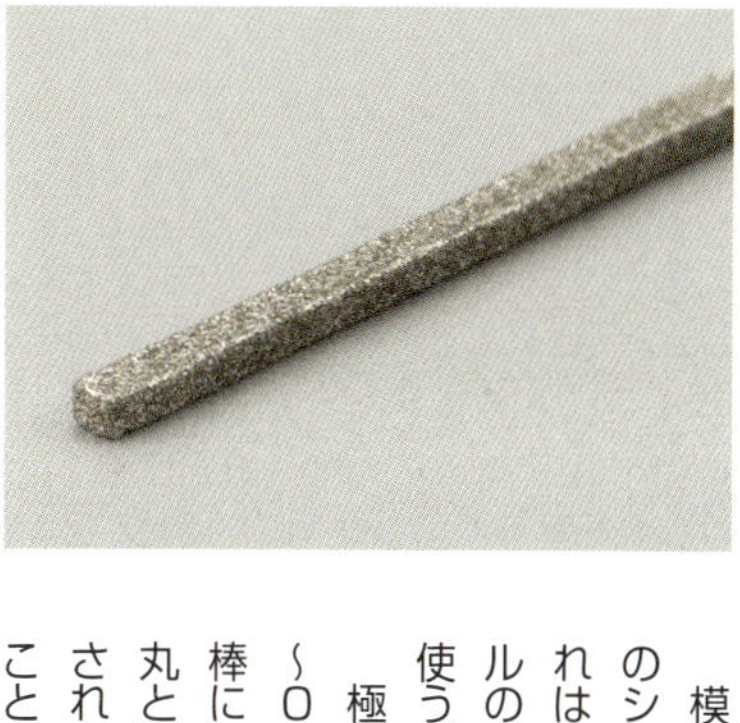

●右写真は四角 0.6×0.5 400番相当のヤスリのアップ。かなり細いがきちんと面が出ている。通常のヤスリでは届かないごくせまいところの研磨が可能で、エッジを使ってモールドをよりシャープに彫ることもできる

模型店で棚に並んでいるのを見るとただのシャープペンシルにしか見えないが、これはれっきとしたヤスリ。シャープペンシルの芯の代わりに極細の棒ヤスリを入れて使うダイヤモンドヤスリである。

極細ダイヤモンドヤスリの太さは0・5～0・6㎜と超極細。遠目に見るとただの棒にしか見えないほど細いにもかかわらず丸と四角の断面のものが別にラインナップされているので、用途によって使い分けることができる。とくに便利だなと感じたのは四角いほうで、フィギュアの髪や目の周り、服のシワといった細かいディテールを彫ったり整えるときや、奥まった狭いところのなかをヤスりたいときに重宝する。四角いタイプはエッジも面もきっちり出ているのでいまヤスリのどの面が当たっているかがつかみやすく狙った形にしやすい。またヤスリは細くてもホルダー部がしっかりしているので、適度に力をかけられてこまかいコントロールもしやすくなっている。使い終わったらヤスリ部を中に収納しておけるので置いておくときにヤスリ部分が露出したままにならないのもよいところだ。

このシャープペンシルをホルダーとして使うという発想にはほかにも拡張性がある。たとえば、芯の代わりにニードルを入れてケガキやスジ彫りに使うこともできるし、もうちょっと太めの製図用芯ホルダーを使えばもっと太めの棒ヤスリを収めて使うこともできるだろう。身の回りに普通にあるものでも、アイディア次第で便利な模型用工具に変身することがある好例だ。

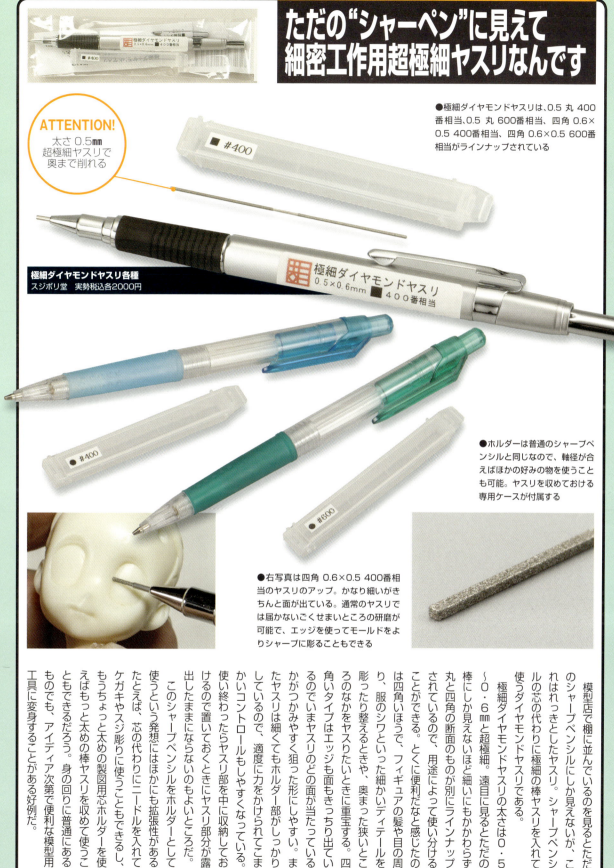

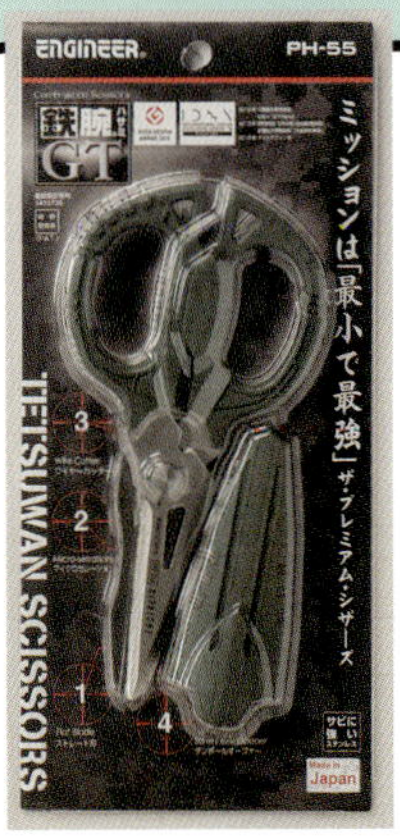

20 プラ棒だってチョキチョキ切れちゃう最強ハサミ

なんでもゴリゴリ切れる業務用 その名も『鉄腕ハサミGT』

鉄腕ハサミGT
エンジニア　実勢税込1400円

ATTENTION!
「ミッションは
最小で最強」
めっちゃ切れます

●プロ用作業用工具メーカーエンジニアが看板商品として販売している鉄腕ハサミGT。ひとつのハサミのなかに４種の刃を持ったパワフルなハサミだ。'15年にはグッドデザイン賞も受賞している

●専用キャップが付属。キャップのスリットは単なるデザインではなくて、野外で雨天に使ってもなかに水が溜まらないように水抜きになっているのだ

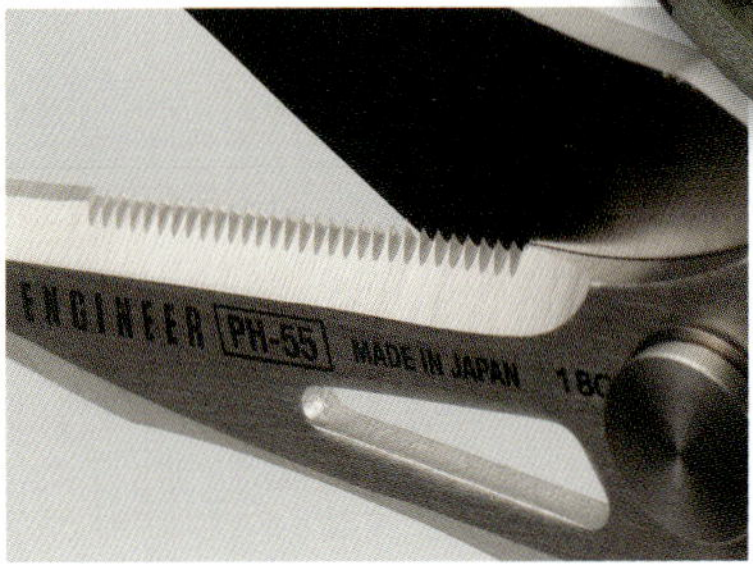

●合わせ側はマイクロセレーション刃（ギザギザ刃）で、高硬度の繊維なども切れる。合わせの反対には金属線が切れるワイヤーカッターも装備している

ハサミはありふれた工具で、家に1本もハサミがないという方はまずいないのではないだろうか。そして、ありとあらゆる場面で使用される工具であるため、非常にたくさんの種類がある。模型工作でも用途に合ったよいハサミがあるととても便利だ。

ハサミは切りたい素材によって刃や柄の形状、そして刃と柄のバランスが変えられている。模型製作でいうと、マスキングテープやデカールなどのような紙類を切るときのハサミは刃先の切れ味がよく刃が薄いものが使いやすい。プラ板や金属板のような厚さや硬さがある素材を切りたい場合は、刃が厚く柄に対して刃が小さめのバランスのもののほうが力がこめやすい。このように柄が大きめで刃が小さめになっているものは一般的に「クラフトはさみ」などと呼ばれていてなかなか便利なのだが、視野を広げると世のなかには業務用として使われる超強力なハサミが存在する。

この鉄腕ハサミGTは、太い電線やナイロンロープなどでもサクサク切れるプロ用工具で、うたい文句は「最小で最強」。実際に使用してみると5㎜角のプラ棒程度ならなんの苦労もなくさっくり切れる。こだわられているのは切れ味だけでない。手になじんで力が入れやすいS字グリップ、指を挟みにくいガード、屋外での使用を想定したキャップの水抜き、刃の外側が段ボールオープナーになっているなど、プロ用工具ならではの配慮が満載。なによりモデラーなら、バットマンが持っていそうなそのゴツイ見た目に惹かれませんか?

21 ちょっとした工夫でこんなに使いやすくなりました

キャップがつくことで、こんなに使いやすくなった彫刻刀

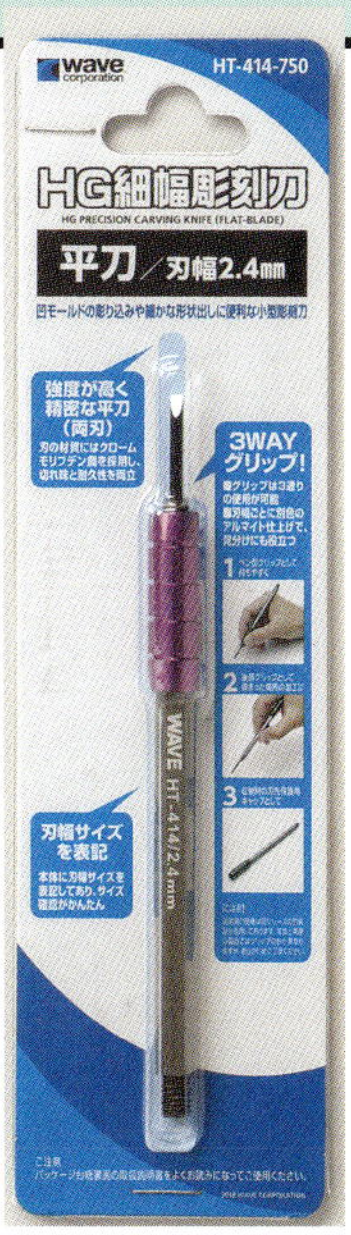

ATTENTION!
キャップがついたらこんなに便利！

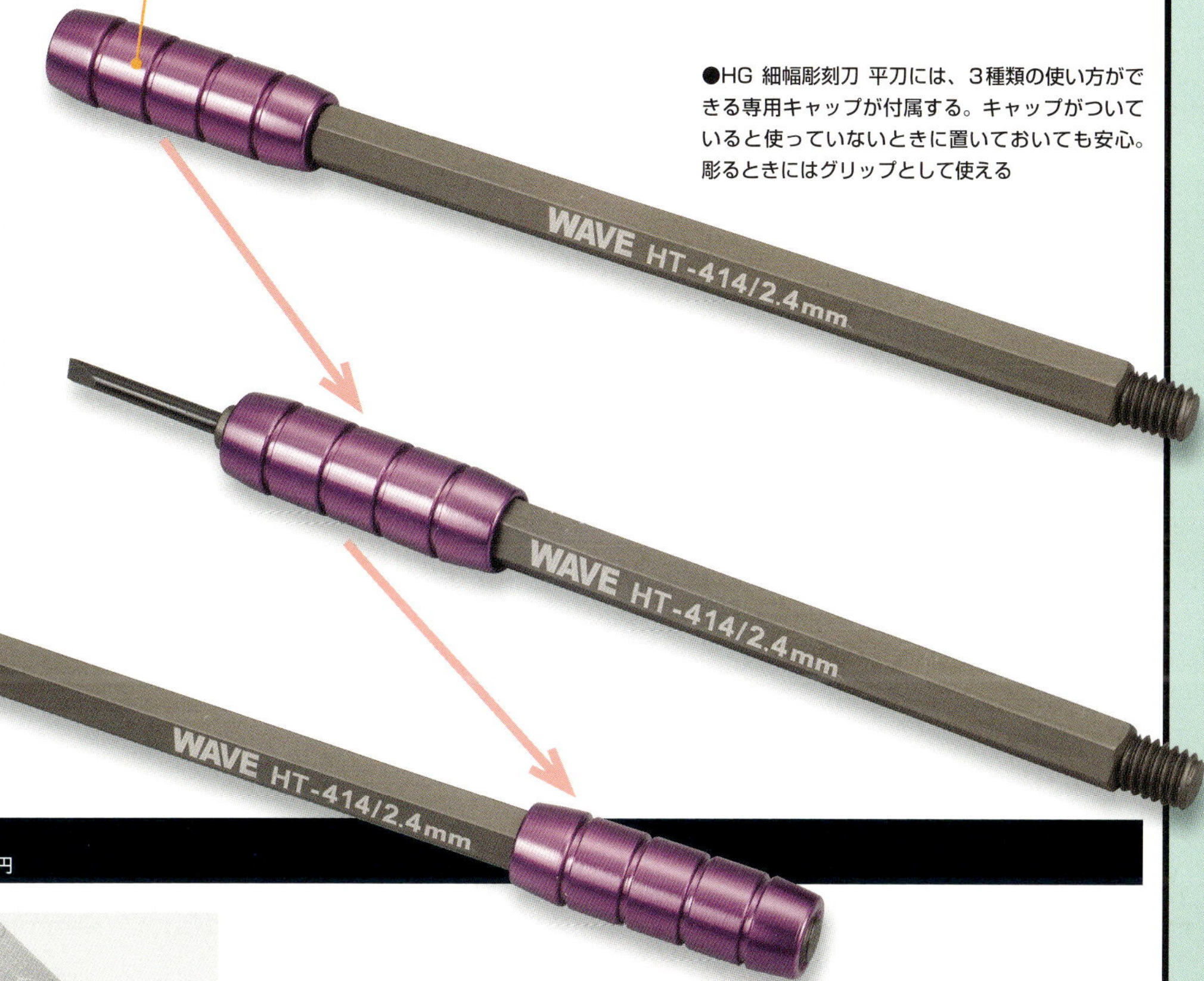

●HG 細幅彫刻刀 平刀には、3種類の使い方ができる専用キャップが付属する。キャップがついていると使っていないときに置いておいても安心。彫るときにはグリップとして使える

HG 細幅彫刻刀 平刀
ウェーブ　実勢税込530円

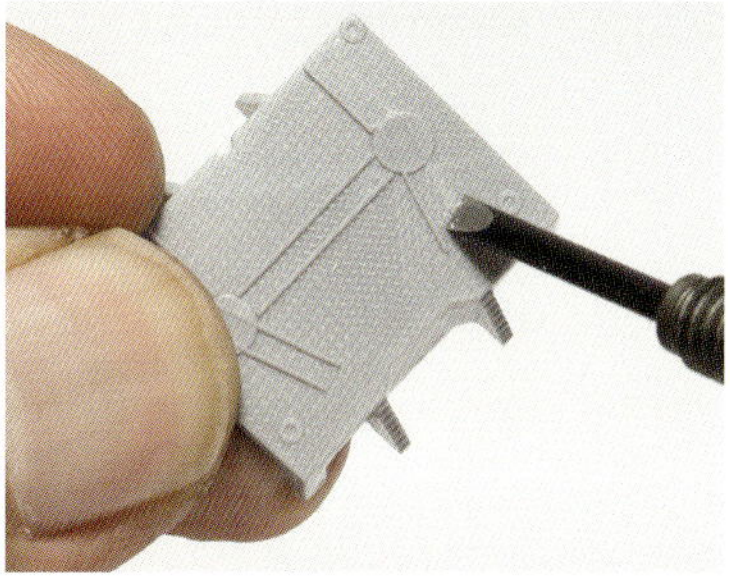

●HG 細幅彫刻刀 平刀は彫刻刀としての切れ味はほどほどといった感じだ。左写真のようにパーツ表面の凸ディテールをそぎ取るような使い方では、むしろ刃が鋭すぎないほうが刃先がパーツにささらず、使いやすい

ナイフ、ニッパー、といったプラモデル製作に最低限必須な刃物とスジ彫り用工具の次に手に入れたくなる刃物は、多くの場合彫刻刀なのではないだろうか。

彫刻刀には非常にさまざまな種類があって値段もピンキリ。もちろん値段が高いもののほうが一般的に切れ味がよい。また、彫刻刀の選択は削りたい箇所の形によって変わってくる。四角い穴が彫りたいのか曲面が彫りたいのか、スジが彫りたいのかで刃先を選ぶことになる。適切な刃先形状のものを使わないとうまく彫れないので、どのようなところにどんな彫刻刀を選べばいいかは重要な問題だ。ただ、それについてはこれまでにもいろいろなところで解説がされてきているので、ここではちょっと別の視点から模型用彫刻刀を選んでみよう。

このHG細幅彫刻刀 平刀の最大のポイントはキャップがついているところだ。なんだそんなことかと思われるかもしれないが、専用のキャップが付属する単体の彫刻刀は意外とない。模型製作ではえてして他の工具と一緒に適当に置いておいたりするので、工具を選ぶとき刃先を触ってしまって危ないということがあるが、キャップがついていれば安全だ。また、不用意に刃先が何かにあたって刃こぼれする心配もなくなる。さらに、このHG彫刻刀がおもしろいのは、キャップを単なるキャップにせず、付け替えることでグリップとしても機能するようにしているところ。彫刻刀は力を込めて彫る場面もあるので、柄の端につけて手の平で押せるのはなかなか便利だ。

22 見た目に反した"しっかりもの" プラ製だけど侮れない！

こんな軽い万力で大丈夫なの？ それが大丈夫なんです。

HG ミニバイスGSI
ウェーブ　実勢税込620円

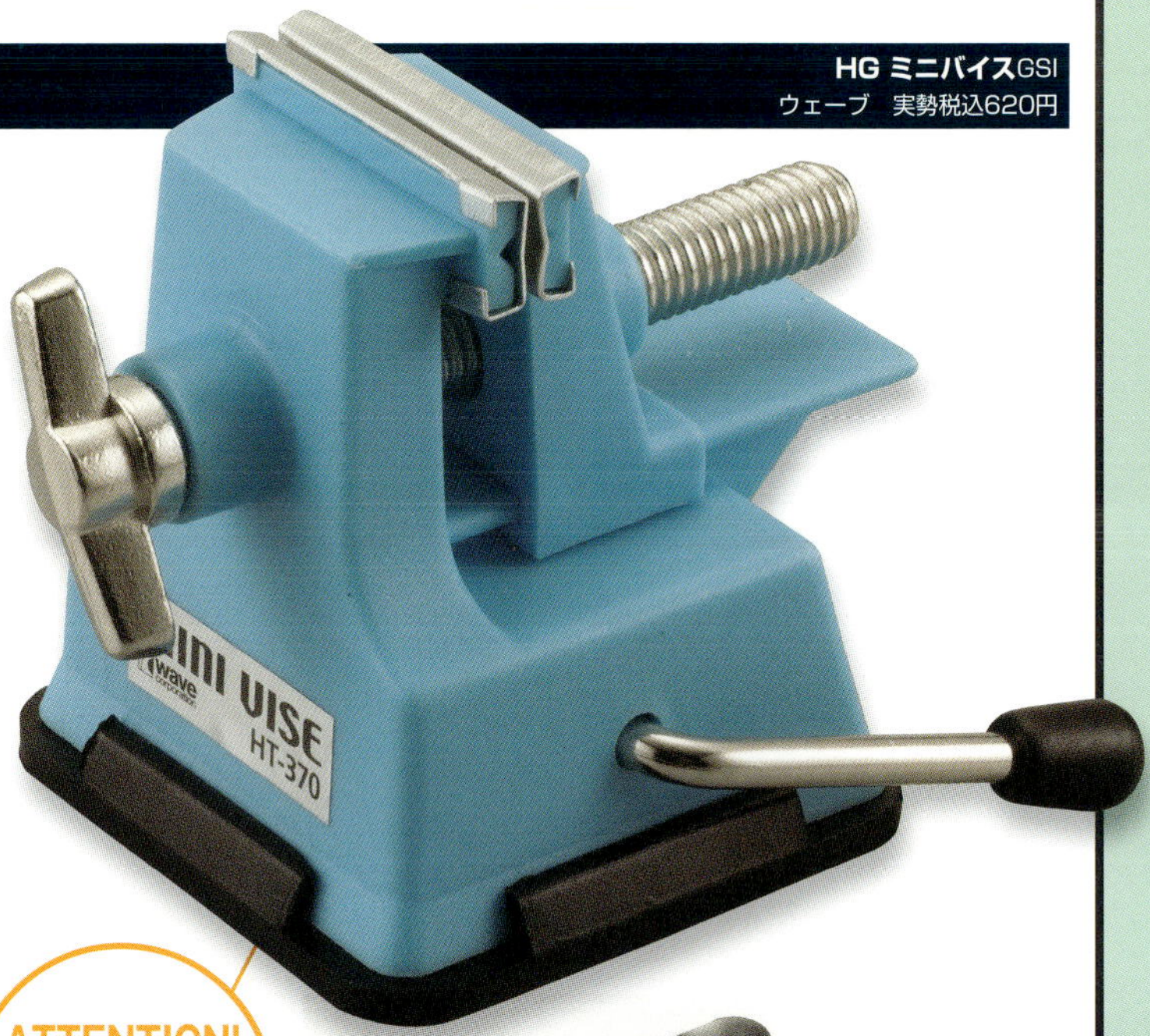

●バイス＝万力は、削るときに部材を固定するための工具。部材がグラグラしていると狙いどおりの位置を削れない。また、力をかけて削りたいときや、パーツが小さすぎて指では保持しにくい場合などにも活躍する

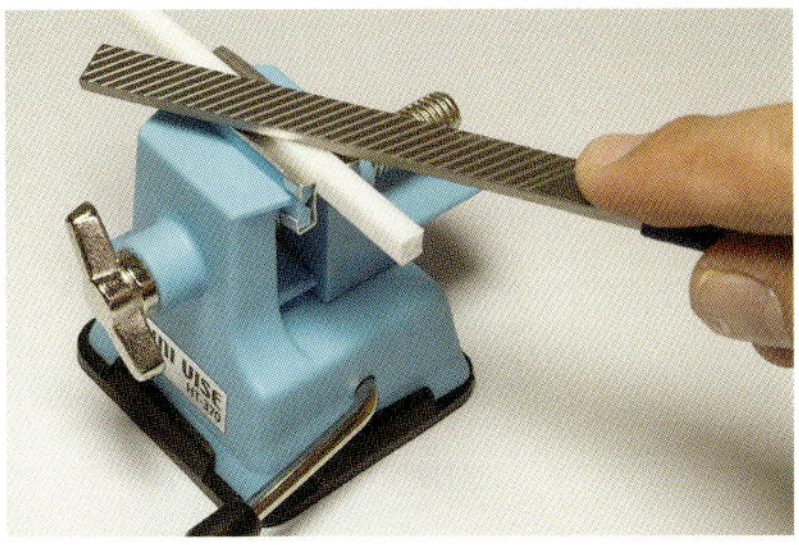

ATTENTION!
レバーで机に
吸着できる
機構を搭載

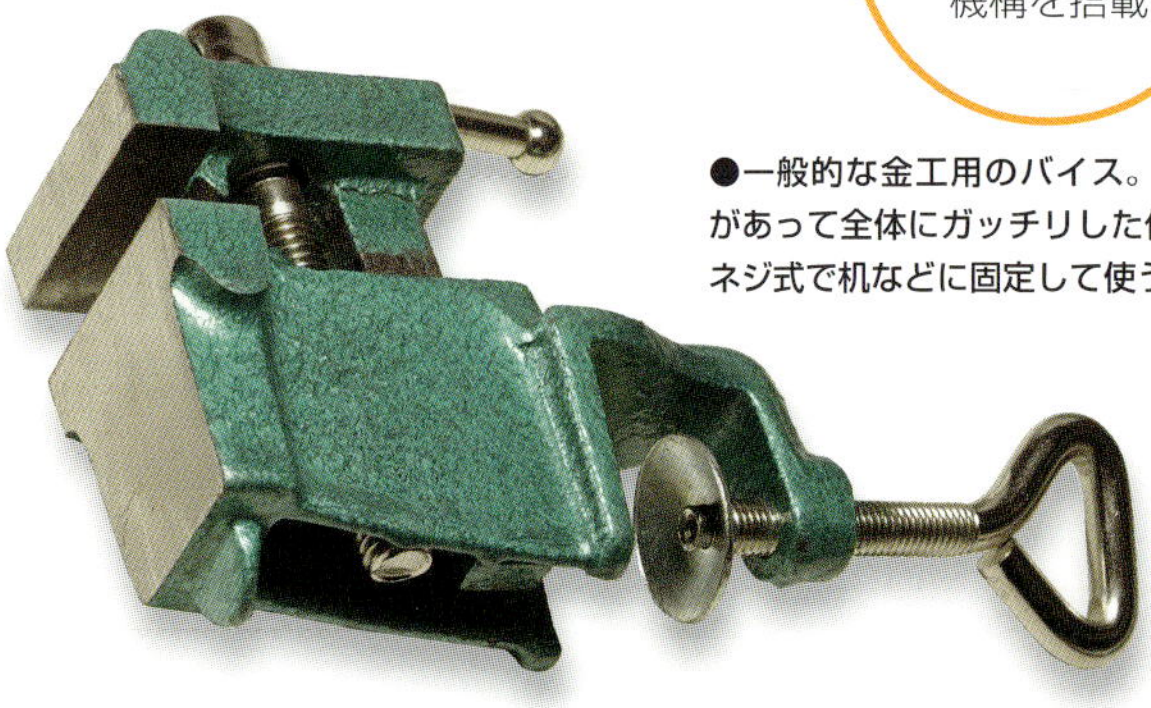

●一般的な金工用のバイス。重さがあって全体にガッチリした作り。ネジ式で机などに固定して使う

●このバイスの最大のポイントは底面が吸盤のようになっているところ。レバーを動かすと写真のように中央が凹んで机に密着する。実際に机に吸いつけて作業をしてみたが、普通にプラ材やエッチングパーツを削るぐらいではびくともしない

人間、第一印象で判断してしまって損をすることは結構ある。工具選びでも当然あるわけだけれど、このウェーブのミニバイスなどはその典型例かもしれない。

初めに模型店でこのバイスを見たときの第一印象は、「プラスチック製のバイス？　軽すぎて使いやすいわけがないでしょ」といったものだった。そしてその存在をすっかり忘れていたのだが、本書の執筆にあたって市販されている模型工具をひととおり見直していくなかであることに気づいた。そう、このミニバイスの重要なポイントはレバーにあるのだ。このレバーを引くことで、ゴム製の底面が吸盤のように動いて机に密着するのである。ここで前言撤回。「使用時にしっかり固定できるなら、軽いバイスはむしろ扱いやすいじゃないか」。よく見もせずに抱いた第一印象は見事に覆されたわけだ。実際に使用してみても、部材をかなりしっかり固定できて使い勝手はよかった。このように、優れた工具には一見しただけではわかりにくい工夫が盛り込まれていることもあるのである。

ところで、バイス（万力）を持っていないというモデラーは多いのではないかと思うが、一気に大きく削りたいときや厳密に削りたいときは、バイスで部材を固定すると作業効率が上がったりエッジをシャープに出しやすくなったりする。絶対にないとプラモデルが作れないという類いの工具ではないが、一回買えばなかなか壊れず便利に使えるものなので、できればぜひ手元に置いておくことをおすすめしたい。

23 ピンセットの形はつまむもの次第 こんな変わり種もあります

球でも楽々ホールドできる特殊先端形状採用ピンセット

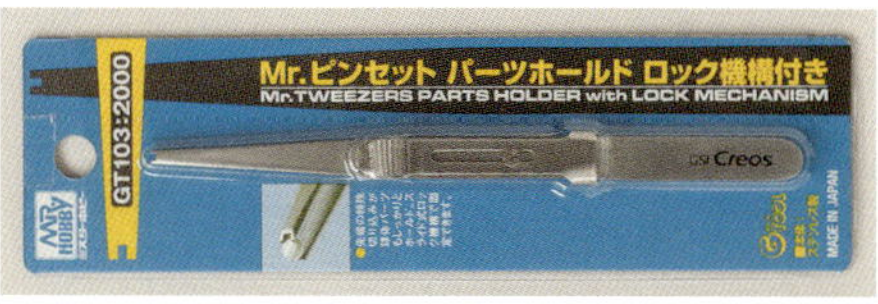

Mr.ピンセット パーツホールド
GSI クレオス　実勢税込1200円

●先端まで幅広になっているので、持ちにくい形状のパーツでもしっかりと力をかけて保持することができ、パーツを飛ばしてしまう事故も起きにくくなる。しっかり持てるので、ピンセットで挟んでのヤスリがけもしやすい

●先端の凸凹したところで持てばツルツルの金属球でもこのとおりしっかり保持できる。凸凹の幅に変化がつけてあるので、さまざまな大きさや太さの棒やパーツの薄いフチなどもしっかりと持つことができる

ATTENTION!
特殊先端形状で
球形だって
持てちゃいます

●Mr.ピンセットパーツホールド ロック機構付きは、スライドするロックにより挟んだまま固定することが可能。これにより挟んでのヤスリがけや接着作業がしやすくなる

●ロック機構付きも先端に凸凹がつけられており、球や棒状のパーツでも保持しやすいようになっている

Mr.ピンセットパーツホールド ロック機構付き
GSI クレオス　実勢税込1500円

ピンセットとひと口にいっても、世のなかにはかなりいろいろな大きさや形のものが存在する。なぜそんなに数多くのピンセットあるかといえば、それぞれ掴みたいものを掴みやすい形状にしてあるからで、掴む物体の大きさや形状は千差万別だから種類も多くなる。たとえば切手用のピンセットは切手を痛めないように先が平たくて広い形状になっているし、昆虫の胴体の形に合わせて先端が湾曲した昆虫用ピンセット、まぶたに沿う形のつけまつ毛専用ピンセットなんてものもあったりする。要するに掴みたい物体に適した形状のピンセットが使いやすいピンセットということなのだ。

とはいうものの、模型製作ではこれがなかなか難しい。模型のパーツはいろいろな形のものがあるし、デカールなんてものもある。だからどれかひとつを取って「これがいちばん。これがあればOK」とはいいにくいのだ。ただ、逆に言うと、よくある棒状で尖った先端形状の一般的なピンセットでは明らかに掴みにくい形状というのがある。そこでここではそういった掴みにくい形状のパーツを保持できる特殊形状のピンセット、Mrパーツホールドを紹介しておこう。このピンセットの特徴は先端が先割れになっているところにある。この先端の凹み部分を使うことで、球や棒状のパーツをしっかりと掴むことができる。模型製作では、ピンセットで挟んだパーツを飛ばしてしまって、それを探すのに1時間かかってしまったなんてことがよくあるので、こんな特殊工具もチェックしてみてね。

24 定番のプロ用文房具にはプロが愛用するだけの理由がある。

製図用品の「定番中の定番」ステッドラーの定規はここがすごい

ATTENTION!
エッジ形状や方眼にこめられた老舗のこだわり

●ステッドラーは、デザインや美術、製図、版下製作業界では有名な文房具の老舗メーカー。プロユースのものだけでなく一般向けの鉛筆やペンなど数多くの文房具をラインナップしていて、発色がよく色あせに強いピグメントライナーや水で溶かせるグラファイト鉛筆などいろいろなものあがある

レイアウト用方眼直定規
ステッドラー　実勢税込1500円

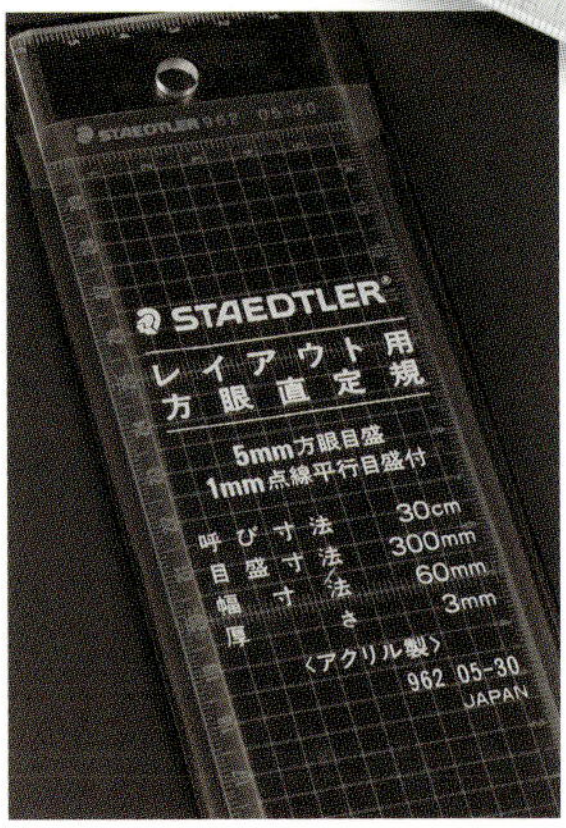

●「レイアウト用」ということで、デザインや版下作業におけるプロユースを前提とした定規なので、形状の精度が高く、方眼や目盛りが内側まである。方眼／目盛りは下が黒でも白でも見やすいように、ちょうどよい濃さのグレーになっている

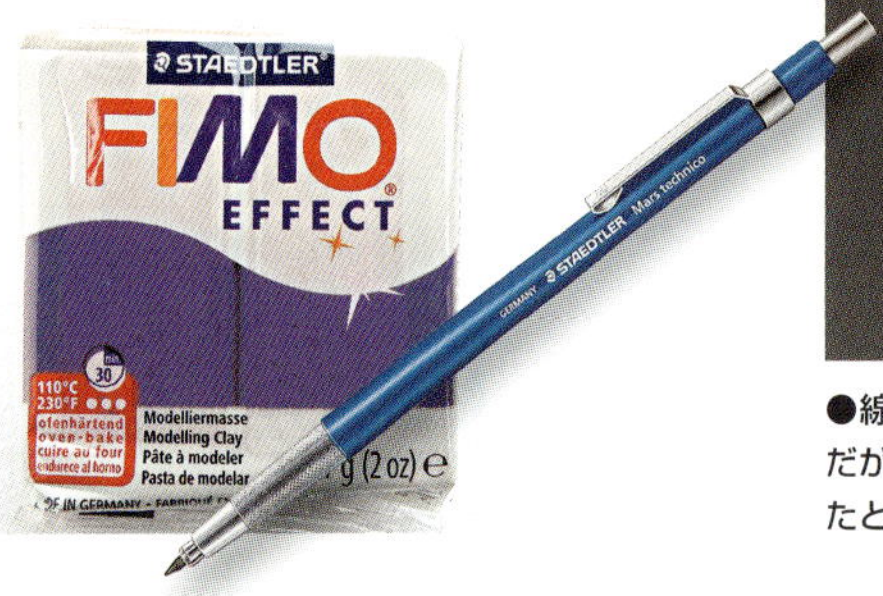

●造形に関係があるものだと、オーブンで焼くと硬化する樹脂粘土ＦＩＭＯ（フィモ）もステッドラーの製品。ほかの製図用品では芯ホルダーなどが定番アイテムとなっていて、質実剛健なデザインと使いやすさで愛用者も多い

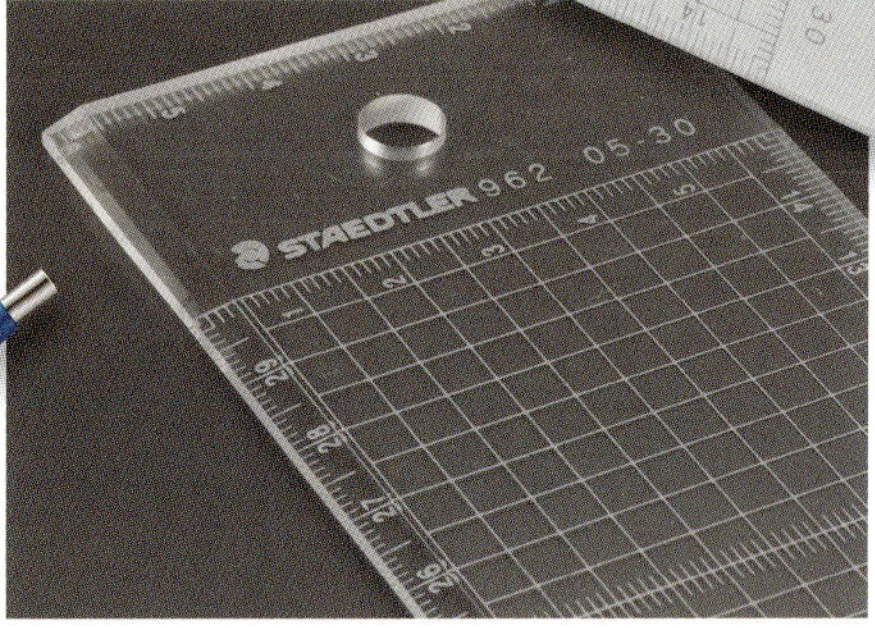

●線を引くときに影響が大きい定規の側面／エッジ形状だが、隅々に到るまで緻密な工作で形作られていて、狙ったところにビシッと線を引きやすいよう工夫されている

模型に使う工具のなかにはいわゆる「文房具」も含まれるが、文房具には模型用工具とは比較にならないくらい長く深い歴史がある。そのなかで揉まれて定番となったものは、そうなるだけの理由、すなわち優れた性能やデザイン性を有している。そのような文房具のなかでの定番中の定番、「キング オブ 文房具」といってよいのが、ドイツのステッドラー社製品だ。

日本では非常に品質が高い画材や製図用品メーカーとして認知されているステッドラー。そもそもステッドラー社創業者の祖先であるヨハン・セバスチャン・ステッドラーは、世界最古（1662年）の「鉛筆製造者」として記録されていて、「文房具メーカーの祖」とも言われる老舗中の老舗だ。性能の高さはもちろんのこと、ドイツのお国柄を感じさせるいかにも質実剛健としていながらスタイリッシュ、そして飽きが来ないデザインのファンも多い。

ここでは模型での使用頻度が高そうな直線定規を紹介するが、たかが定規と侮ることなかれ。狙ったところに線が引きやすいよう形状にこだわって精度高く工作されたエッジ部、内側にも目盛りが入っていたり、白地でも黒地でも見えやすいようにグレーで印刷するというふうにことこまかに工夫された方眼など、数百円で買える定規とは一線を画す高機能が詰め込まれている。よいものを買えば長く快適に使うことができる。より豊かな模型ライフを送るためにペンや定規といった基本ツールに奢ってみる、という選択肢はいかがだろうか?

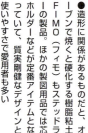

25 効率を上げて楽しく作るなら、小さなことからコツコツと……

ちょっとした手間の削減でストレスフリーな製作環境を

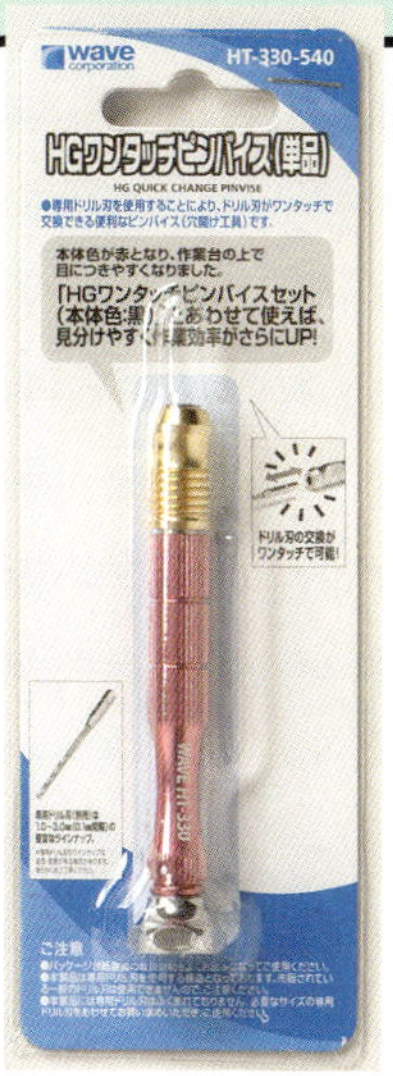

ATTENTION!
ワンタッチでドリル刃が交換可能

●HG ワンタッチピンバイスは刃とセットのものも販売されていてそちらはカラーが黒だが、こちらのピンクの製品は柄だけの単品販売版

HG ワンタッチピンバイス
ウェーブ　実勢税込450円

●HG ワンタッチピンバイスの専用ドリル刃は、0.5～3㎜間を0.1㎜刻みでラインナップ。切削性能が長持ちするように刃の表面にはチタンコーティングが施されていて、取付部にはドリル径が彫刻されている。値は張るがはじめに一式揃えるとその後がとても快適だ

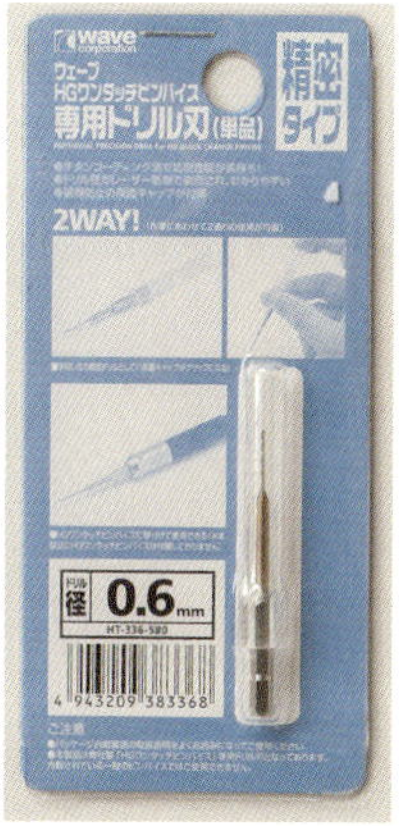

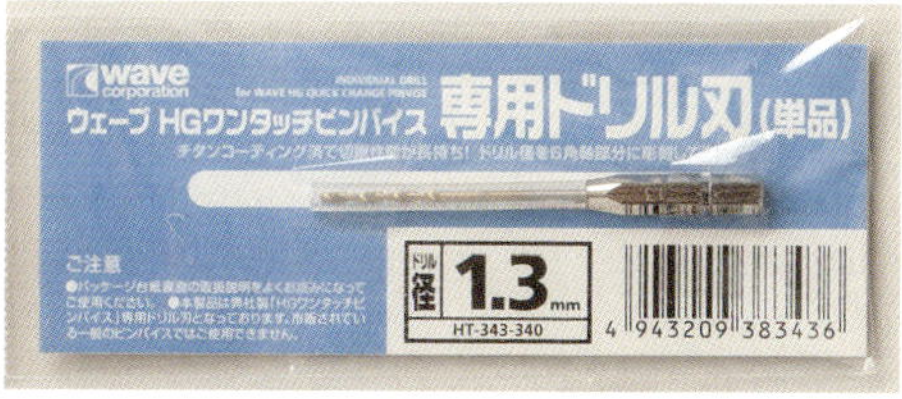

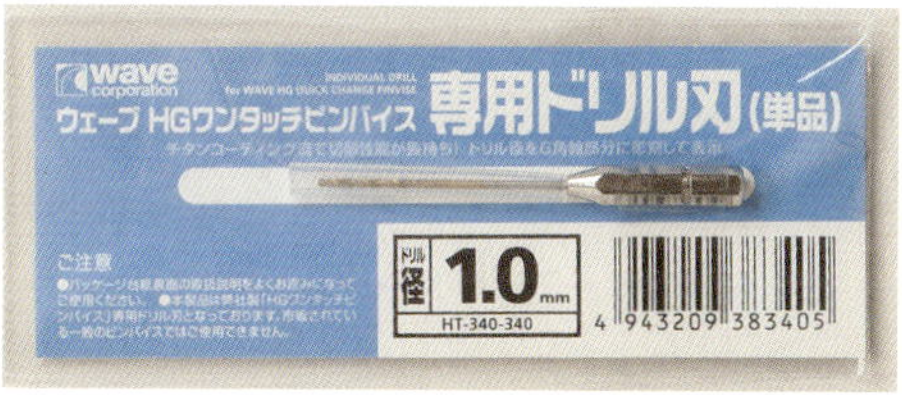

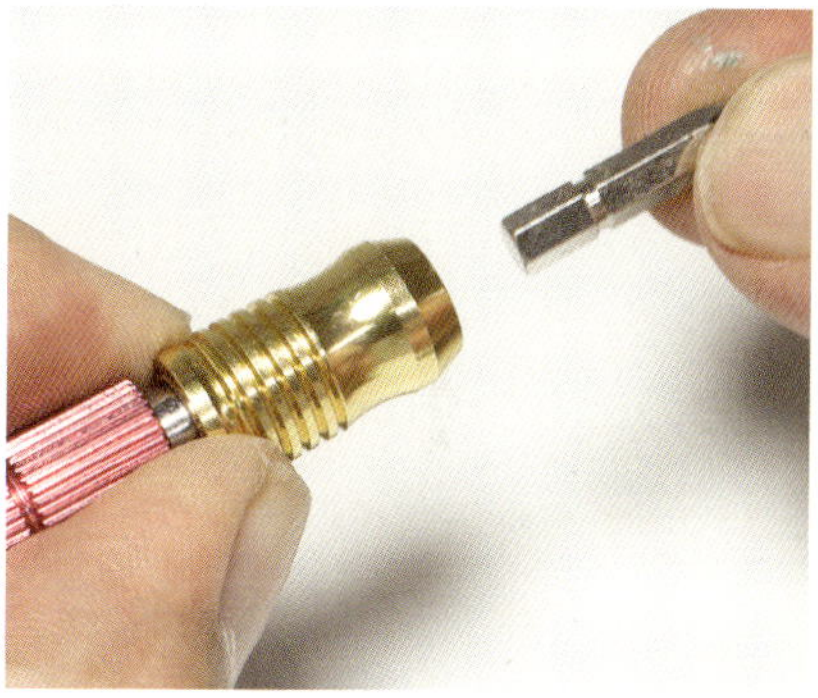

人間は横着なもので、一回便利なものに慣れてしまうともう後戻りはできなくなる。その好例がこのウェーブ製ワンタッチピンバイス。テンポよく工作を進めることができるようになって製作時間も短縮できる。

このピンバイスの特長は、その名のとおり刃先をワンタッチで装着できるところにある。先端側のチャック部分を引っ張った状態で刃の柄を挿し込めばそれで装着完了。外すときも同様にワンタッチだ。よくある一般的なピンバイスは、いろいろな太さの刃に1本で対応するためにチャック部分を入れ替える必要がある。太さによっては一回後端部をネジって外し、なかからチャックを取り出してハメ変え、使わないチャックを収めた後端と刃をつける先端それぞれを締め直す……手順を書いているだけでややこしいが、これが結構な手間で、手間を省くためにわざわざピンバイスを何本か用意してチャックの入れ替えをしないで済むようにしているモデラーもいる。しかしこのワンタッチピンバイスならばそんな手間とはオサラバなのである。

もうひとつワンタッチピンバイスのシステムが優れているのは、刃の付け根が6角形になっているので刃が滑って空転しないところだ。とくに細い刃だと通常のチャックでは空転しやすくいちいちキツく締めないといけなかったが、これならそんなことも必要ない。また、細いドリル刃は径が何㎜かパッと見ただけでは判別しにくいが、専用ドリル刃は柄の太い部分に径が彫られているのでとてもわかりやすい。

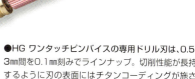

26 プラ材を切るとき、アナタは何を使っていますか?

プラ材がザクザク切れるガイドつきハンディカッター

●上から押し切るタイプの片刃の大型刃なので部材の断面ををまっすぐにカットすることができ、整形の手間をへらすだけでなく、整形作業によって形状を損なうことも少なくできる

ATTENTION!
角度が決められる着脱可能な専用ガイド付き

HGユニバーサルカッター 角度切りガイド付
ウェーブ　実勢税込1450円

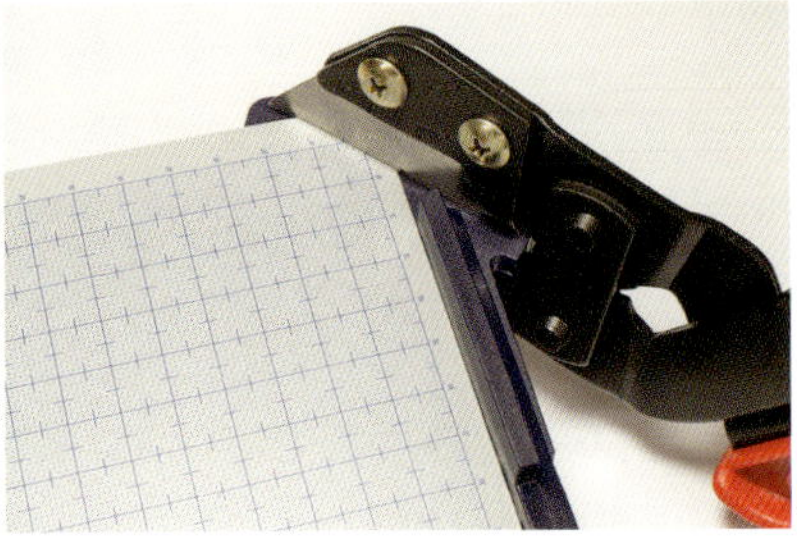

●ガイドを使用すれば45度など決まった角度のプラ材を量産することができる。プラ棒の断面を直角に切りたいときなどにも重宝することだろう

●刃渡りは約60㎜。柄には収納のためのストッパーがついている。7段階の角度に調整可能な角度切りガイドが付属

プラ板を切り出してパーツを作りたいときに、形をプラ板に写してPカッターで切り出して……というのだと非常に手間と時間がかかる。そこで強力なニッパーのような工具でプラ板をざっくり切ってしまおうというのがこのHGユニバーサルカッター。

HGユニバーサルカッターのウリは付属の専用ガイドだ。刃の受けのところのネジを外してつけ替えるような構造になっているが、これを取りつけることで7段階の角度でプラ材をカットできるようになる。便利なのは簡単に直角や45度でカットできるところで、プラ棒などをカットするときあらかじめ直角が出ていると、あとで断面を整形処理するにしても作業がしやすくなって精度も出しやすい。また、ガイドにパーツをあてて角度を決めておいて、それに合わせた角度のプラ板を切ることもできる。なお、ネジで留められる形状にすれば自作の治具も簡単に取りつけられるので、さらに工夫して使うこともできそうだ。

実際に使用してみた感じだと切れ味が非常に優れているというほどではないが、1㎜厚程度のプラ板やプラ棒を切るならなんら問題なくザクザクいける。どちらにしても切ったプラ材は断面を整形処理する場合がほとんどなので、きれいに切れるかどうかよりも、ごく短時間で手軽にザクザクと切っていけるところに惹かれるものがあった。なにより安価なのもよいところだ。精密加工用の工具ももちろん必要なのだが、こういったラフに使える切断用工具もひとつ持っておくと何かと便利なのだ。

27 ガンプラのディテール工作などで大活躍する回転彫り彫刻刀

単なる平刃彫刻刀だと思ったら大間違い 簡単に円筒形の穴が彫れるスピンブレード

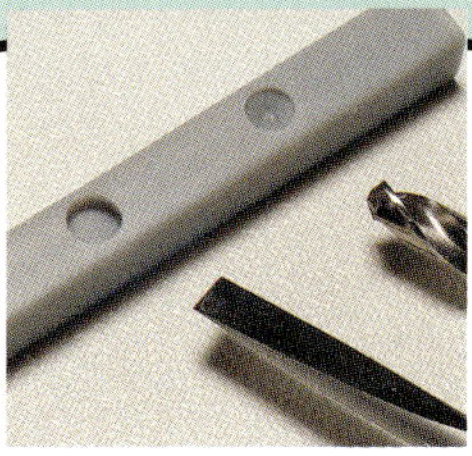

●右が通常のドリル刃で、左がスピンブレードで彫った穴。ドリル刃で彫ると底面が円すい形のすり鉢状になるが、スピンブレードならばきれいな平面で彫ることができる

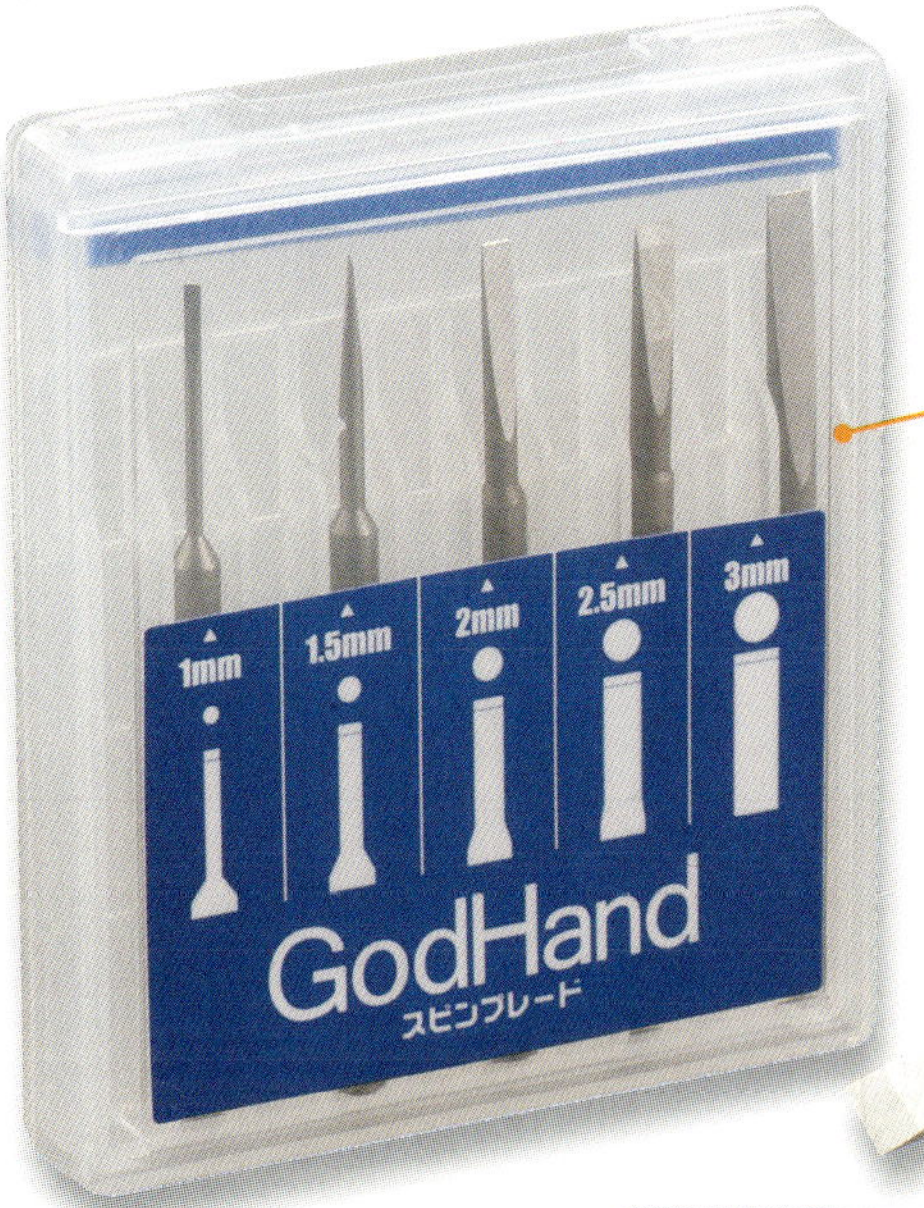

ATTENTION!
平刃を回転させて
穴を彫る
新感覚の刃物

●スピンブレードはドリル刃と同じようにピンバイスに取り付けて回転させることで穴を彫る。また、普通の平刃彫刻刀ののように押して削っていくことも可能。いきなりスピンブレードで彫りはじめると刃先の位置が定まらないので、まず同形のドリルで下穴を開けてから底に刃先を入れて彫ろう

スピンブレード 5本セット
ゴッドハンド　実勢税込2500円

●柄の太さはすべて３㎜径に統一されている。柄にはサイズの刻印が入っているので、ひと目で刃のサイズを確認することができる

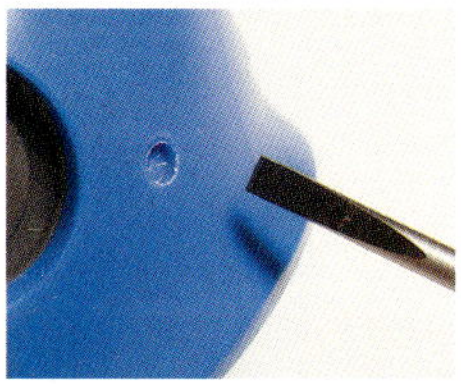

●彫った穴はいろいろな使い方ができるが、なかに市販ディテールパーツを入れれば、あっという間に写真の様なディテールを作ることができる。底面が平らなので接着もしやすい

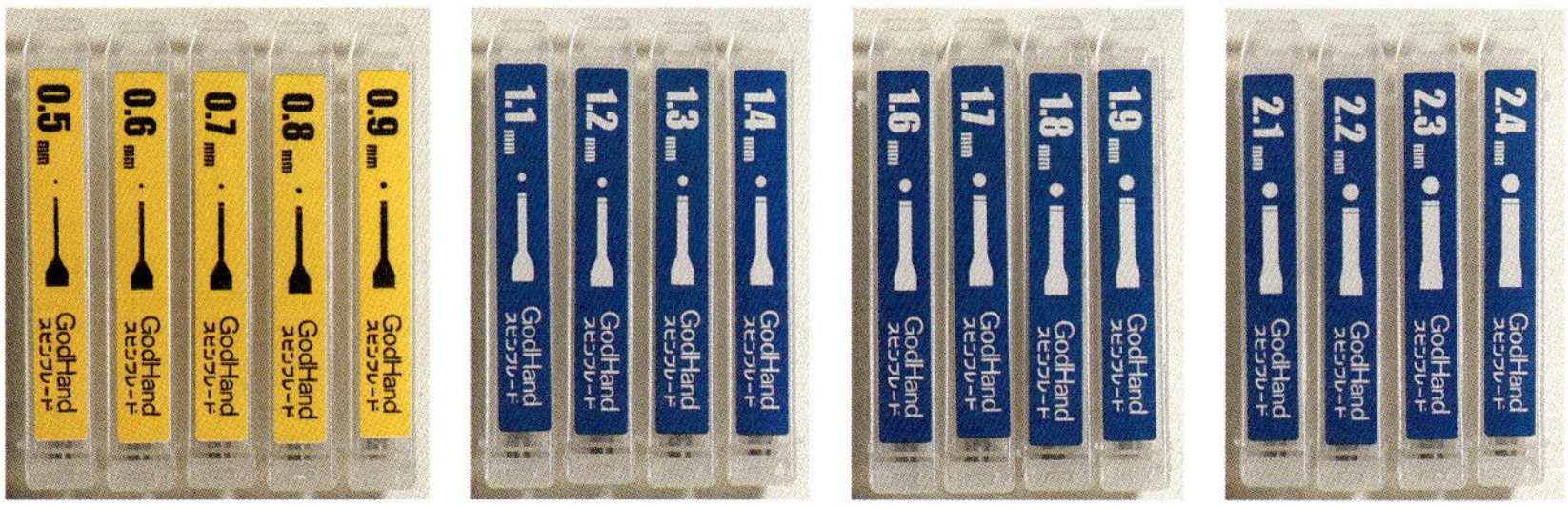

●スピンブレードは、１～３㎜の0.5㎜間隔の５本セット（一般販売）と、１～３㎜の0.1㎜刻みの単品バラ売り（直販通販限定）というラインナップ。また、トライアル品として直販通販限定で0.5～0.9㎜も販売。プラ材やプラ製ディテールパーツの寸法はコンマ数㎜の誤差は当たり前にあるので、はじめから0.1㎜刻みで揃えてしまえば現物合わせができて非常に効率がよくなる

初めにスピンブレードを見たときは普通の平刃彫刻刀かと思ったが、その使い方と彫れるものはまったく異なっている。刃先を直線状に動かして削る平刃彫刻刀に対して、刃を回転させるようにして円筒形の穴を彫れるのがスピンブレードの特徴だ（普通の平刃のように彫ることもできる）。穴を開ける工具としてはドリルが一般的で、穴を貫通させるならドリルを使えばよいのだが、スピンブレードが活躍するのは貫通していない穴を彫るときである。

貫通させない穴を彫るとき、通常のドリル刃を使うと穴の底は円すい状になる。これは彫っていくときずれにくいようにドリル刃の先端が尖っているからだ。しかし模型のディテールとして穴を彫るときは、底面が平らなほうが都合がよかったり、底が円錐形だと都合が悪い場合がある。ディテールとして底面を平らに見せたい場合はもちろんだが、彫った穴のなかに市販パーツを入れてデコレートしたい場合、底面が円すい形だとパーツの位置が定まりにくかったり接着面がほとんどなくなってしまったりする。スピンブレードで彫れば底面がきれいな平面になるので、穴に収めるパーツを外面ときちんと平行にしたうえでしっかりと接着することができる。そのほか、キットの丸い凹モールドがダルいときに簡単に彫り直せたり、違う径を組み合わせることで多段落ちの穴モールドをシャープに彫ることも簡単にできる。ロボットモデルのディテール工作ではとくに威力を発揮するので、ぜひ試してみてほしい。

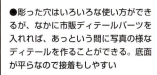

プラモデル用のニッパーが変わったのはタミヤの薄刃ニッパーが登場してからだ。ゲート切断に特化した薄く切れ味がよい刃のプラスチック専用ニッパーが模型の世界に持ち込まれたことによってプラモデルの作り方は変わった。ゲートがきれいに切れるようになったことでヤスリがけの必要性、そしてパテを必要とする場面が減って、一気に工作の手間が減ったのと同時にきれいな完成品を作りやすくなった。

その後薄刃ニッパーは急速に模型製作用ニッパーの主流になる。さらに切れ味がよいニッパーを目指してさらなる薄くて小型の刃や片刃構造が採用されていった。その結果、ゲートを切るという意味では、現在各社から販売されている薄刃ニッパーはどれも充分な性能を持つようになっている。さらにもっときれいに切りたいならなかでも高性能なものを選べばいいし、どうせヤスリがけをしてしまうから、ということであればほどほどのものを選んでもいい。

さて、ここでひとつ忘れてはいけないポイントがある。刃物は適材適所ということを本書では随所で述べているが、それはニッパーだって同じことだ。ある用途に特化すると他の用途にはあまり向かなくなったり、なにかしらの性能が犠牲になったりする。そして、薄刃ニッパーで犠牲になっているのは、硬いものや太いものの切断性能と刃の耐久性である。

プラスチック用薄刃ニッパーは金属線やもっと太い樹脂材を切ると一発で刃を傷めてしまう。薄刃ニッパーを使うのであれば、それらを切るためにもうひとつ刃が厚めで強いニッパーを持つのは必須となる。また、刃が薄くて鋭いぶん、厚い刃の物と比べると耐久性は低い。ニッパーは切るたびに刃が少しずつ鈍っていくが、樹脂のような硬めで弾性があるものを切ると刃先同士があたってさらに刃が痛みやすくなる。ストッパーなどで刃の痛みを軽減しているモデルもあるがまったく痛まないわけではない。切れ味と刃の痛みやすさはトレードオフの関係にあるので、とにかく切れ味のよいニッパーだけが万能なわけではない。プラモデル製作ではかなりの回数ゲートを切るので、切れ味と刃の持ちのよさのバランスも大切。薄刃ニッパーを選ぶ際はそのバランスにも注目してみてほしい。

いろんな種類のニッパーが
いろんなメーカーから
次々と販売されるけれど、
どれをどういうふうに
選べばいいんだろう？

28 びっくりするくらいの切れ味
一回使えばやみつきになります

刃物メーカーが自信を持って世に出した「究極」の名を冠すフラグシップニッパー

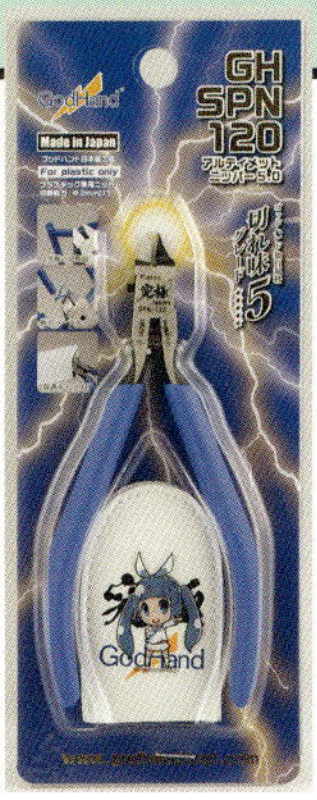

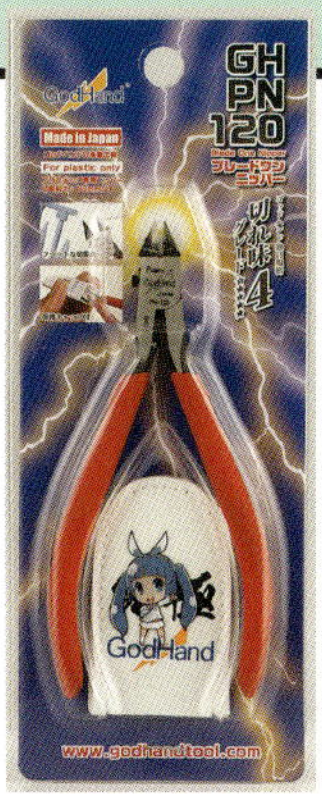

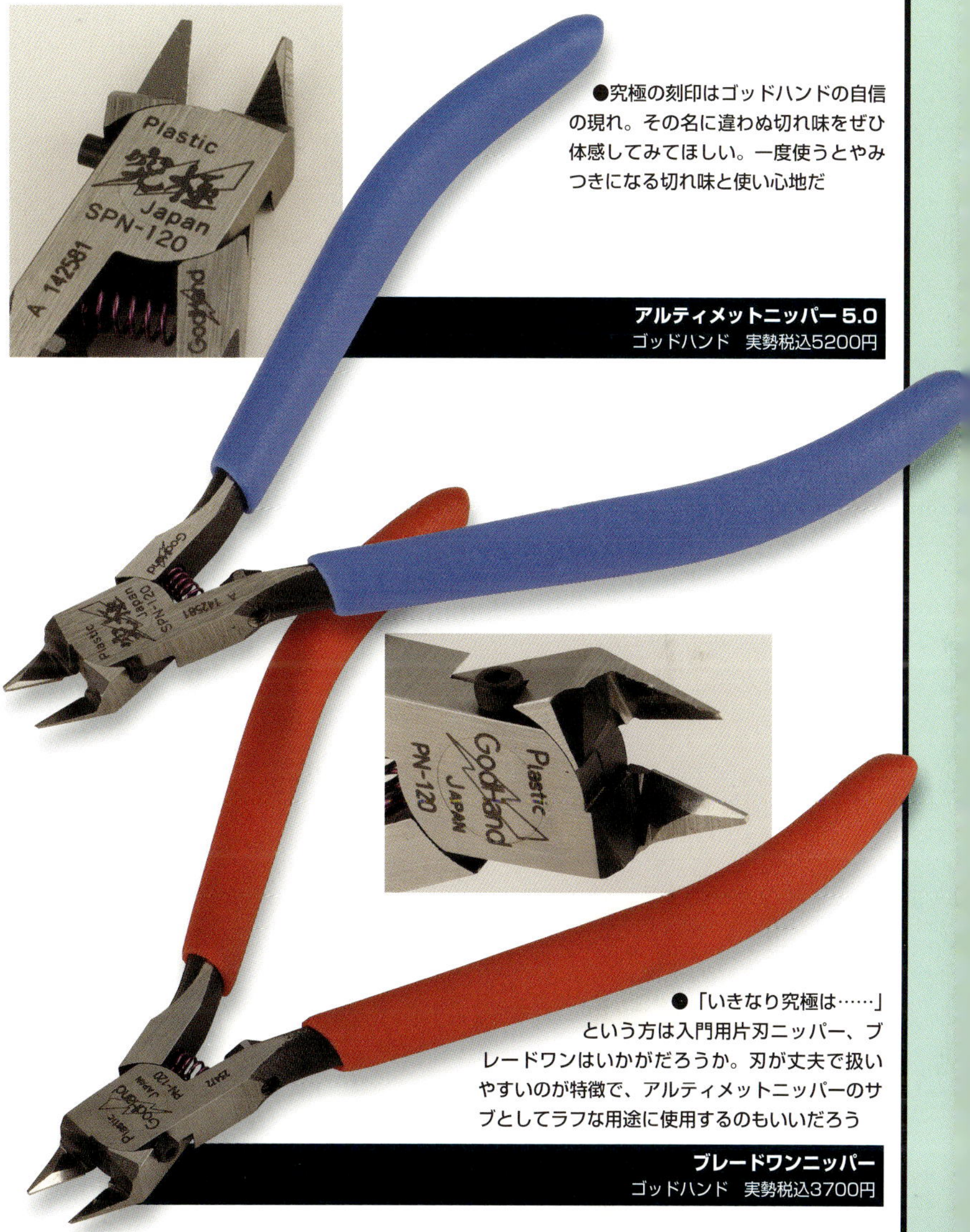

●究極の刻印はゴッドハンドの自信の現れ。その名に違わぬ切れ味をぜひ体感してみてほしい。一度使うとやみつきになる切れ味と使い心地だ

アルティメットニッパー 5.0
ゴッドハンド　実勢税込5200円

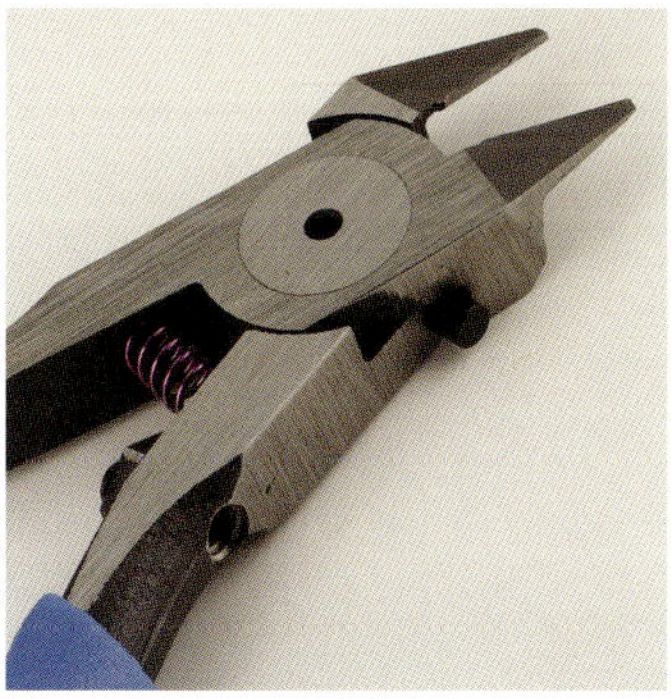

●アルティメットニッパーは、片刃構造、鋭い切れ味の刃、精度が高い合わせなどすべての要素が組み合わさることにより、切り口がほとんど白化しない驚きの切れ味を発揮する。開き過ぎ防止ピン、刃折れ防止ストッパーも装備され、よく切れる刃をなるべく長く使えるようにする工夫も随所に盛り込まれている

●「いきなり究極は……」という方は入門用片刃ニッパー、ブレードワンはいかがだろうか。刃が丈夫で扱いやすいのが特徴で、アルティメットニッパーのサブとしてラフな用途に使用するのもいいだろう

ブレードワンニッパー
ゴッドハンド　実勢税込3700円

模型用の刃物工具をめぐる環境は、ゴッドハンドというメーカーの登場以前／以降で大きく変わった。ゴッドハンドは江戸時代から続く鍛冶の町として知られる新潟県三条市の刃物メーカーで、「究極＝アルティメット」をキーワードとして、「より短い時間でより楽に、そしてより楽しく工作できる」ことを目標に、モデラー目線に立った優れた工具を世に送り出し続けている。

そんなゴッドハンドの代表的な製品がプラスチック用薄刃ニッパー。なかでも同社が掲げる「究極を求める」姿勢を体現しているのが、究極の名を冠した「アルティメットニッパー」シリーズである。これはゲートカットに特化して「究極の切り口」を追求したニッパーで、その製作には通常のニッパーの10倍以上の時間がかけられ、1本1本ていねいに職人が仕上げることで驚異の切れ味を生み出している。実際にランナーを切ってみると、断面がほとんど白化せずきれいな平面になることに驚かされる。この鋭い切れ味は片刃構造が生み出しているのだが、非対称な片刃構造であるがために、左右両利き用が別に商品化されているというこだわりようだ（ちなみに逆手用だと切りにくいことはないが、切っているところの見え方が変わる）。さらに開き過ぎ防止ピンと刃折れ防止ストッパーが搭載されていて、合わせのところの工作精度の高さ＝握ったときの滑らかさも絶妙。きれいに切れるのはもちろん、切っているだけで楽しくなる、そんなニッパーだ。一度は使ってみたい、究極の名に恥じぬ逸品である。

29 プラモデルを作るなら もはや薄刃ニッパーは必需品

切れ味抜群、性能は折り紙つき 進化する“薄刃ニッパー”

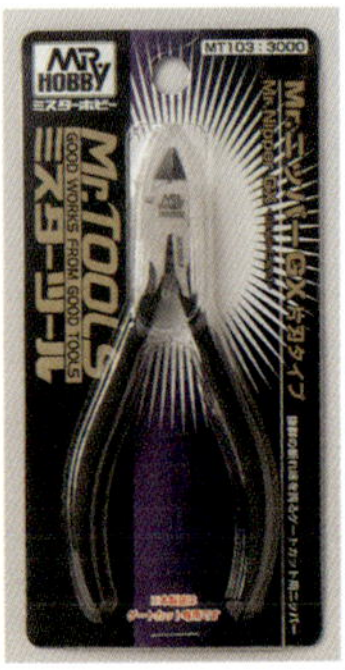

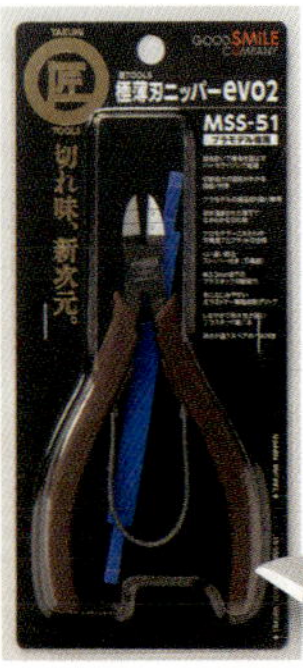

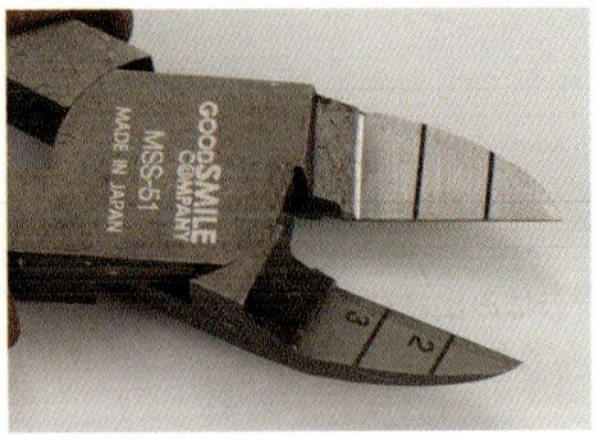

●刃先には切断径の目盛り入り。もちろん、研ぎ澄まされた薄刃のなめらかな切れ味は前バージョンから引き継がれている

●以前から発売されている匠TOOLS 極薄刃ニッパーの改良版。evo2では銃などにも施されている錆に強いパーカライジング処理が施されるようになった。樹脂性バネは硬さが違う2本が付属

匠TOOLS 極薄刃ニッパー evo2
グッドスマイルカンパニー　実勢税込4000円

Mr.ニッパーGX 片刃タイプ
GSI クレオス　実勢税込2800円

●Mr.ニッパーGX 片刃タイプは、ゲート切りに特化した、薄刃の片刃仕様ニッパー

●刃は小さめで、開きすぎ防止と刃折れ防止のストッパーがそれぞれついている。先端保護キャップも付属

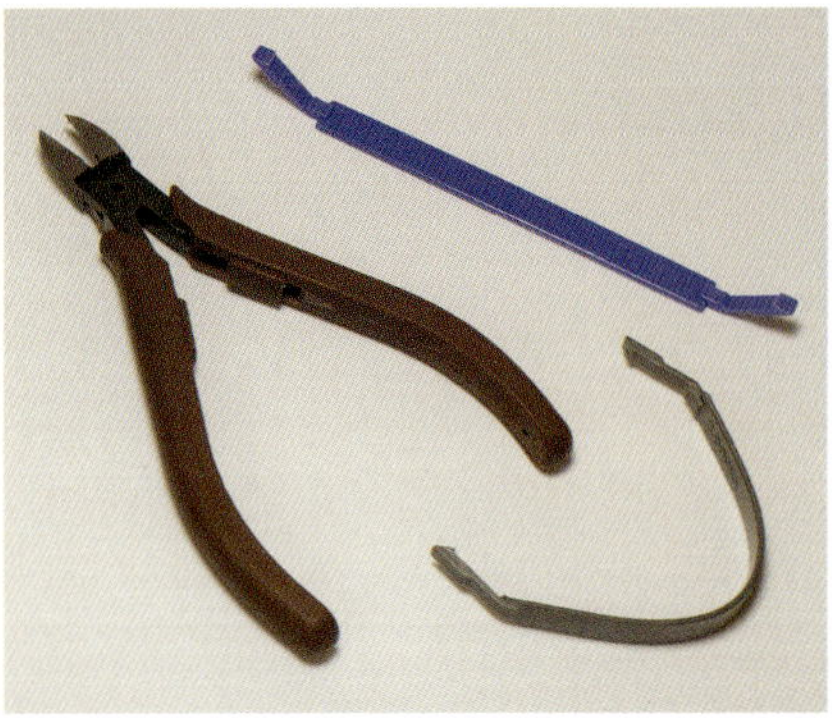

もはや必須工具となったプラスチック用薄刃ニッパー。各社からいくつもの薄刃ニッパーが販売されているが、最近のトレンドを踏まえて選ぶときにチェックするといいポイントを解説してみよう。

ひとつめは刃先形状なのだが、昨今トレンドになっているのが片刃構造のニッパー。片方だけが尖った刃になっていてもういっぽうは断面に厚さがあるようになっている。これは刃がない側の断面でパーツをしっかりと押さえつつ切れ味がよい刃できれいに切るための構造で、断面がきれいな平面になるのがポイント。切れ味がよい薄刃の特長をより活かす工夫である。次は刃のストッパー。プラスチックやポリキャップにはそこそこ粘度があるので、切断の最後で刃同士がぶつかりやすい。ニッパーでパーツを切るときに「パチンパチン」という音がすることがあるが、これは刃先がぶつかっている音だ。こうやって刃先がぶつかると刃や合わせを少しずつ痛める。そこで刃の当たりを微妙に調整して長持ちするようにするために採用されているのが刃のストッパー。刃の根元の合わせのところにある芋ネジの回し具合で微調整をするようになっている。もうひとつのポイントはスプリングの形状や質。ニッパーは力を緩めたときに開くようスプリングが仕込まれているが、その形状や質によって使用感がかなり変わる。強めがいいか弱めがいいかは人によるが、ニッパーの柄の持ち方によっても向き不向きが出てくるので、できれば一回試してみてから選ぶようにしてみてほしい。

30 子供と一緒にプラモデルを楽しみたい親御さんは要チェックです！

こども用だからこそこだわりたい高機能児童用ニッパー

●これまでプラモデル教室で何百人もの子供にプラモデルの作り方と楽しさを教えてきたというゴッドハンドの開発担当者が、子供にとって使いやすいニッパーを本気で考えることでできたのが本製品

こどものニッパーEX
ゴッドハンド　実勢税込2700円

ATTENTION!
子供も安全な
先端が丸められた
特別な刃先

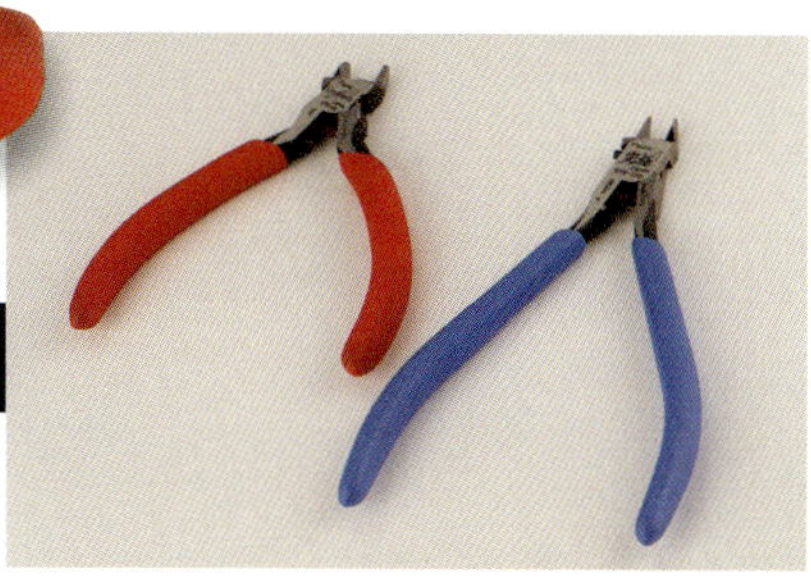

●右が普通の大人用の大きさのニッパー。並べて見るとこどものニッパーの小ささがよくわかる。子供でもグリップが手からはみ出さない大きさにすることで、取り回しがしやすくなっているのだ

●同社製の大人用のニッパーと同様の刃折れ防止ストッパーを搭載しつつ、バネは子供用のテンションを採用。使わないときに安心な刃先に被せるキャップも付属している

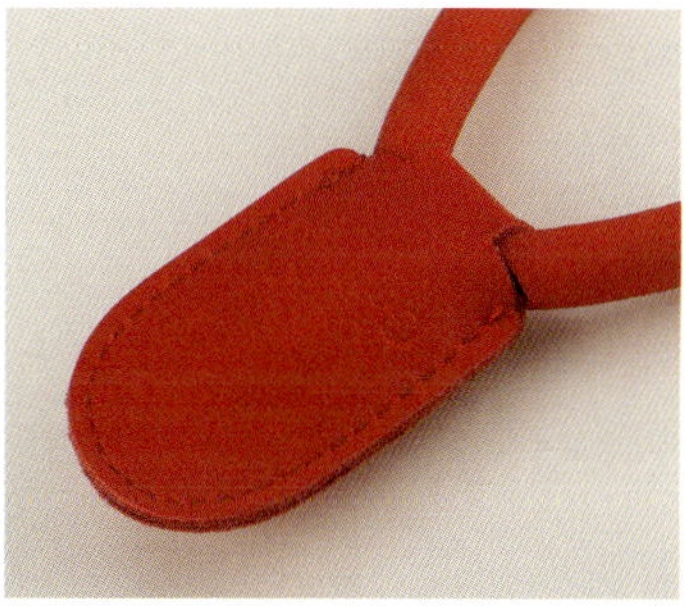

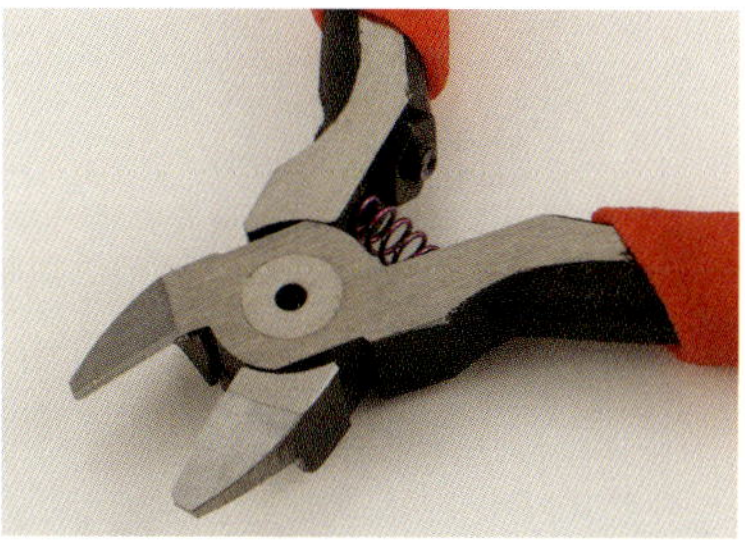

●子供用ながら、その切れ味は大人が使う模型用ニッパーと比べても遜色ないどころか、かなりよく切れる。よく切れるので切断時にパーツが飛びにくく、切断部にささくれもできにくい。気持ちよく切れるので製作が楽しくなるはずだ

●刃先を尖らせず丸くすることで、触ってもケガをしにくくするのはもちろんのこと、雑にパーツにニッパーの刃先をあてたときでもパーツに傷がつきにくいように配慮されている

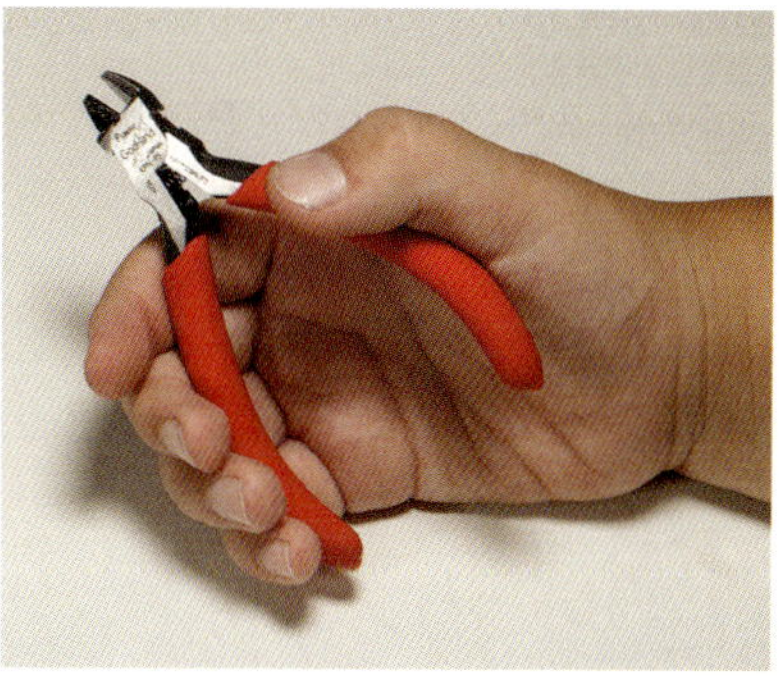

子供のプラモデル離れが進んでいる……というよりは'70～'80年代のブームがすごかっただけなような気がするがそれはさておき、親が子供にプラモデルを作らせてみようとするといろいろ悩ましい。昔のようにツメ切りだけで作るならいいのだが、ニッパーをということになると、最近の工具は高性能=切れ味が鋭すぎて幼稚園や小学校低学年くらいの幼児に与えるにはちょっと怖い。そんな、親子でプラモデルを作ってみたい悩める親御さんにぜひお勧めしたいのが「こどもニッパーEX」だ。

一見してわかるその最大の特徴は、刃先が尖っていないところだ。切れ味がよい模型用薄刃ニッパーはたいてい刃先が尖っていて子供に持たせると危ない。このこどもニッパーEXなら、刃先が丸めてあるので指で刃先を触ったりしてもまったく問題ない。それから、柄が子供の手になじむように小型にしてあるのも重要。大人用の大きな工具を小さな手で持てば使いにくいし、使いにくければ落としたりケガをしやすくなる。なにより使いにくい工具で模型を作ってもあまり楽しくない。落とすということでいうと、刃先カバーがついているのも子供向けとしては重要なポイントだ。持って歩くときに落としてもこれをつけていれば安心である。さらに言うと、赤いのもグッド。子供はすぐに「ニッパーどこ～探して～」となるので、見つけやすい色であることは意外と大事なのだ。しかも乱暴に扱っても刃こぼれしにくいストッパーも装備。これなら子供が使ってもばっちりである。

31 質実剛健もいいけれど模型生活にだってイロドリは大切！

ナイフはフィーリングが大切……それならいっそ色で選んじゃおう！

モデラーズナイフ（特別企画商品 パープル）
タミヤ　各定価税込1026円

デザイナーズナイフ各色
OLFA　各実勢税込350円

デザインナイフ D-401P各色
NT　各実勢税込300円

●OLFAのデザイナーズナイフは柄の先端がヘラ状になっていて、粘度やパテの造形に使うこともできる。刃先は30度のものが付属し、キャップを専用替え刃ケースにさし込むことでスタンドにすることもできる。また、専用替え刃には、プラスチックやアルミのケガキなどに使えるニードルもセットされている

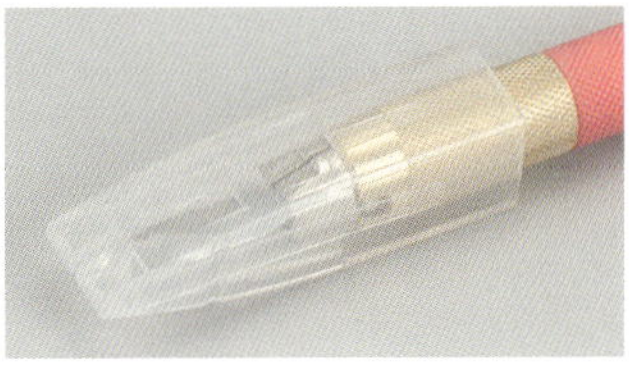

ATTENTION!
精密加工のアルミ製ボディーが絶妙な重量バランス

●カッターナイフ専門メーカーのOLFAが、信頼性に贅沢なこだわりをプラスしたのがリミテッドシリーズ。アートナイフだけでなく、ハサミやカッターを含めて現在全10種をラインナップ。金属素材を用いた洗練されたデザインが魅力で、もちろんプロユースにも応える実力を兼ね備えている

●切削加工のアルミ製ボディにセミグロスブラック塗装、グリップにはニッケルメッキを奢った高級感溢れるリミテッド仕様のアートナイフ。重めのナイフが好みの方にはぜひオススメしたい逸品である

リミテッドAK アートナイフ
OLFA　各実勢税込880円

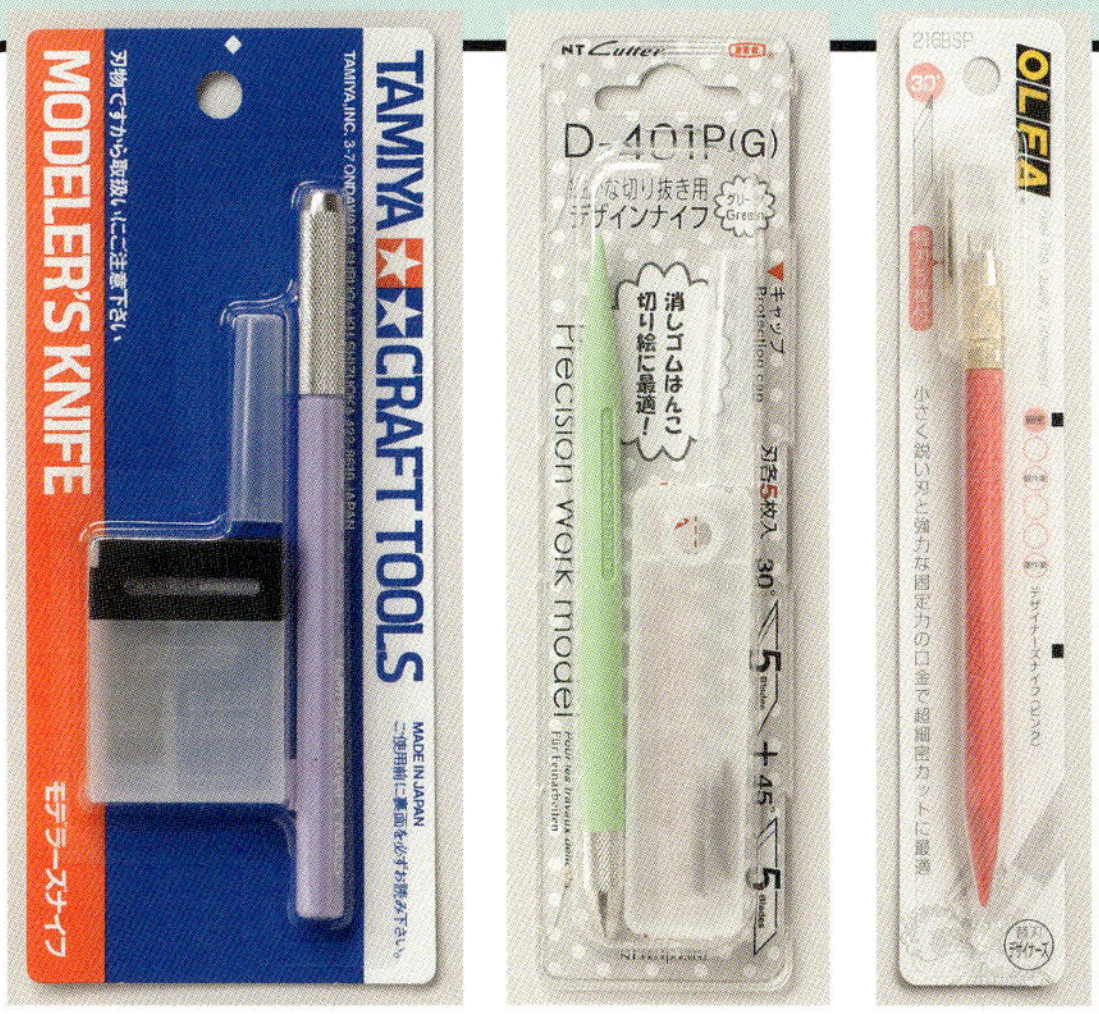

●タミヤのモデラーズナイフはときおり限定色を限定販売しているって知ってたかな？　これまでパープルの他にライトグリーン、ライトブルーや蛍光ピンク、蛍光オレンジなどもあったが、見つけたときに買わないと買えなくなってしまうので要チェックなのだ。色以外の仕様は通常販売のものと同じだが、人とはちょっと違うものが使いたい人や色にこだわりたい人にはオススメ

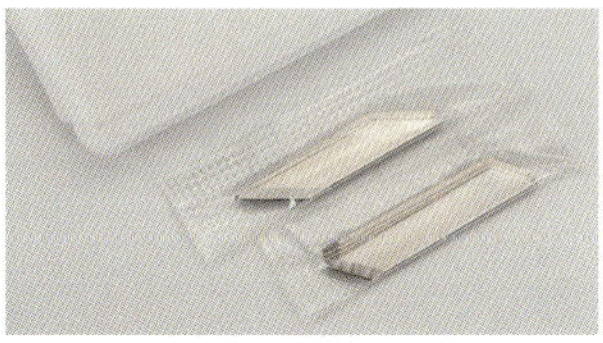

●NTカッターのデザインナイフには45度と30度の2種類の刃が付属していて使い分けることができる

ニッパー、紙ヤスリと並んで、ナイフも模型製作には欠かせない重要な工具だ。模型の工作ではどのようなナイフがよいかということについてはいろいろなことが言われてきたが、筆者としては、ナイフについては最終的には個人の好みによるところが大きいと思っている。柄の重さやナイフの刃渡り、刃先の角度の選び方には個人の好みという要素が非常に大きく関わるので「このナイフが唯一絶対のレコメンド」というふうに他人にお勧めすることは難しい。たとえば筆者は、刃がいわゆる「アートナイフ」と呼ばれるタイプで重めの柄のナイフが削りやすいと思って愛用しているが、「デザインナイフ」タイプでないとダメという人や、カチカチと刃を出すいわゆるカッタータイプじゃないとうまく削れないという方もいて人それぞれ……それならいっそのこと、好きな「色」でナイフを選んでしまってみるのはいかがだろう？

「自分のお気に入りの1本を選ぶ」という意味で模型工具の世界でずっとおろそかになってきたのが「色」だ。服も靴も家電もクルマも、自分が好きな色のものを選ぶのはもはやあたりまえ。性能以前に「この色がスキ♡」という理由だけで選ぶことだってある。しかるに模型用工具はどうかというと……ナイフといえば黒か黄色、というのがあたりまえで、これまでとくに疑問を抱かないできた方も多いのではなかろうか。ようやくいろんなカラーのナイフを選べるようになってきたので、これを機にアナタのお気に入りの1本を見つけてみよう。

32 中身がさにらに進化を続ける
カッターナイフの世界

いまカッターを選ぶなら
チタンコートとセラミック刃に注目

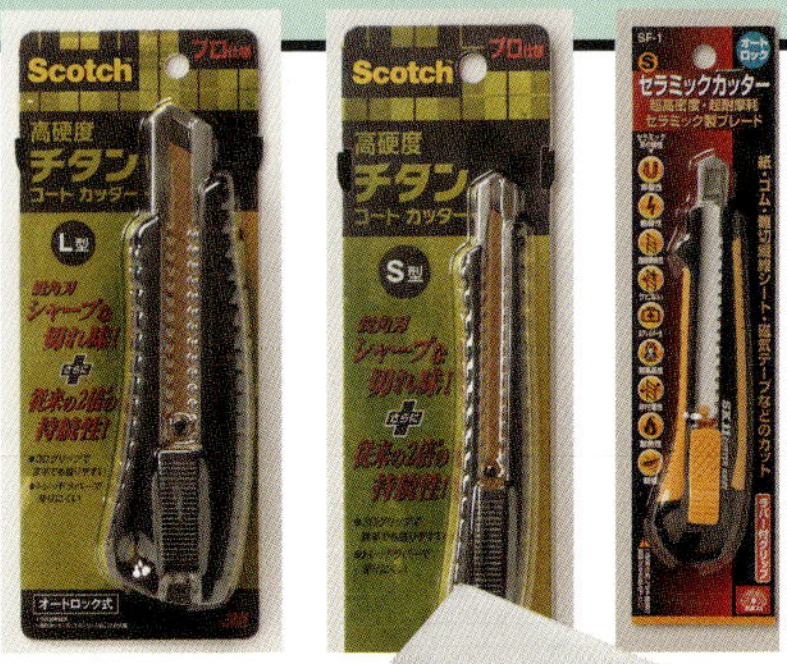

●セラミック刃は軽量で耐摩耗性に優れて錆びないのが特長。そんなセラミック刃の折る刃タイプのカッターがSF-1。大型のSF-2も販売されている

セラミックカッターS SF-1
SK11　実勢税込1100円

●従来チタンなどの合金をコーティングした折る刃式カッターナイフの製品化は難しいとされてきたが3Mが先進技術で製品化したもの。炭素工具鋼刃に硬度約4倍の高硬度チタン合金（TiN)コーティングにより、切れ味が従来の2倍持続する

ATTENTION!
チタンコートなら
硬くて鋭く
長持ちです

チタンコートカッター S型
3M　税込1575円

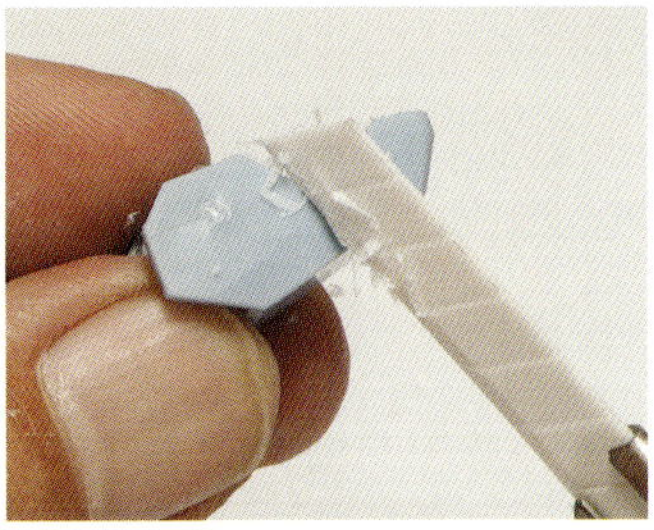

●硬いチタン刃の採用により、一般的なカッターナイフの刃先よりも鋭い18度という鋭角刃加工を施すことでシャープな切れ味を実現している。もちろん刃先の持ちもよい

チタンコートカッター L型
3M　税込500円

文房具や工具の世界には、ハサミ、ペンチ、スパナなどたくさんの定番工具がある。そうした工具はそう呼ばれるだけあって機能に基づいた形状が完成されており、大きさやデザインの違いはあってももはや画期的に大きな形の変化はない。刃を繰り出すタイプのカッターも例に漏れないが、カッターにおいて近年進化を遂げているのが、その刃の素材やコーティングだ。

昨今DIYショップや文具店のカッターコーナーに行くとずらりと並んでいるのが、チタンコーティング刃のカッター。チタンは軽くて硬いのが特徴の金属だが、高硬度チタン合金（TiN）で刃をコーティングすることで、刃の硬さが増して切れ味が鋭くなる。また、刃が硬くなることで表面の摩耗が少なくなりシャープな切れ味が持続するようになる。以前は刃を折るタイプのカッター刃ではチタンコーティングは難しいとされてきたが、スコッチ（3M）のカッターが日本で初めてチタンコーティングを実現した。実際に使ってみた感じだと、純粋な切れ味ではOLFAの黒刃に少し負ける感じだが、切れ味の持続性能ではチタン刃に軍配が上がりそうだ。

もうひとつ新しいタイプの刃として出てきたのが、折れるセラミック刃。セラミック刃は、耐摩耗性が高く、サビない、絶縁性が高い、非磁性、軽量などがその特長。こちらは切れ味はそれほどではないが、プラモデルパーツのカンナがけにはむしろ都合がよくて、錆びないので同じ刃を長く使い続けることができるのがメリットだ。

33 普通のナイフでカンナがけすると表面が凸凹に……そんなときはコレ

削れすぎないところがミソ セラミック製ブレード刃物工具

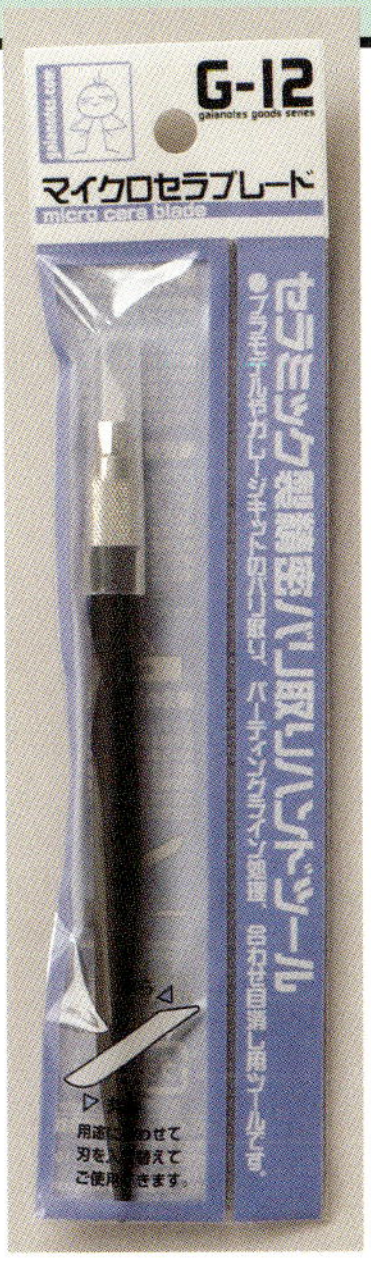

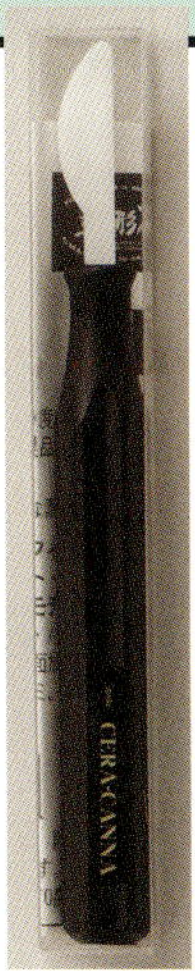

マイクロセラブレード替刃
ガイアノーツ　実勢税込1000円

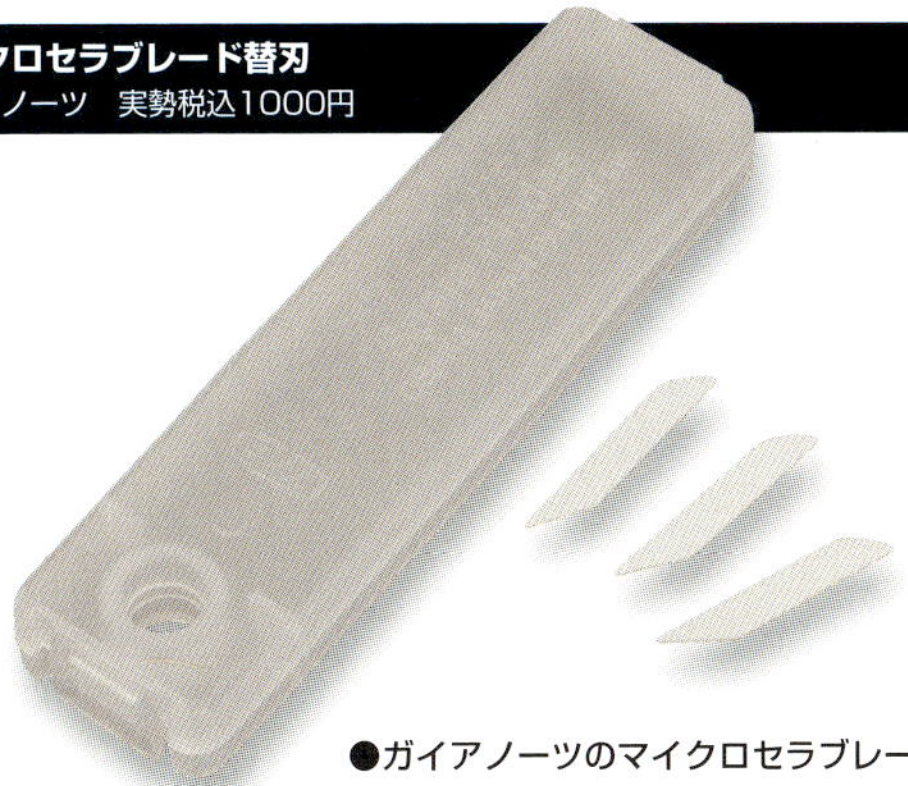

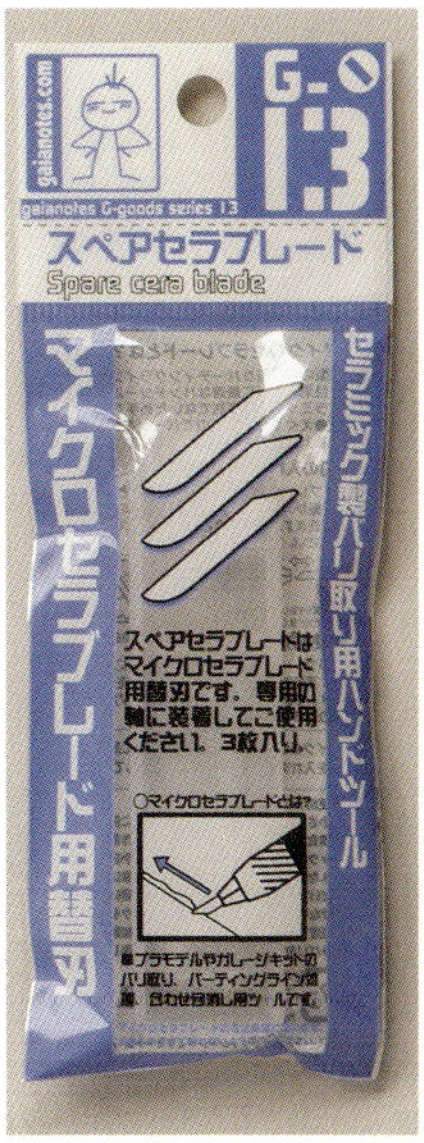

●ガイアノーツのマイクロセラブレードは刃だけでも売っているので、好みのデザインナイフの柄に取りつけてけて使うこともできる。刃先は両側が直線と曲線になっている

マイクロセラブレード
ガイアノーツ　実勢税込900円

セラカンナ各種
造形村　各実勢税込2800～3000円

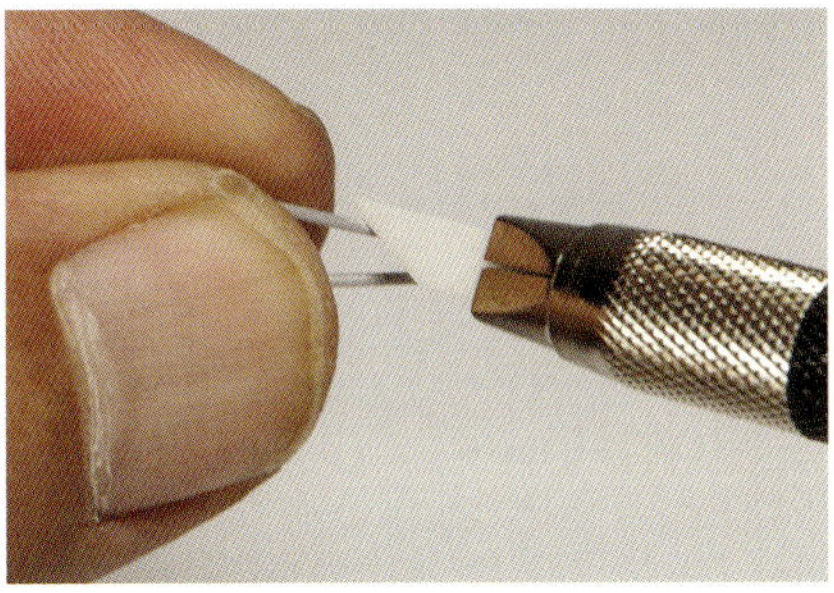

●造形村のセラカンナは刃が大きめのセラミック製切削工具。写真の甲刃のほかに先端が円形の丸刃、斜めの直線刃で小型の先刃、斜めの直線刃で大型の太刃もラインナップされている。また、デザインナイフの柄用の刃先、マイクロフィニッシュも販売。セラミック刃のカンナがけ用工具は、見た目の印象に反して切れ味は鋭くパーティングライン部をサクサク削れるが、パーツへの食い込みや部分的な削れすぎは起きにくい。とくに細いパーツの整形で威力を発揮する

刃物にはいろいろな種類があるが、一概に切れ味がよければいいというものではない。ナイフやニッパーといった「切る」タイプの工具は、一般的に切れ味がよいほうが使いやすいが、「削る」タイプの刃物では、あまり刃先が鋭く切れ味がよすぎると刃先が対象物に刺さってうまく削れないことがある。また、そうした鋭い刃先は切れ味が鈍ったり刃こぼれするのが早いので、交換したり研いだりする手間が増える。

模型工作で刃先が鈍めのほうが工作しやすい作業の筆頭が、ナイフの刃と垂直方向にすべらせるようにして削る、いわゆる「カンナがけ」。ナイフを使ったカンナがけでは、刃が鋭すぎると刃がパーツに食い込んで表面が凸凹しやすくなる。よく使われるアートナイフ／デザインナイフの刃は非常に刃が鋭いので少し鈍らせたカンナがけ専用のナイフを1本用意しておくというのがかつては定番のテクニックのひとつだったが、セラミックブレードのカンナがけ用ナイフならいきなり削りやすい状態から使うことができて刃を鈍らす手間が要らない。

模型用のカンナがけ用セラミックナイフの特徴は、刃先が薄く研がれていないところだ。同じセラミック製でも包丁やカッターは切れ味をよくするために刃先が薄く研がれているが、カンナがけ用セラミックナイフは削る箇所も厚みのある板状。「こんな刃で削れるの?」と思われるかもしれないが、角をパーツにあてるとほどよい削れ具合できれいに削ることができ、そのままの削り味が長く持続する。

34 硬かったりくっついたりするとこんなにいいことがあります

もっときれいに切れるようになるカッティングマットの新提案

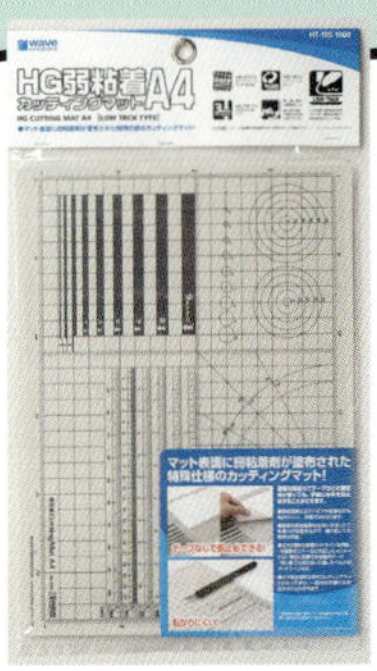

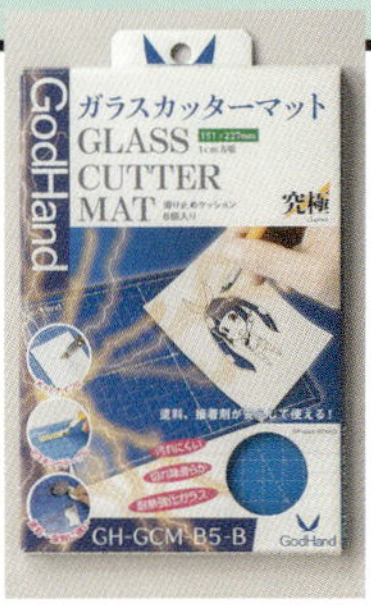

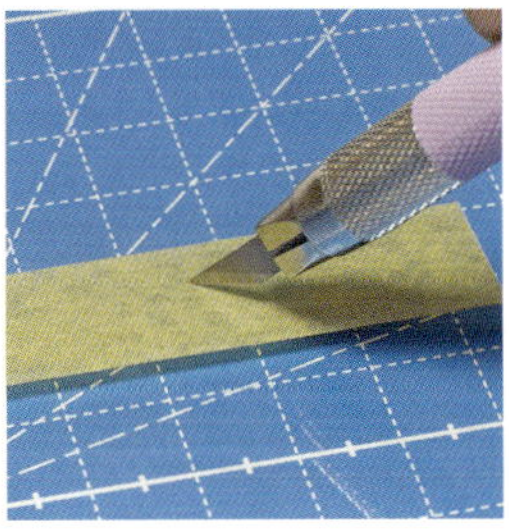

ATTENTION!
ナイフの刃先が食い込まないからきれいに切れる！

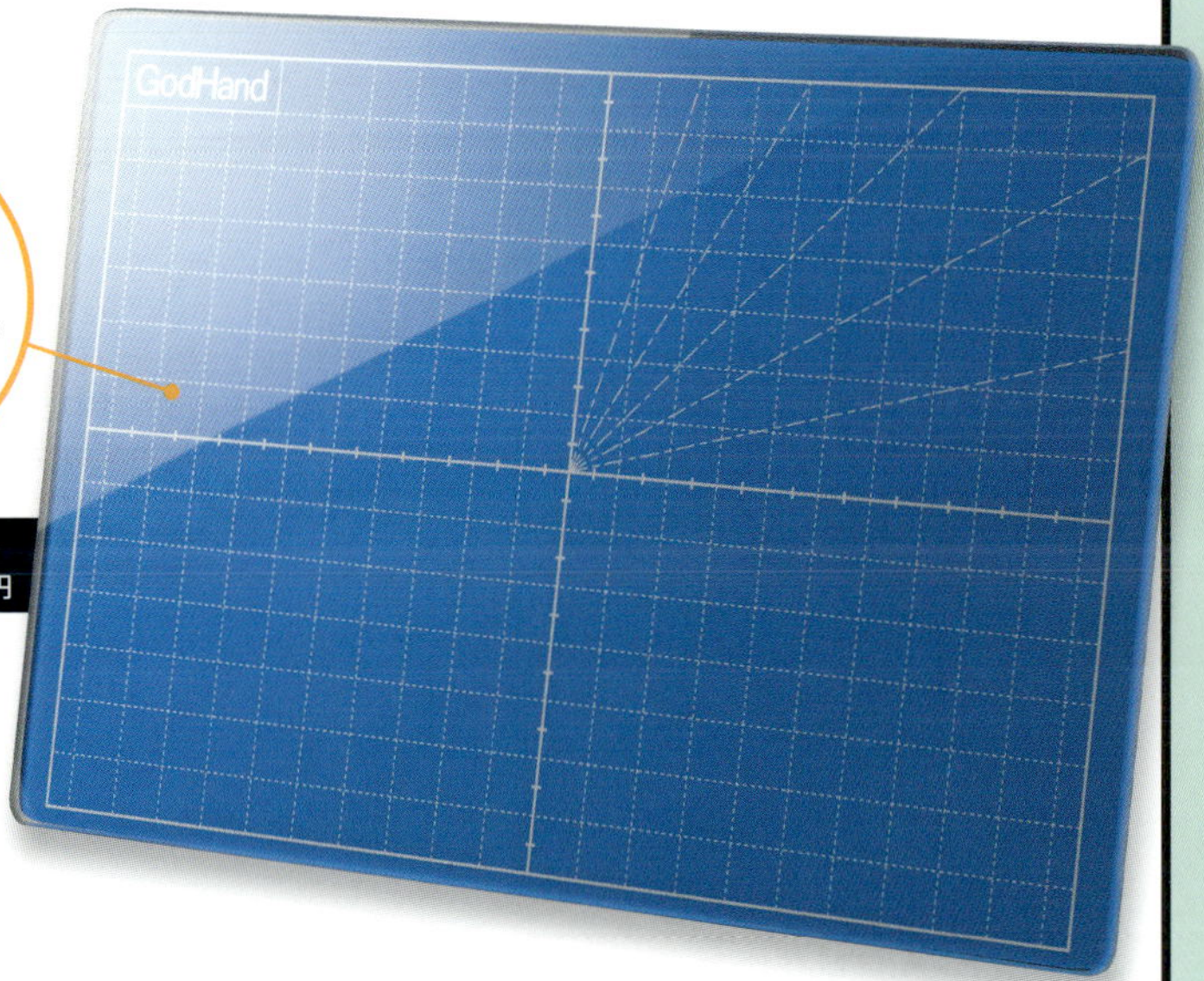

ガラスカッターマット
ゴッドハンド　実勢税込2000円

●製版やデザインの現場ではガラスの上でカットするのは昔からやられていることだったが、模型用マットとしてはこれが初。刃先が刺さらないと薄いものが格段に切りやすくなるのだ

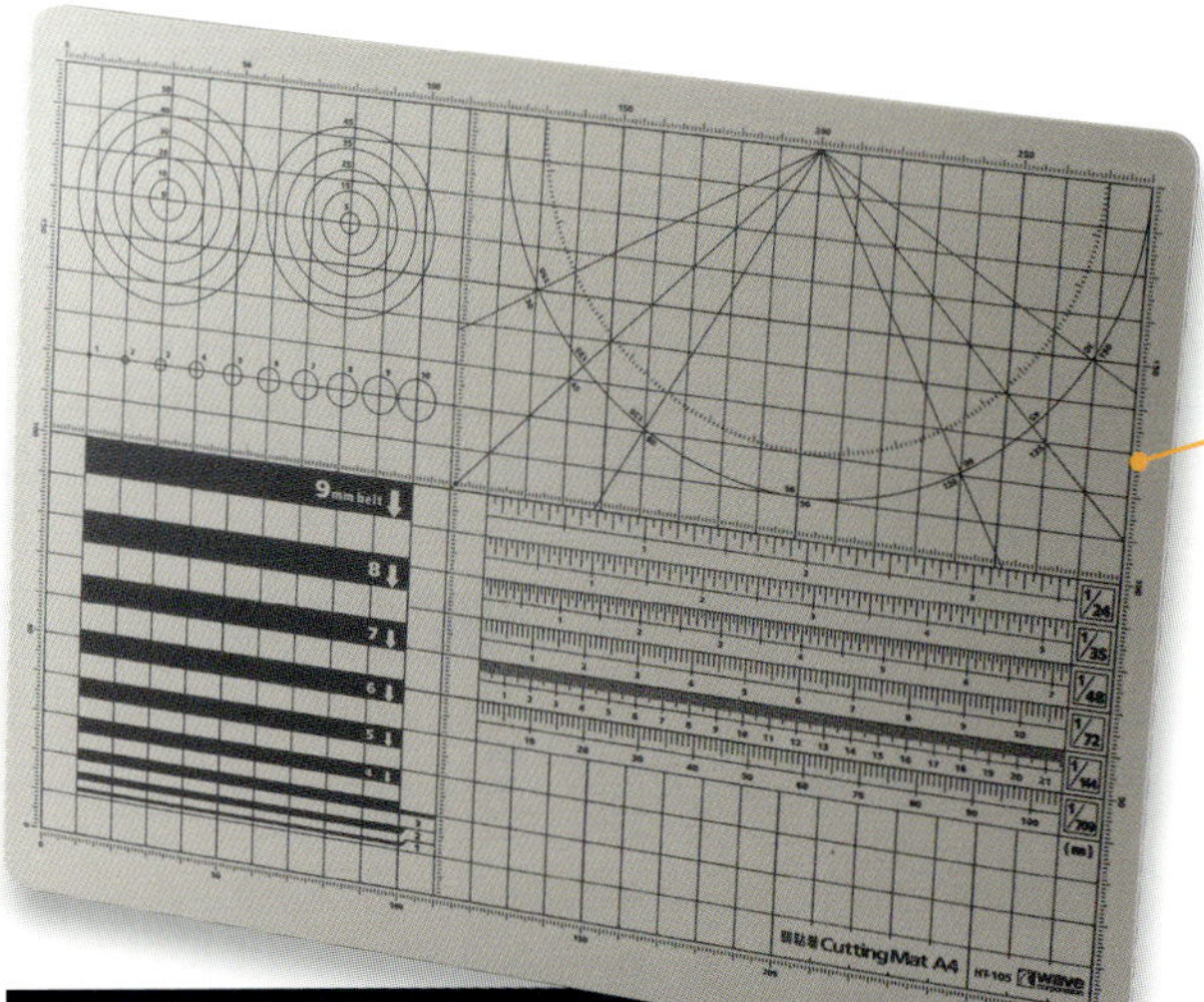

HG弱粘着カッティングマット
ウェーブ　実勢税込1000円

ATTENTION!
マットに貼り付くからずれずに切れる

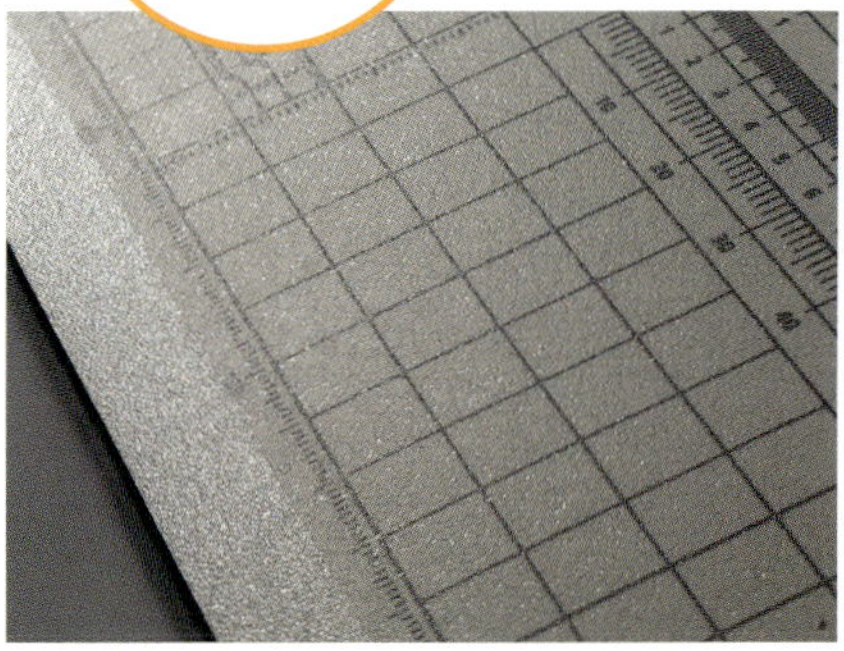

●表面をよく見るとまだらにテカっているのが粘着コーティング。置いたパーツや紙がずれにくく、使用する工具にも力がかけやすい

机に切り傷や接着剤がつかないようにするために作業時に敷くカッティングマット。ないと困る縁の下の力持ち的ツールだが、机さえ守れればいいやとなんとなく選んではいないだろうか？　じつは筆者も「カッティングマットなんて敷ければなんでもいいや」派だったのだが、ここに紹介するふたつの機能性カッティングマットを使ってみて考えを改めることになった。

ひとつめはウェーブのHG弱粘着カッティングマット。マットの表面に弱い粘着力があるコーティングが施されているというものだ。プラ板などの硬めの部材を切るときは結構力を入れることがあるが、力を入れる方向を間違えると部材が滑ってしまい、切っているラインが曲がってしまうことがあるが、これなら部材がマットにくっつくので滑りにくく失敗しにくい。また、彫刻刀で削るときにも、パーツが滑って削り損ねたり場合によって指をケガしてしまうというようなことが起きにくくなる。粘着といっても、ベタベタして剥がしにくいなどということはないので使い勝手も上々だ。

もうひとつはゴッドハンドのガラスカッターマット。普通の樹脂性カッティングマットは刃先がマットに刺さるが、刃が刺さると、刺さった刃先がひっかかって刃を自由に左右に振ったりしにくくなる。ガラスマットなら硬いので刃先がマットのなかに沈むことがなく、軽いタッチで思い通りに刃先をコントロールすることが可能だ。マスキングテープや紙を思いどおりに切りたいときには非常に使いやすい。

35 模型のマスキングはむしろ直線のところのほうが少ない

刃先回転ナイフでマスキングテープを自在に切る

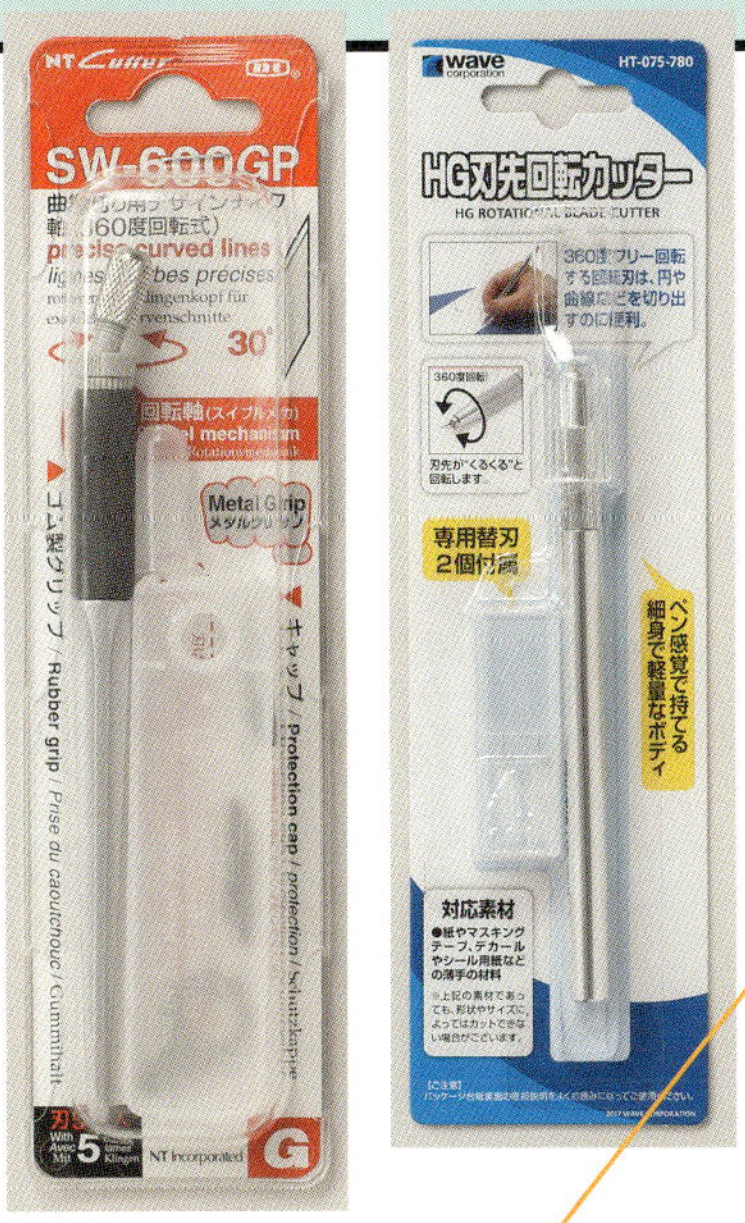

ATTENTION!
回転する刃先なら
曲線だって
スイスイ切れる

HG刃先回転カッター
ウェーブ　実勢税込600円

デザインナイフ SW−600GP
NT　実勢税込550円

●NTのデザインナイフ SW−600GPは、先端が途中で折れ曲がっているのが特徴。折れ曲がっているところで先端が回転するるが、この折れ曲がり具合がミソだ。持った手を動かす方向に合わせて絶妙に力が逃げてくれるので、ゆるやかな曲線でも刃先がひっかかることなく自然な感触でなめらかに切り出すことができる。不思議な感触なのではじめはちょっと戸惑うかもしれないが、慣れてくればどんな曲線もフリーハンドで自在に切り出せるようになる

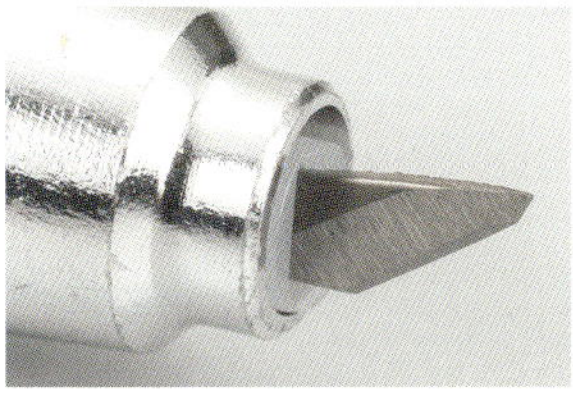

●ウェーブのHG刃先回転カッターは先端部分が回転する構造。構造に合わせて刃も小型になっているので小回りが利く。曲率がきつい曲線を切り出したいときにはこちらを使うと切り出しやすくなるだろう

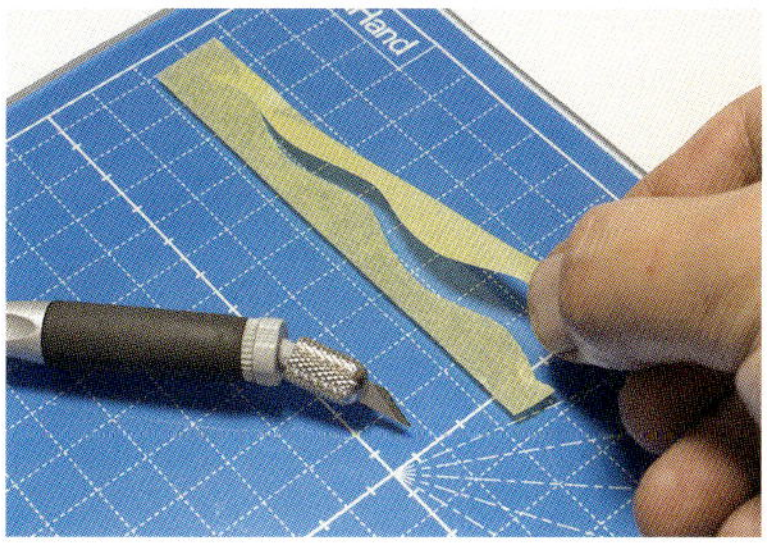

●ハセガワのフレキシブルカッターは刃先がコマのように回転する構造。カッター部分が取り外し可能でコンパスに取り付けできるところが特徴。サークルカッターとして使える

フレキシブルカッター
ハセガワ　実勢税込4500円

マスキングをしていると、直線だけでなく曲線を切り出したいことがある。そういうとき、円形であればサークルカッターやポンチを使えばいいが、塗り分けラインに合う微妙な曲率の曲線を切るときはナイフでフリーハンドで切ることになるだろう。そういうときに便利なのが刃先回転式のナイフだ。普通の刃先固定式のナイフで曲線を切り出そうとすると、手首全体を回すかナイフを指のなかで回転させないといけないので塩梅が難しく、部分的に曲線がカクついたり思ったような曲率にならなかったりしてしまいやすい。しかし刃先回転式ナイフなら、ナイフの柄の傾け具合と進む方向に応じて刃先が動いてくれるので、少し練習して慣れれば自由自在に曲線を切り出すことができるようになる。

さて、ここで紹介している回転式ナイフを作っているNT（エヌティー）社、一般的にはあまり認知度が高くないが、美術制作やデザイン、とくに版下作業の世界では定番中の定番メーカーとして知られている。それもそのはずで、同社の前身となった'48年創業の井畑商店はオフセット印刷用転写紙の製造販売をしていて、印刷製版作業に使いやすいプロユースのナイフ／カッターということでTNカッターブランドが生まれた。その後カッターで初のグッドデザイン賞を受賞するなどし、現在も多くのプロフェッショナルに愛用され続けている。適度な重量で持ちやすく頑丈、そして個性的で飽きのこないデザイン。もちろんその切りやすさは折り紙付きだ。

36 刃物メーカーならではのこだわり満載です

システム化されたドリル／彫刻刀ならストレスフリーに使い分け可能

●ビットブレード 丸刀なら、パーツ内側の曲面もなんなくきれいに削ることが可能。同じ大きさの刃先でも、楕円のエッジのどこをあてるかでいろいろな曲面に対応することができるのだ

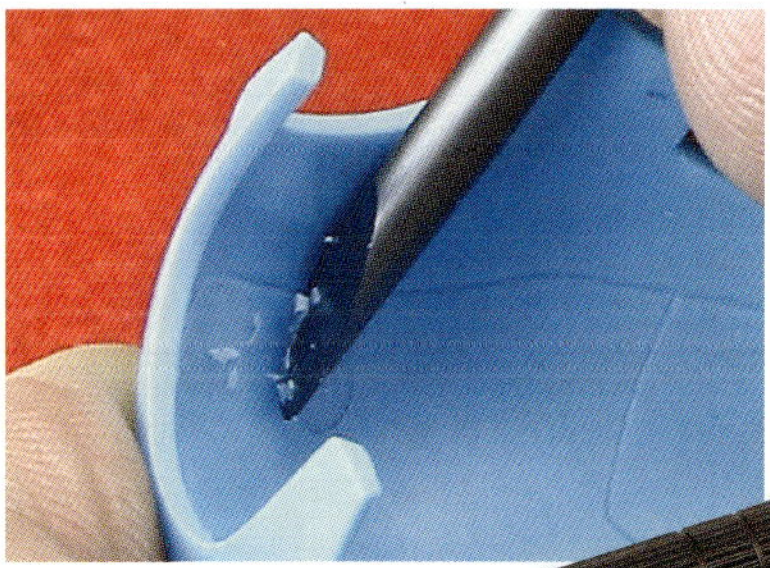

パワーピンバイス 、ショートパワーピンバイス
ゴッドハンド　実勢税込2600円､2200円

●軸がすべて3㎜に統一されているので、チャックをいちいち入れ替えないで刃先が交換できる。また、より深く挿せるディープコレットも販売している

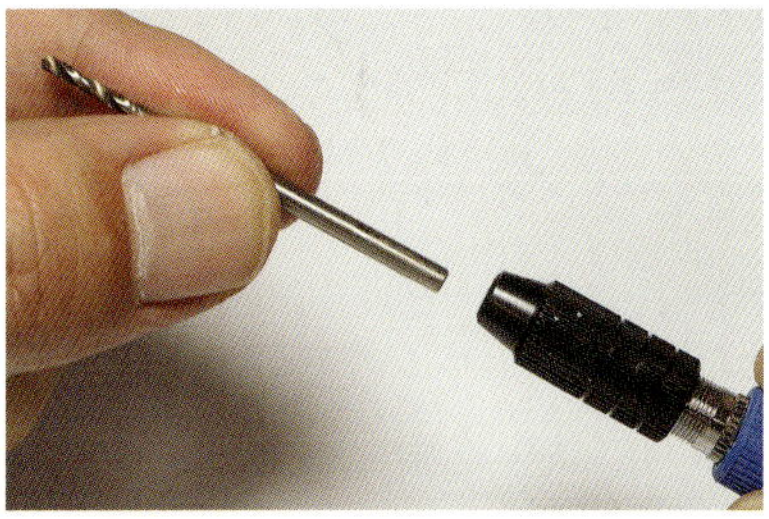

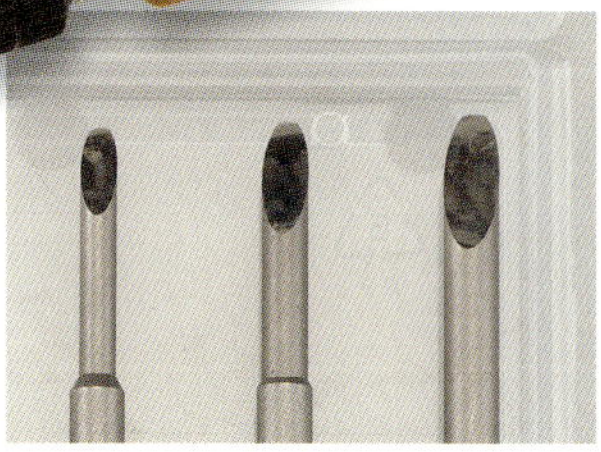

●ゴッドハンド直販通販限定のショートパワーピンバイスは80㎜と普通のピンバイスの2/3の長さ。短いことで取り回しがよく、彫刻刀で彫る作業のときに力をかけやすくなっている

ATTENTION!
個性的な丸刃形状が凹んだところを削るのに最適！

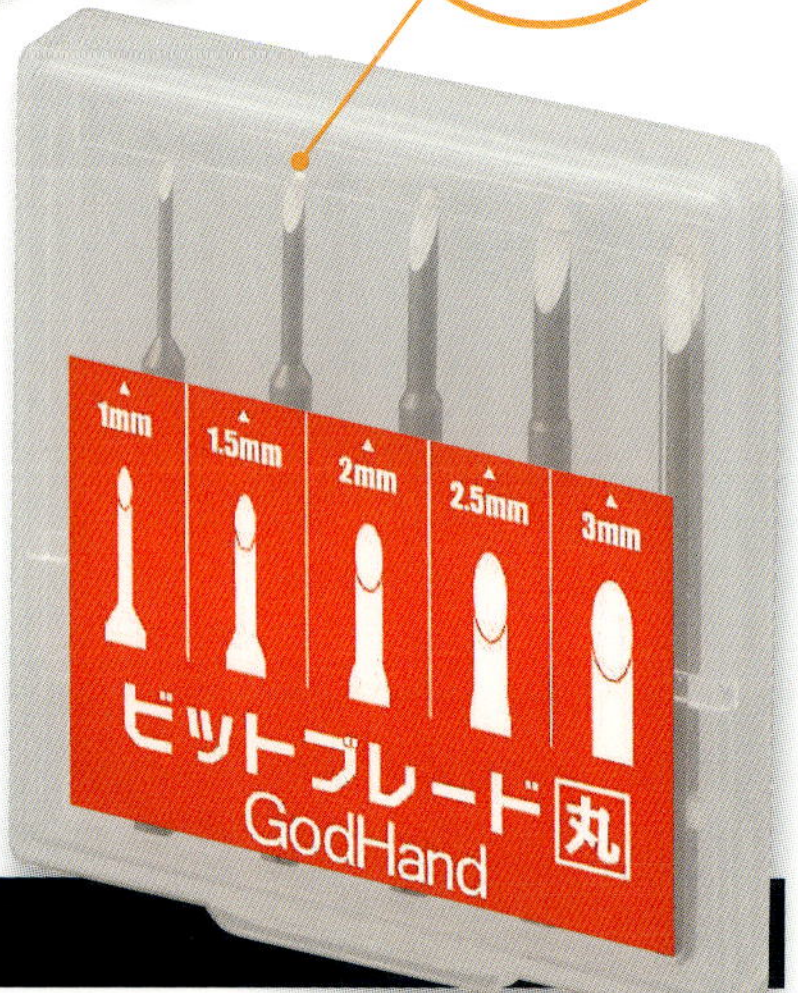

ビットブレード 丸刀 5本セット
ゴッドハンド　実勢税込2700円

ドリルビット 各種
ゴッドハンド　各実勢税込1100～2000円

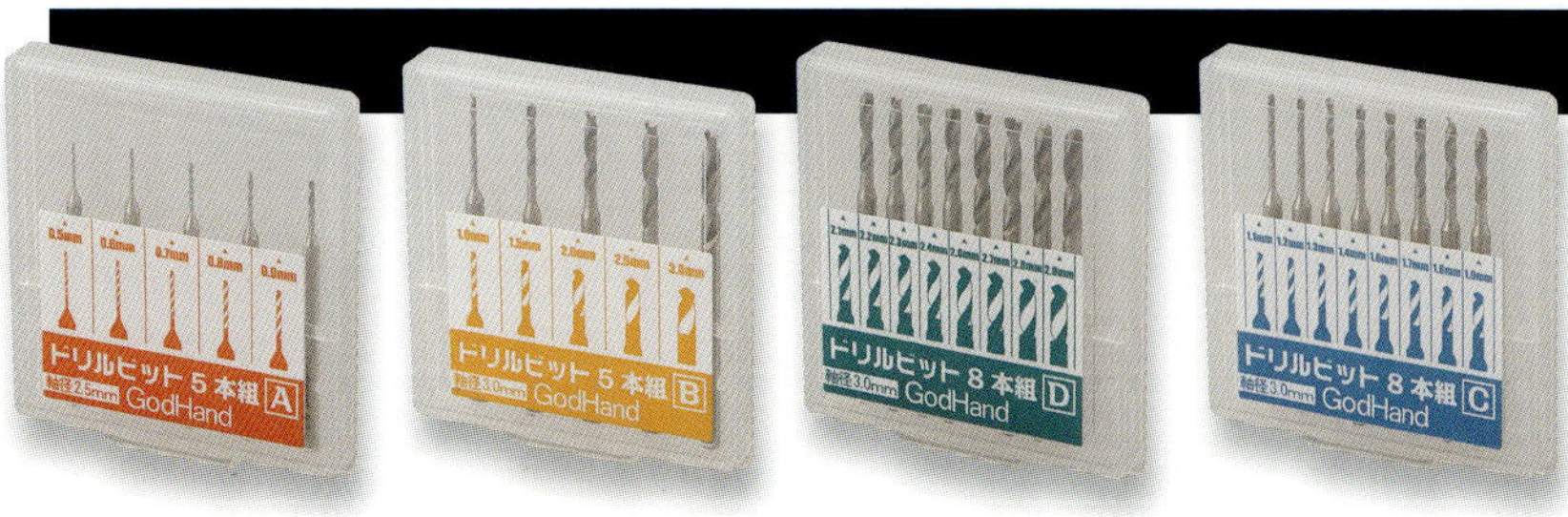

●ゴッドハンドからは交換しやすい統一3㎜軸のドリル刃セットも販売中。きれいな穴が開けやすい鈍角刃先や短めの刃長など、手作業での穴あけがしやすい工夫が随所に盛り込まれている

模型用彫刻刀の種類が少なく模型店での扱いもなかったころ、マイナスドライバーを研いで平ノミとして使うなんてテクニックもあったが、それもいまや昔。現在は模型店の刃物売り場を覗くと各社からさまざまな彫刻刀が販売されている。たくさんの種類の彫刻刀があるのでどれにするか迷うぐらいだが、彫刻刀を選ぶときは刃の鋭さはもちろん、どんなところを削りたいのかをはっきりさせてから選ぶようにしたい。削りたい形に合っていない彫刻刀では、いくら切れ味がよくてもうまく削れないからだ。そういう意味でほかにない特色を持っている便利な彫刻刀、それがゴッドハンドのビットブレード 丸刀である。

一見あまり彫刻刀っぽくない刃先のビットブレード 丸刀だが、楕円形の刃先面の角がすべて刃になっていて、いろいろな曲率の凹んだ曲面を彫ることができる。とくに便利なのはザクのショルダーアーマーのようなお椀状のパーツの内側を削りたいときで、他の彫刻刀だと削りにくいこういったところもサクサク削ることができる。もちろんゴッドハンドの他の刃物工具の例に漏れず切れ味は非常に鋭く使用感は快適だ。

さて、ゴッドハンドからは別項で紹介したスピンブレードやドリルビットなどいろいろな刃先が販売されているが、注目したいのは軸径がすべて3㎜に統一されているところ。太さの違う刃先を使っても軸の太さが同じなのでいちいちチャックをつけ替える手間が要らない。工具専門メーカーならではのシステマチックな工夫なのだ。

37 プラ板はチョキチョキ切る時代。ハサミ型プラ板カット工具を使ってみよう

ザクザク切るか、滑らかに切るか それはアナタ次第です

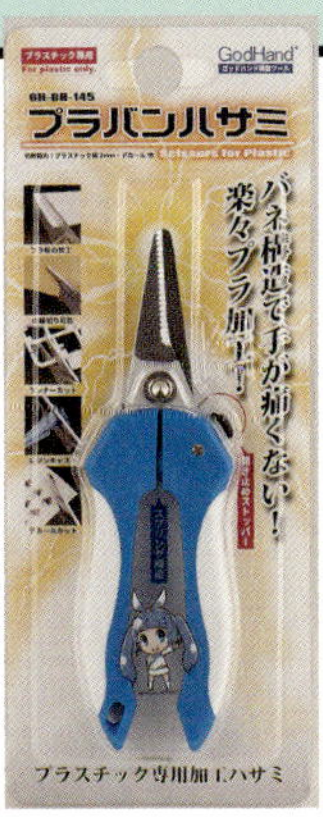

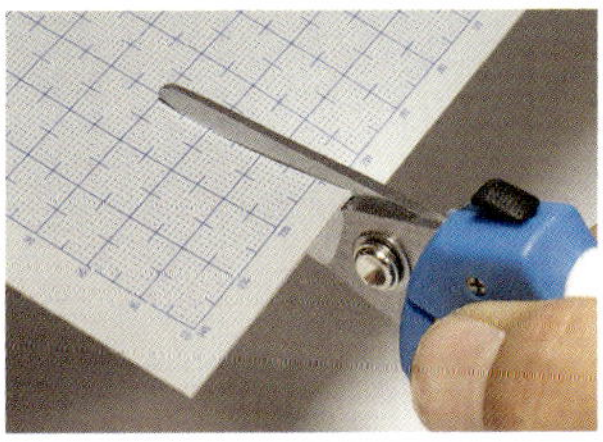

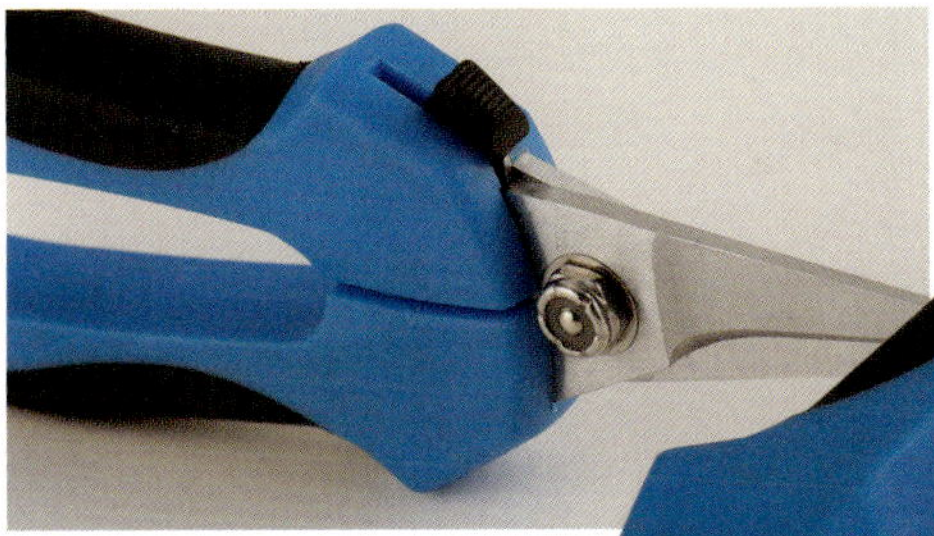

プラバンハサミR
ゴッドハンド　実勢税込3100円

ATTENTION!
スペシャルな
刃の研ぎで
切れ味抜群！

プラバンハサミ
ゴッドハンド　実勢税込1575円

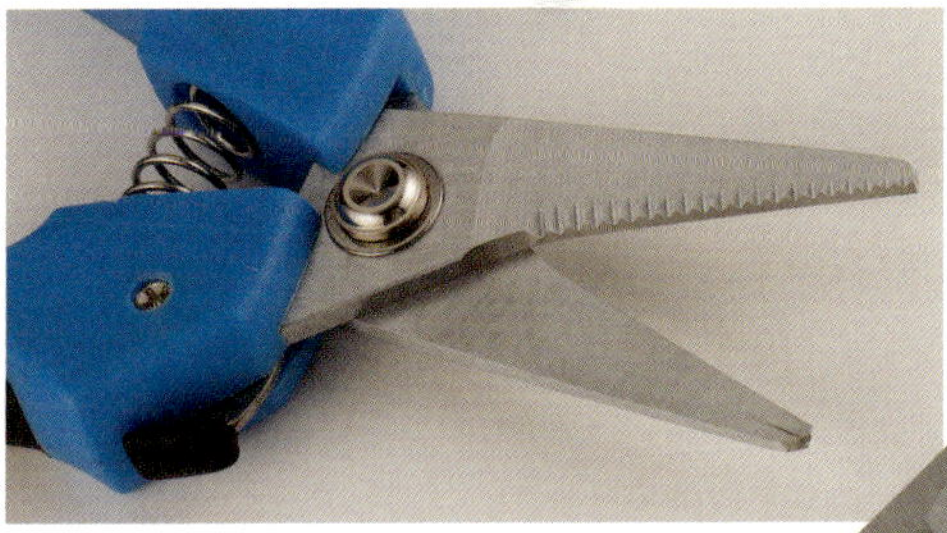

●硬度が高い炭素工具鋼の鋭角刃と鈍角刃を合わせせることで高い切断能力を実現。大きめのグリップと小さめの刃のバランスで切るときに力がかけやすいようになっている。黒いボタンは閉じた状態で留めておけるストッパーだ

●プラバンハサミはプラ板なら2㎜厚まで、レジン棒なら1㎝径まで無理なく切断可能。プラバンハサミRはプラ板で0.5㎜厚までとなっている代わりに切れ味に特化していて、切断面がかなりきれいに仕上がる

かつてはプラ板を切るときはPカッターというのが定番だったし、プラ板を切る専用工具なんて模型業界にはほかになかったが、いまは状況が変わってプラ材を切るための専用工具がいろいろ販売されている。ゴッドハンドのプラバンハサミはそんなプラ材カット用工具のひとつだ。

プラバンハサミは、炭素工具鋼の形状の異なる鋭角と鈍角の2枚の刃を採用することで、厚さと硬さのあるプラ板をきれいに切ることができるように工夫されている。また、硬さのあるプラ板を切ったときに手にかかる負担を軽減するスプリング構造を採用し、それに合わせてボタン式の開き留めのストッパーも搭載。大ぶりで力がかけやすい樹脂性グリップで、2㎜厚のプラ板もサクサクと切ることができ、ランナーも楽々切断可能だ。とても切れ味がよいので、厚みがあるプラ材だけでなく薄いデカールなどもきれいに切ることができる。

そして、その切れ味をさらに研ぎ澄ましたのがプラバンハサミRだ。これは直販通販限定の切れ味に特化した仕様のプラバンハサミで、鋭角／鈍角刃の採用やスプリング、ストッパーなどの基本的な仕様は一般販売のプラバンハサミと同様だが、こちらは0・5㎜厚以下専用で刃の研ぎのレベルがさらに高くなっている。ゴッドハンドと同じ燕三条市の医療用ハサミの製造業者であるかいせん堂が医療機器クオリティーで刃を研いでいるので、プラ板を切っても切断面がほとんど荒れたり白化したりせず非常にきれいに切ることができる。

38 バーニアの塗り分けなどで大活躍するスグレモノ

小さい円を切り出したい……そんなときはサークルカッター

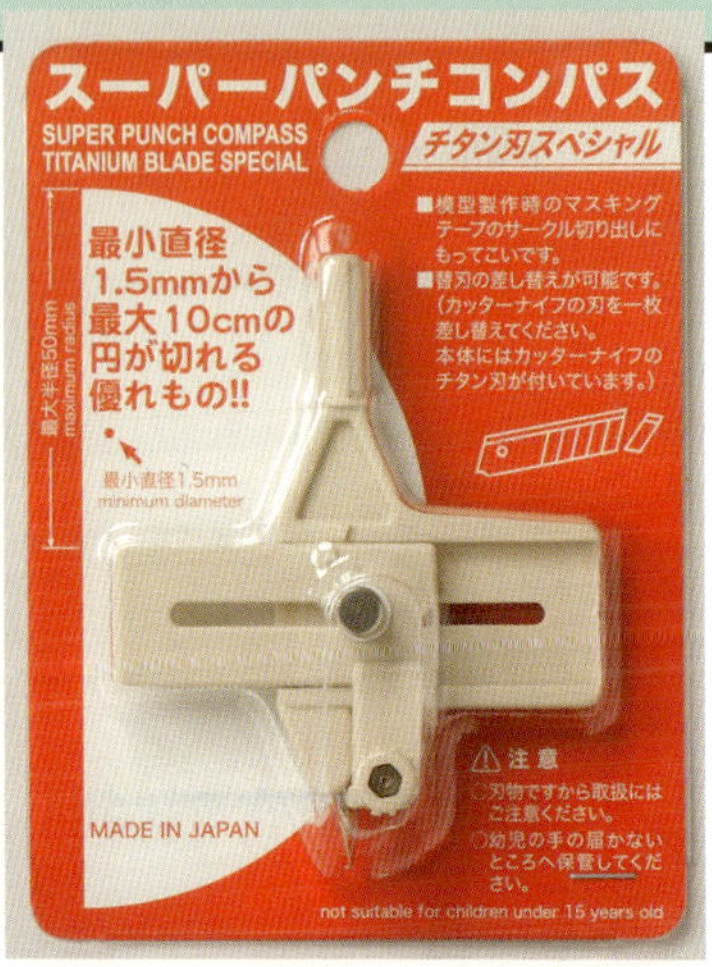

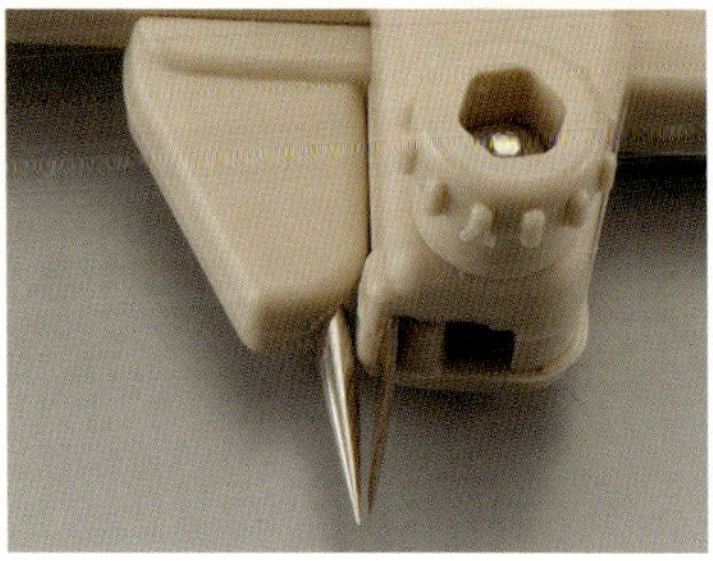

54㎜まで

スーパーパンチコンパス チタン刃スペシャル
プラッツ　実勢税込1100円

●最小直径1.5㎜を謳っているが、ニードルと刃がピッタリくっつくところまで寄せられるので、ニードルで開く穴の大きさと作業性を無視すればどんな小さな円でも切り出せる

ATTENTION!
ニードルと刃がぴったりつくので小さい円が切れる

コンパスカッター
OLFA　実勢税込400円

●サークルカッターの定番はOLFAのもので、直径2～10㎝くらいの円を切り出したいなら入手しやすく使い勝手も抜群。ただしあまり小さな円は切れないのだ

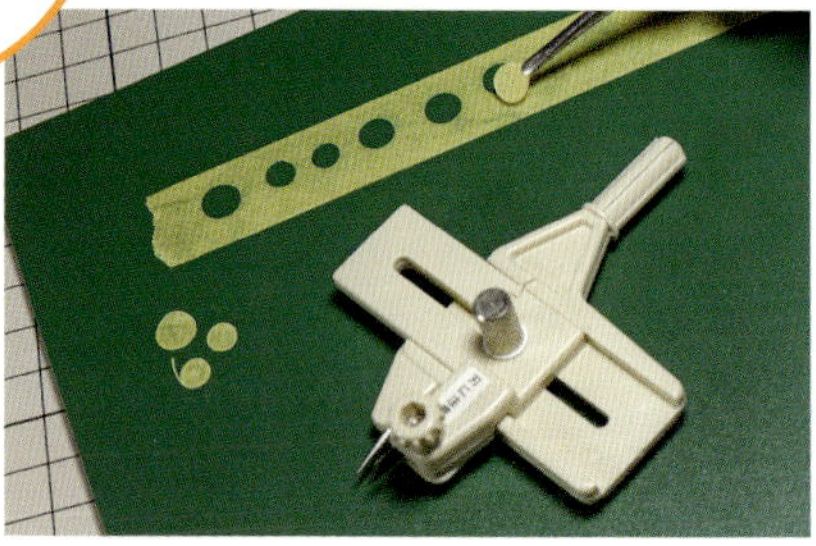

●切り出したい円の半径をきっちり測ってもネジで固定していくときに少しずれたりするので、悩まずに現物合わせでどんどん切り出して合うものを貼ろう

模型の塗装でマスキングをしていると、円形にマスキングテープを切りたいときが結構な頻度で出てくる。丸いライトの内側をシルバーできれいに塗り分けたい、戦車の転輪のゴムをエアブラシで塗り分けたい、ロボットモデルのバーニアの内側と外側で色を変えたいなどなど。そういうときはコンパスの片側が刃になったサークルカッターを使えば簡単にきれいな円が切り出せるが、問題となるのは、直径1㎝以下といった小さい円を切り出したいときだ。

サークルカッターでもっとも手軽に入手できるのはOLFAのコンパスカッターだろうが、このカッターは構造上もっとも小さな直径でも1㎝くらいまでしか切り出せない。美術やデザイン、手芸などの現場ではそれで問題なさそうだが、模型の製作においては1㎝の円はかなり大きい部類で、30㎝大の模型だとマスキングをしたい円はほとんどの場合1㎝以下。これでは使えないということになる。そこで紹介したいのがこのスーパーパンチコンパス。愛用者も多い隠れた定番工具だ。これはもっとも幅を狭めるとニードルと刃先がピッタリくっつくような構造のサークルカッターで、切るものの材質にもよるが、調整次第では直径2㎜くらいの極小な円を切り出すことも可能。無段階に調整できるので、直径5㎝を超えるような大きな円でなければどんなサイズでもこれ1本で対応できる。刃の固定にちょっとコツが必要だが、寸法が合わなければもう一度切り出せばいいので、現物合わせでどんどん切っていこう。

39 必須工具といってもいいあてヤスリ だからこそ使いやすいものを選ぼう

システマティックな“あてヤスリ”で パーツを思いどおり削っちゃおう

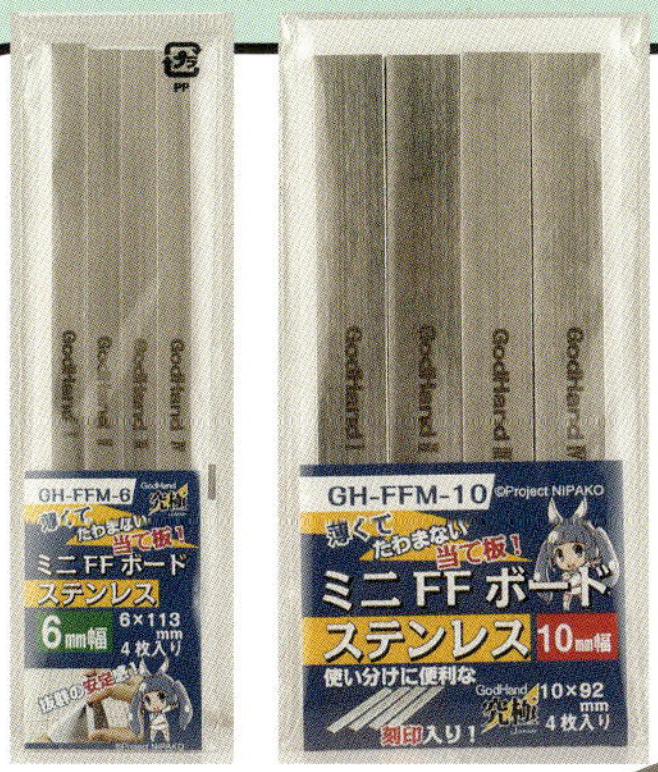

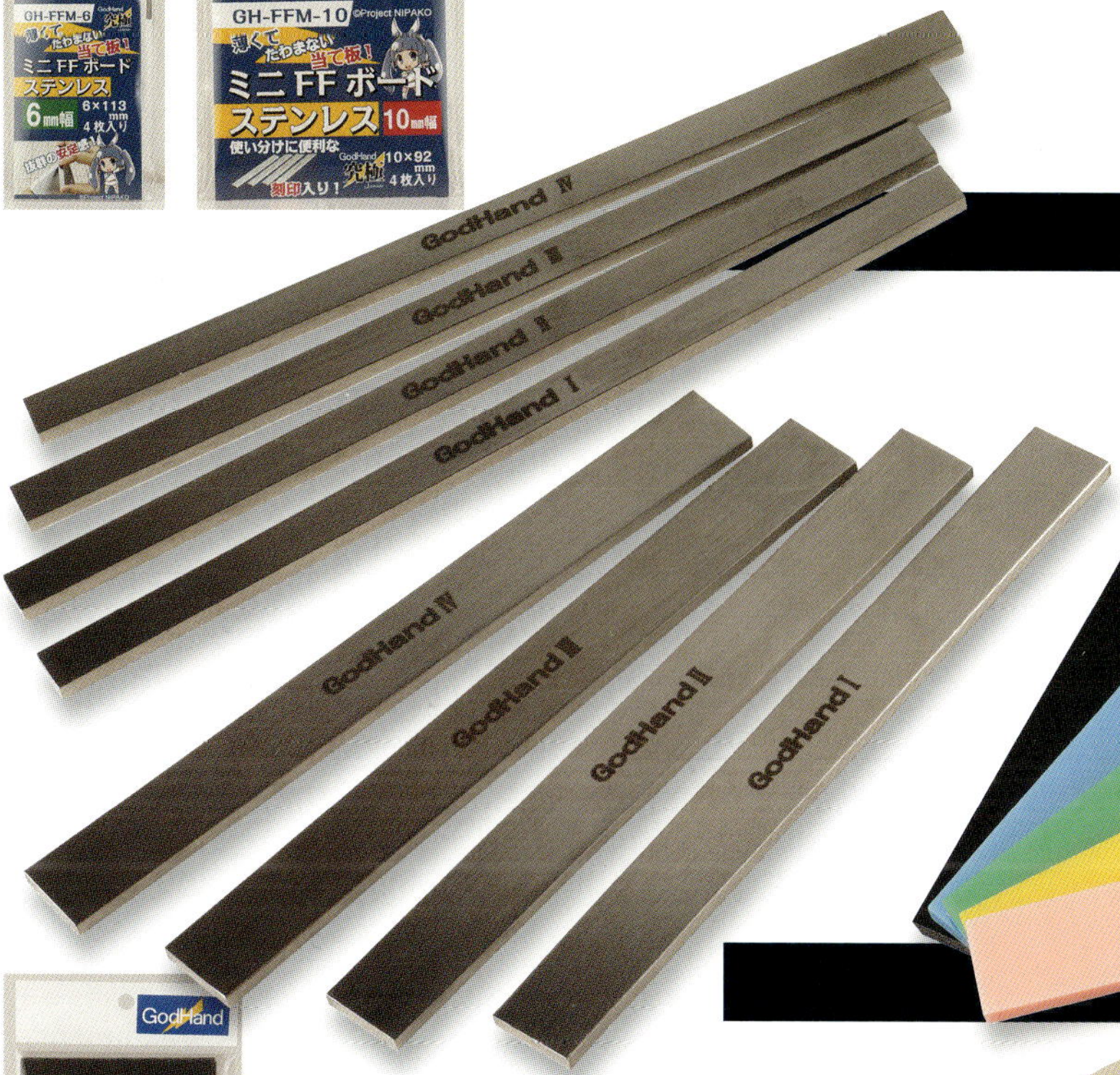

●ミニFFボード ステンレスは、使っているときに見わけやすいように、数字とラインが入っている。硬いのでしっかりとヤスリに力を伝えることができて削りやすい

ミニFFボード ステンレス 6㎜幅、10㎜幅
ゴッドハンド　実勢税込2100円

FFボードアクリル
ゴッドハンド　実勢税込870円

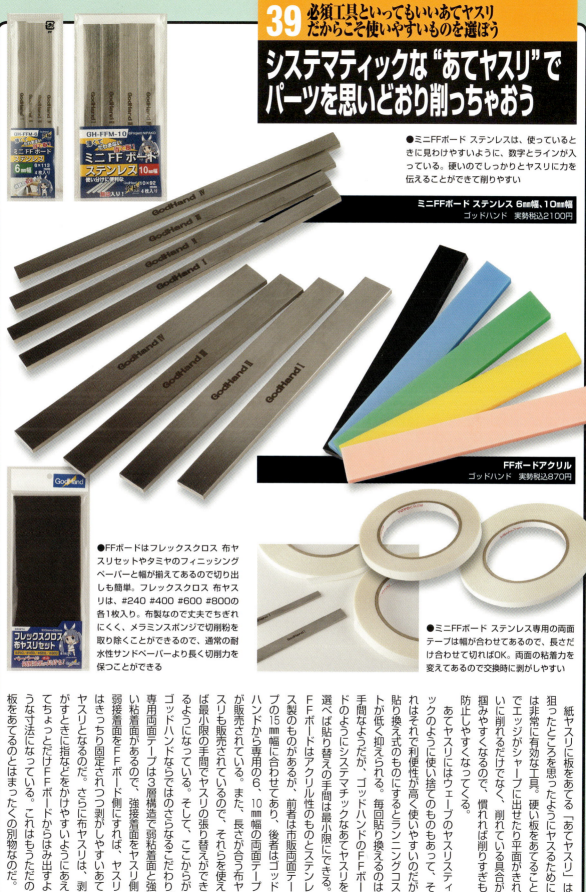

●FFボードはフレックスクロス 布ヤスリセットやタミヤのフィニッシングペーパーと幅が揃えてあるので切り出しも簡単。フレックスクロス 布ヤスリは、#240 #400 #600 #800の各1枚入り。布製なので丈夫でちぎれにくく、メラミンスポンジで切削粉を取り除くことができるので、通常の耐水性サンドペーパーより長く切削力を保つことができる

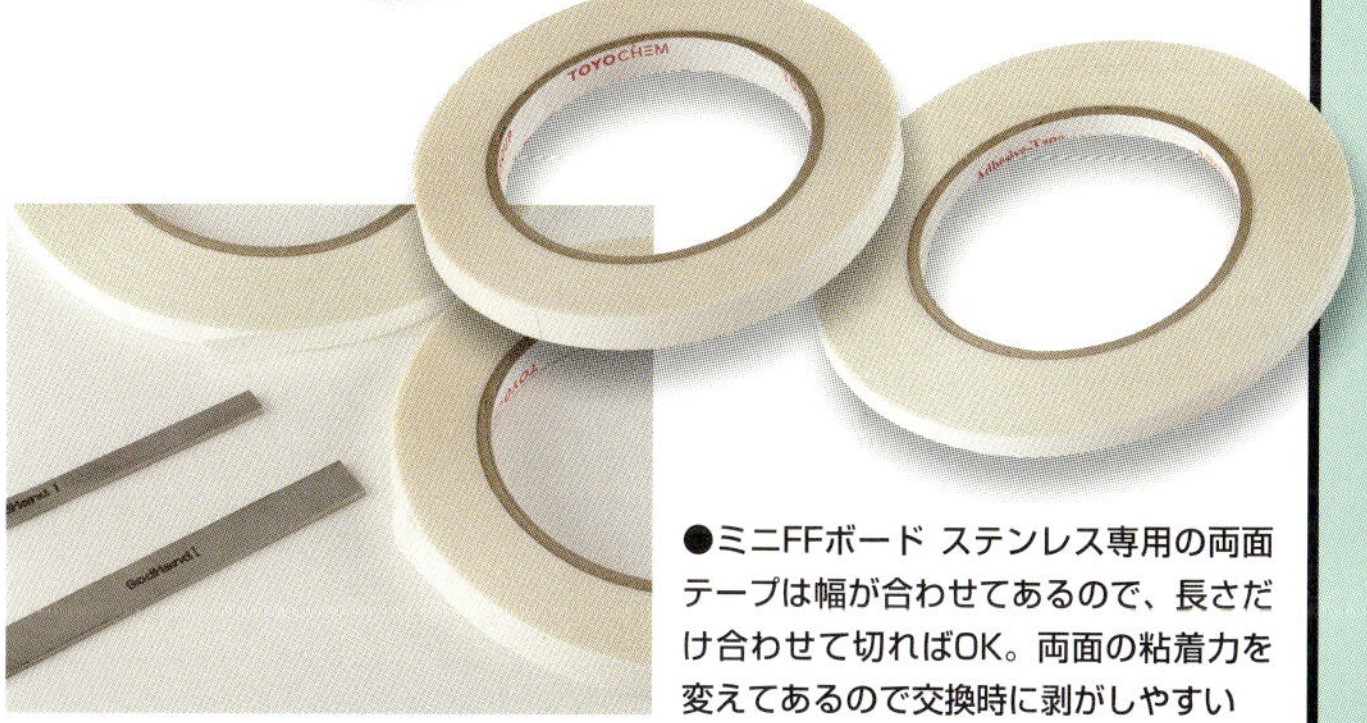

●ミニFFボード ステンレス専用の両面テープは幅が合わせてあるので、長さだけ合わせて切ればOK。両面の粘着力を変えてあるので交換時に剥がしやすい

紙ヤスリに板をあてる「あてヤスリ」は狙ったところを思ったようにヤスるためには非常に有効な工具。硬い板をあてることでエッジがシャープに出せたり平面がきれいに削れるだけでなく、削れている具合が掴みやすくなるので、慣れれば削りすぎも防止しやすくなってくる。

あてヤスリにはウェーブのヤスリスティックのように使い捨てのものもあって、それはそれで利便性が高く使いやすいのだが、貼り換え式のものにするとランニングコストが低く抑えられる。毎回貼り換えるのは手間なようだが、ゴッドハンドのFFボードのようにシステマチックなあてヤスリを選べば貼り替えの手間は最小限にできる。FFボードはアクリル性のものとステンレス製のものがあるが、前者は市販両面テープの15㎜幅に合わせてあり、後者はゴッドハンドから専用の6、10㎜幅の両面テープが販売されている。また、長さが合う布ヤスリも販売されているので、それらを使えば最小限の手間でヤスリの張り替えができるようになっている。そして、ここからがゴッドハンドならではのさらなるこだわり。専用両面テープは3層構造で弱粘着面と強い粘着面があるので、強接着面をヤスリ側、弱接着面をFFボード側にすれば、ヤスリはきっちり固定されつつ剥がしやすいあてヤスリとなるのだ。さらに布ヤスリは、剥がすときに指などをかけやすいようにあえてちょっとだけFFボードからはみ出すような寸法になっている。これはもうただの板をあてるのとはまったくの別物なのだ。

ヤスリは刃物である。なんとなくゴシゴシこすって凸凹を均すものではなく、小さな刃の集合体で削る工具だ。このように認識することでヤスリがもっと選びやすくなる。

刃物ということで包丁を例にするとわかりやすいが、包丁は切るものに合わせて形が異なっている。魚をおろす出刃包丁は身がきれいに分けられるように大きく薄い片刃で押し切るようになっているし、刺身を切る柳刃包丁は細くて長い刃全体を使って切ることで身を崩さず切れるようになっている。また、中華包丁は野菜の塊や骨まで切れるように刃が四角く大きくて厚い。このように、刃物は行ないたい作業によって最適な形状が決まってくるものなので、ヤスリも削りたい形によって形状や刃（ヤスリでは「目」）のタイプを変えるべきなのである。

きっちりと平面やエッジを出したいならば、ヤスリは硬くないといけない。曲面を滑らかに削りたいならヤスリも曲面になっているか、ヤスる面が軟らかいとよい。狭いところを削るならヤスリも細いほうがいいし、凹面を削るならヤスリは凸型のほうがいい。手元にあるヤスリで「なんとか削れないか」と考えるのではなく、削りたい面の形から必要なヤスリを逆算して適したものを用意することが、うまくヤスリがけができるようになるための第一歩だ。

そういう意味で便利なのが紙（布）ヤスリで、薄いのでいろいろな形や硬さに合わせることができる。スポンジヤスリも軟らかいが、こちらは硬くすることはできない。紙（布）ヤスリなら硬い板をあてれば硬いヤスリになるし、弾力があるものをあてれば弾力があるヤスリにすることもできる。この、ヤスリにあてるものの硬さや形が削るところの素材や形状にうまくマッチすればうまく削れるようになるし、マッチしていないとうまく削れなくなるのだ。いまはいろいろなものを紙（布）ヤスリにつけたあてヤスリが販売されているが、それぞれ形や硬さ／弾力が違うので、そこに注目して選ぶようにするのがとても重要なのである。

ひと口に“ヤスリ”といっても紙ヤスリも金ヤスリもいろんなヤスリがある。よいヤスリを選ぶためにはどこを見ればいいんだろう？

切る、貼る、削る。知らないと損をする工具選び2018

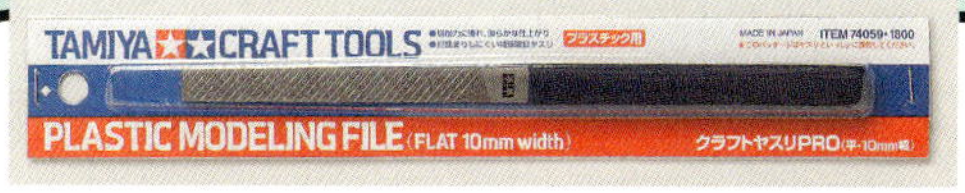

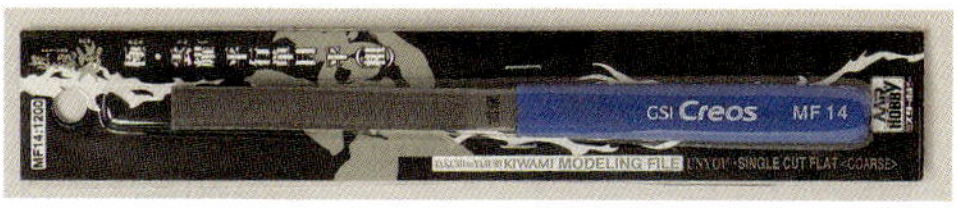

40 紙ヤスリがあれば作れる……けれど金ヤスリがあるともっと便利です

ザクザク削れるのに削った跡はなめらか！ 金ヤスリを持とう。

●単目にすることで削り粉の除去をしやすくしつつも高い切削力を持つのが匠之鑢・極 雲耀の特徴。雲耀とは稲妻のことで、「稲妻のように鋭い切れ味」を表している。削り跡は白化がなく非常になめらか

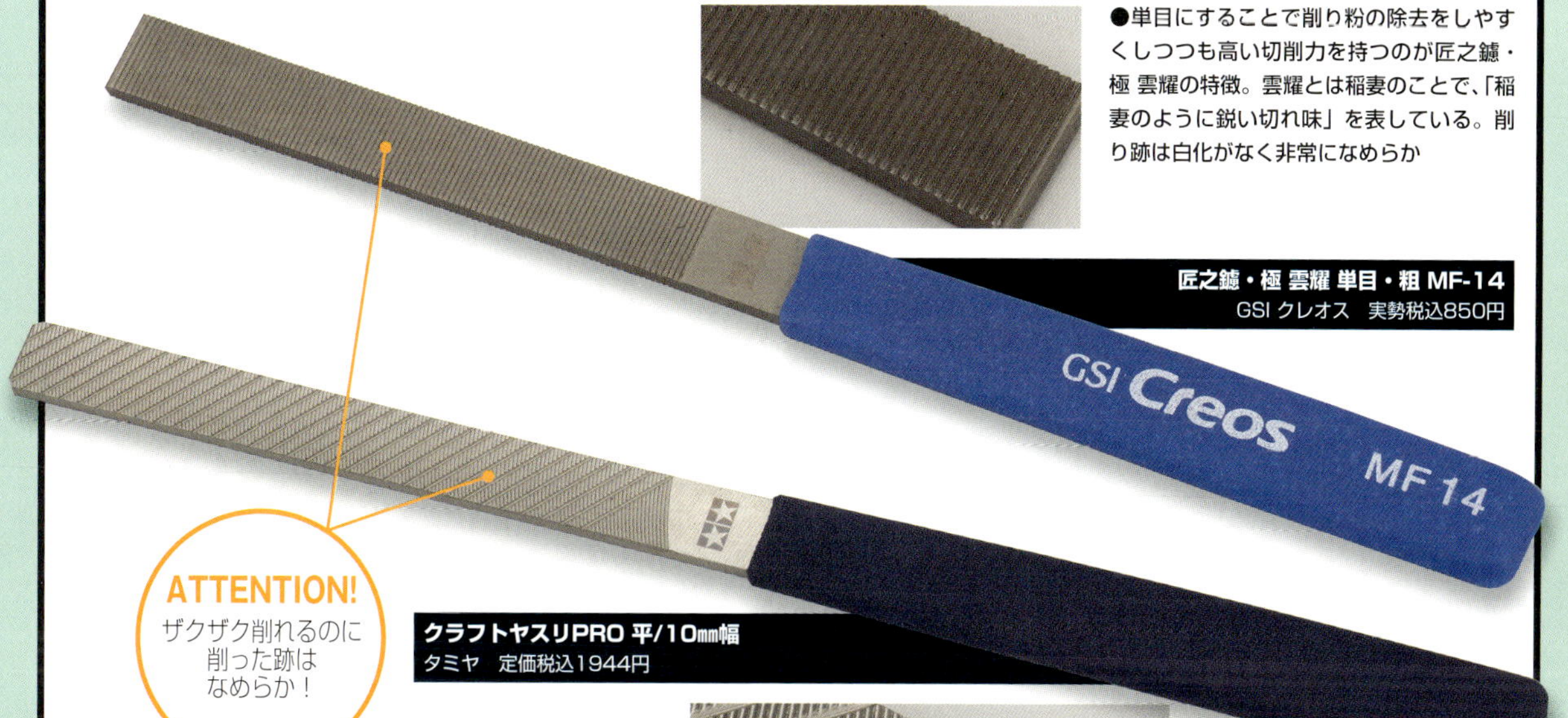

匠之鑢・極 雲耀 単目・粗 MF-14
GSI クレオス　実勢税込850円

ATTENTION!
ザクザク削れるのに
削った跡は
なめらか！

クラフトヤスリPRO 平/10㎜幅
タミヤ　定価税込1944円

●クラフトヤスリPROは精密な切削加工によって作られた波目により高い切削性能を持つ。また、削り粉の排出性を高めるために「チップブレイカー」と呼ばれる溝が波目の上に加工されていて目詰まりがしにくい

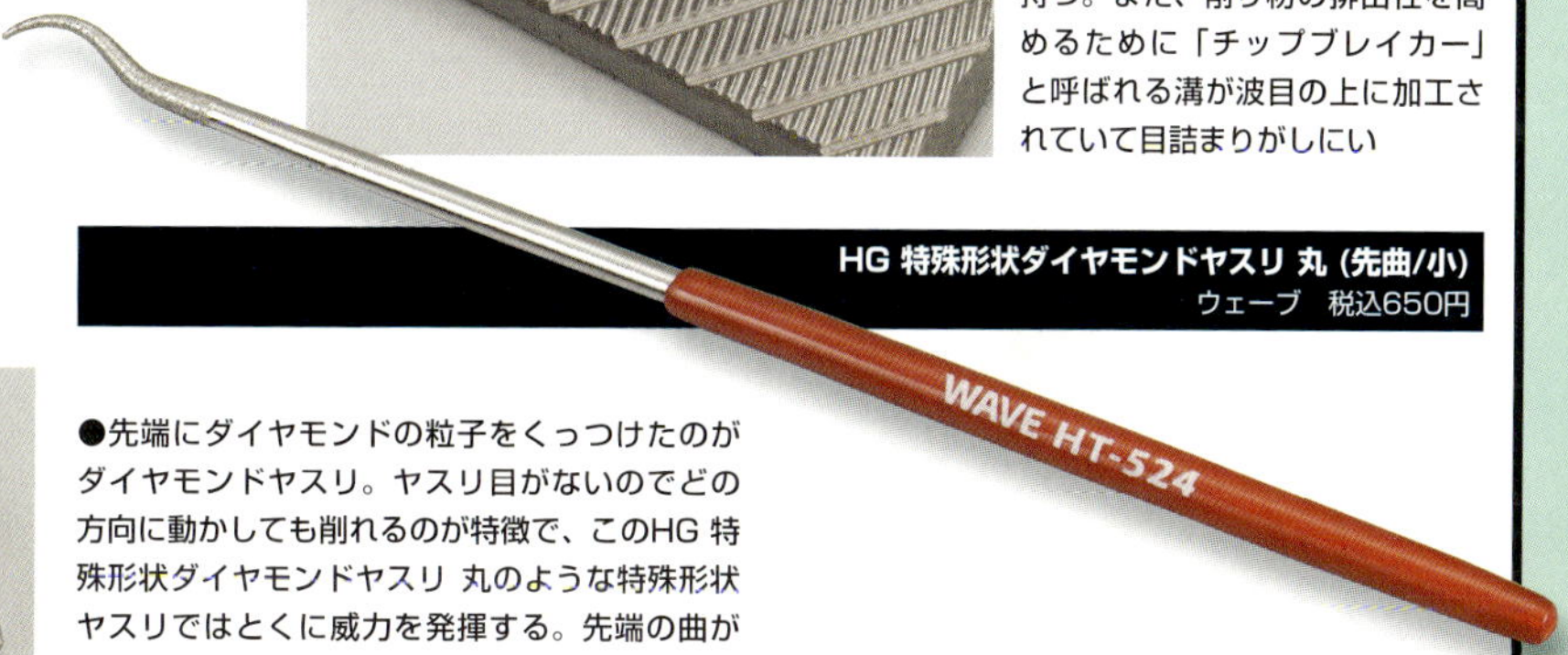

HG 特殊形状ダイヤモンドヤスリ 丸 (先曲/小)
ウェーブ　税込650円

●先端にダイヤモンドの粒子をくっつけたのがダイヤモンドヤスリ。ヤスリ目がないのでどの方向に動かしても削れるのが特徴で、このHG 特殊形状ダイヤモンドヤスリ 丸のような特殊形状ヤスリではとくに威力を発揮する。先端の曲がりがポイントで奥まったところにあてやすい

「金ヤスリ」というと、ゴリゴリ削れる代わりに大きなヤスリ目が残るので繊細な模型製作には向かないと思っている方がいらっしゃるが、近年模型用として販売されている金ヤスリはそんなことはない。うまく使えば非常に便利で時短にもなるので、よい金ヤスリを選んで1本持っておくようにすると工作の幅が拡がるはずだ。

ヤスリというとおろし金のように凸凹をこすりつけて力ずくで表面をこそげ取るものというイメージがあるが、よい金ヤスリは「小さく鋭い刃物の集合体」だ。それぞれの刃の切れ味がよく、また刃が均一に整っていれば、よく切れるナイフで削っているような、さらにいえば刃が多いぶんナイフよりも切れ味鋭く削ることができるものなのである。よい金ヤスリを使ってみると、こまかい刃が素材に切れ味よく食い込んでいくときの感触を感じることができる。そして、そういいヤスリは削った跡も非常に滑らかに仕上がる。刃が素材に食い込む感触が確かなのでどれくらい削ったかが体感で把握しやすく、削りすぎも起きにくい。

もうひとつ、別の意味で金ヤスリを積極的に使っていきたい場面もある。それは、奥まったところやこまかく繊細なディテールを整形するときだ。金属製ヤスリならば素材を活かしてさまざまな形状にすることができるし、細くても強いのでしっかりと力をかけて削ることができる。うまく形が合うものを使えば、ジェット機のインテークパーツのなかの合わせ目消しのようなところでも威力を発揮してくれるだろう。

41 とにかく手間いらずな、あてヤスリ界のMVP

慣れちゃうと、これがないと模型が作れなくなる便利ヤスリ

紙ヤスリは、プラモデルをきちんと色を塗って仕上げようとすると絶対に必要になる重要な工具。プラモデルの工作に費やす期間の大半は、パーツを紙ヤスリでヤスって整形している時間だ。なので紙ヤスリの選定は非常に重要と言える。

「紙ヤスリの選定」というと、多くのハウツー本では、どういうときには何番の番手の紙ヤスリを選ぶかということの説明にスペースが割かれることが多いように思う。たしかに、ゲート処理、合わせ目消し、下地処理、塗膜の磨きのそれぞれの段階では、作業に適した番手を使わなければならない。しかし、近年の合いがよいプラモデルに改造を施さないで製作していく場合、ほとんどのパーツの処理は６００番だけ、部分的に少し粗めの４００番があれば事足りるので、実際のところこのふたつの番手だけを使うようにしていれば番手が問題でうまくヤスれないということは起きない。しかしここで疑問が生じた方がいるはずだ。「６００番と４００番でヤスってるんだけど、うまく削れない……？」

そう。番手だけに気をつけていてもうまくヤスれるとは限らないのだ。紙ヤスリの番手の選択は必要条件ではあるけれど充分条件ではない。では紙ヤスリの選択の充分条件とはなにかというと、それは紙ヤスリにあてるものの形や硬さなのである。

彫刻刀や包丁といった刃物を選ぶときには、切る／削る対象の形状や硬度／粘度にあった刃先形状や刃の硬さを選ぶのは当然だが、紙ヤスリだって、刃がかなりミクロ

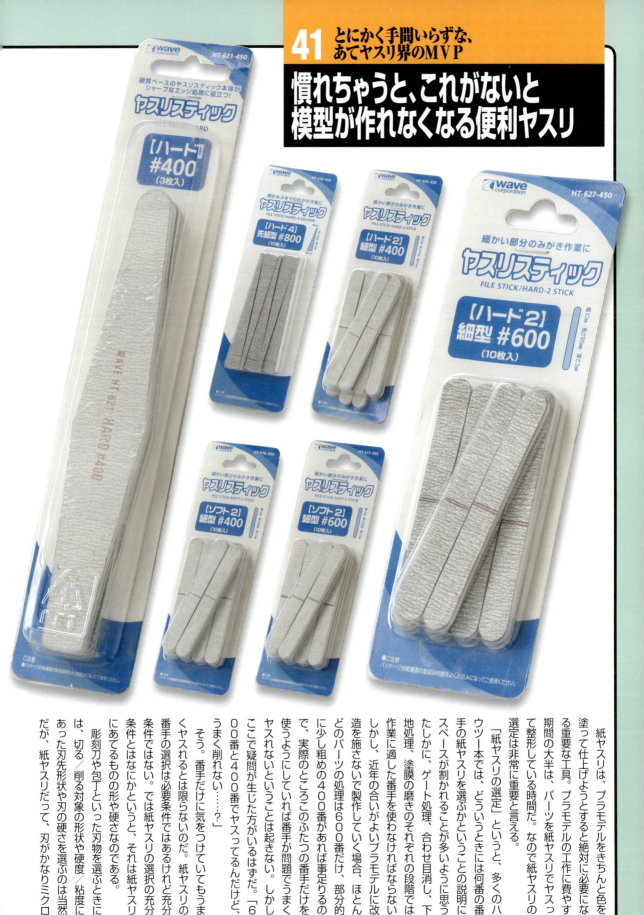

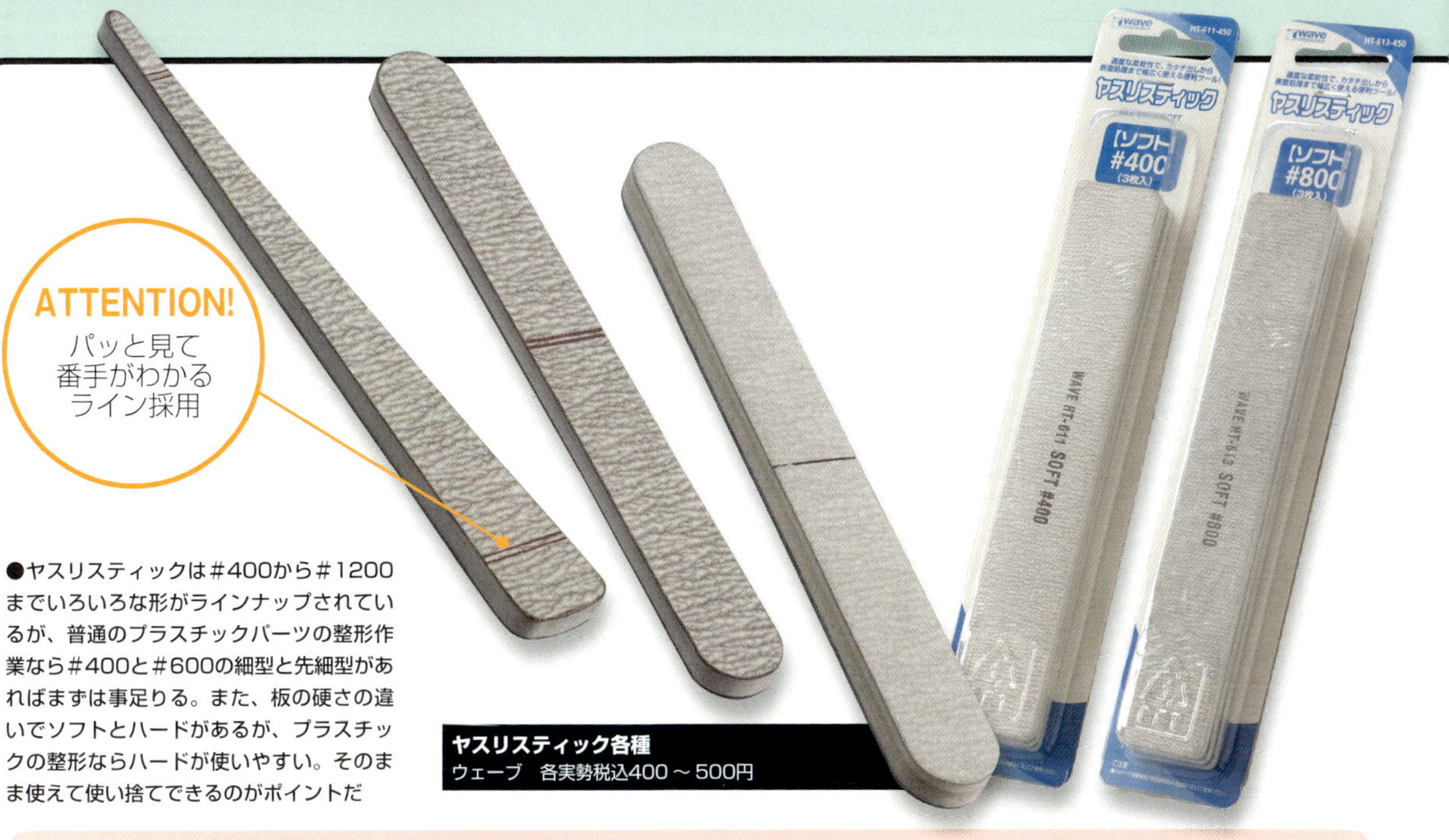

ヤスリスティック各種
ウェーブ　各実勢税込400～500円

●ヤスリスティックは#400から＃1200までいろいろな形がラインナップされているが、普通のプラスチックパーツの整形作業なら#400と#600の細型と先細型があればまずは事足りる。また、板の硬さの違いでソフトとハードがあるが、プラスチックの整形ならハードが使いやすい。そのまま使えて使い捨てできるのがポイントだ

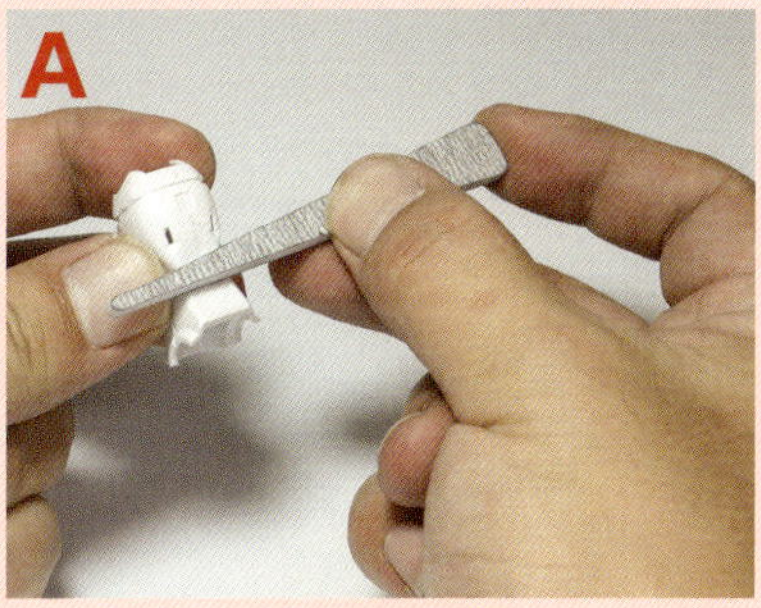

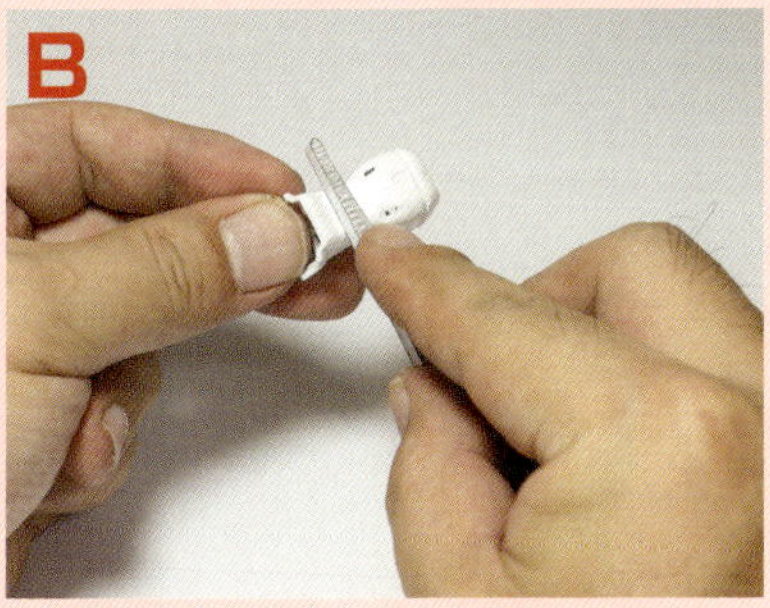

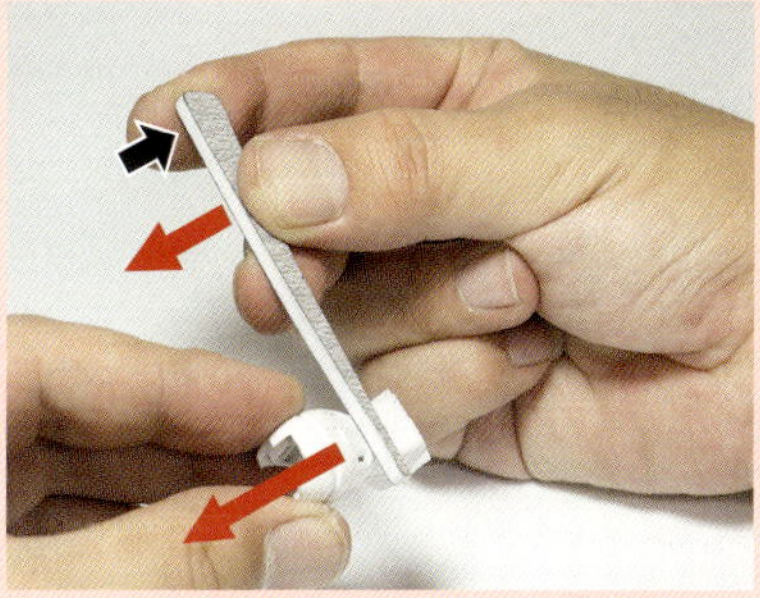

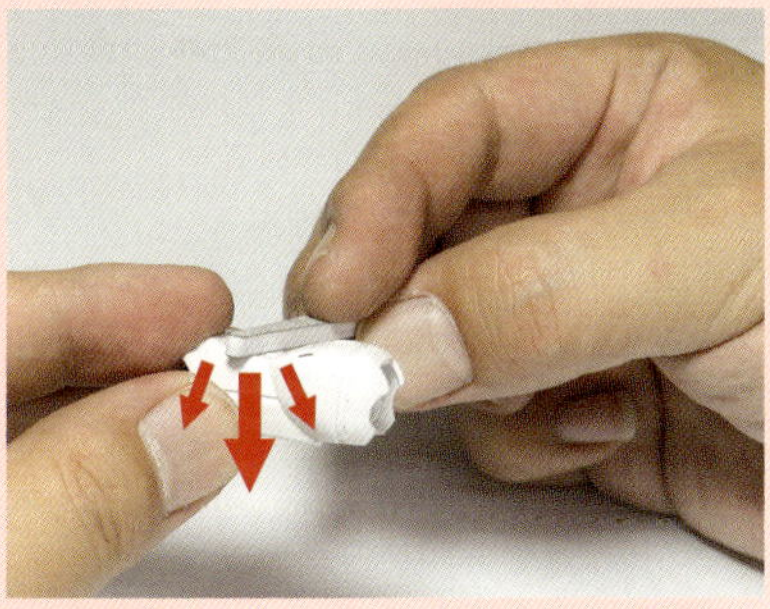

●ヤスリは持ち方で削れ方が変わってくる。どの持ち方が最適かは、削りたい形によって変わってくるので一概には言えないが、プラモデルの整形作業に限れば、しっかり力をかけて少ない回数で削れるように持ったほうが思ったように削りやすい。オススメなのはAの持ち方で、この持ち方は人差し指を支点にして親指でヤスリを押すようにする。中指はヤスリが落ちないように補助的に沿えるだけ。この持ち方だと、親指の広いところで力をかけるので、ヤスリがブレにくくなる。また、テコの原理でヤスリがパーツにしっかりと押しあてられる。Bの持ち方では、人差し指で押しつけることになり、ヤスリが回転してブレやすく力も入れにくい。ただしこの持ち方が絶対にダメかというとそんなことはなく、曲面を崩さずにヤスりたいときは、ヤスリがブレる＝ヤスリを面に追従させやすいBの持ち方がよい場合もある

なだけで「刃物」であることに変わりはない。削るパーツに合わせた形状、そして硬さを選ばないと思ったようには削れない。広いところをヤスるときは幅広のヤスリで、狭いところをヤスるときは細いヤスリで、というのはすぐにわかるだろうが、意外とおろそかになっているのが「硬さ」だ。紙ヤスリは薄く軟らかい。そのままではプラスチックのような硬めの物体を削るには軟らかすぎ、指で持ったとしても指先も軟らかいのであまり変わらない。そこで適切な硬さの板を紙ヤスリにあてて硬さを調整することがとても重要になってくる。そのためにできたのが、ここで紹介しているヤスリスティックのように板をあてられた紙ヤスリ、通称「あてヤスリ」だ。

400番でフニャフニャの板をあてたヤスリと600番でしっかりとした適度な硬さの板をあてたヤスリ、プラスチックを削るときにどっちがよく削れるだろうか? 番手だけを見れば400番のほうが粗いので削れそうだが、実際は硬めの板をあてた600番のほうがしっかり削れる。しかも、フニャフニャのあてヤスリは狙ったところ以外にもヤスリがあたりやすいので思わぬところのエッジを丸めたりしやすいが、硬めのあてヤスリは狙ったところだけをヤスりやすくシャープに仕上げやすい。ここで注意したいのは、硬ければ硬いほうがいいかというとそうではないところだ。削る素材と形状に適した適度な硬さのあてるものを選ぶ、それがヤスリがけをよりうまくできるようにするための第一歩なのだ。

42 いつまでたっても傷が消えない……そんなときはこれで解決！

ツルピカ仕上げの強い味方 速く透明に磨ける研磨材ラプロス

ATTENTION!
小傷が残らない
特殊で均一な
研磨材仕様

●ラプロスは＃2400から＃10000までラインナップされているが、GSIクレオスから模型に使いやすい番手の組み合わせで手頃な大きさにカットされたセットが販売されている

Mr.ラプロス各種
GSI クレオス　各実勢税込500円

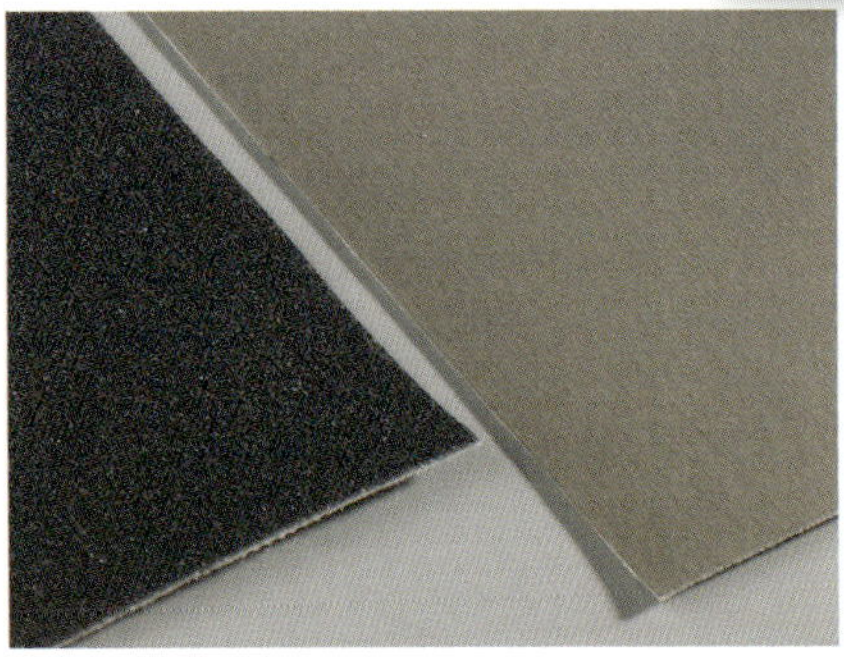

●ラプロスはカーモデルのクリアーコーティングの研ぎ作業に最適で、先にラプロスで磨いておけば最後のコンパウンド磨きの段階で速く傷が消えてくれるようになる。飛行機のバブルキャノピーのパーティングライン消しにもおすすめ

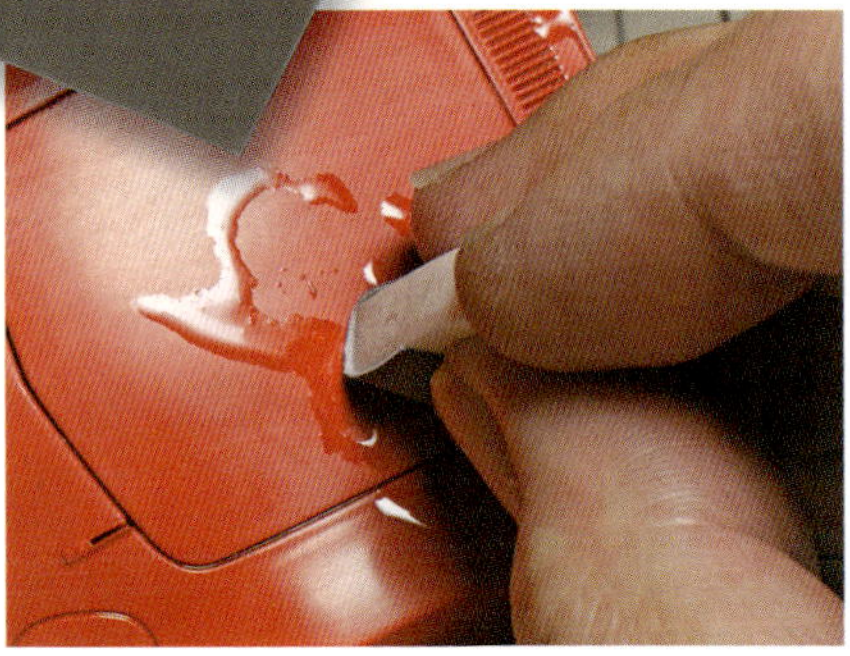

　カーモデルなどで行なわれるツルピカのグロス塗装は、うまくできると完成品の見映えが非常によくなるが、実際にやろうとするとなかなか難しいテクニック。そこで筆者も作例製作で使用している、ツルピカ仕上の強い味方、研磨材ラプロスを紹介したい。これは総合研磨材メーカー三共理化学が航空機整備用に開発した研磨材で、とくに航空機の窓を磨く際に透明度が高い状態に磨き上がるよう工夫されたものだ。当然模型で使用しても磨き傷が残りにくく、透明度が高いグロス仕上げにしやすくなる。

　このラプロス、普通の極細目の紙ヤスリやフィニッシングペーパーと何が違うかというと、研磨材（研磨する粒子）の素材とその均一性にこだわりがあるのだ。まず、研磨材に柔らかいクッション性の材料を使用しているので、研磨物に対してあたりがソフトで深い傷がつきにくい。模型用塗料の塗膜はそれほど硬質ではないので普通の極細目の耐水性サンドペーパーでは小傷がつきやすいが、研磨材と地がソフトなラプロスなら小傷がつきにくくなる。また、研磨材の粒子の均一性に拘られているのも重要なポイントだ。この手の研磨材は、数μ㎜～数ミクロンのこまかな粒子が表面に並んでいることで部材表面を削っているが、粒子の大きさや形が不揃いだと大きな粒子のところには深めの削り傷ができ、それが表面の曇りの元となる。ラプロスは研磨材粒子が極力均一になるように配慮されているので、研磨の際に部分的な小傷がつきにくく曇りも残りにくいのだ。

43 中央に穴を開けずに円を切りたいならコレ！

模型製作用にモディファイされた大型サークルカッター

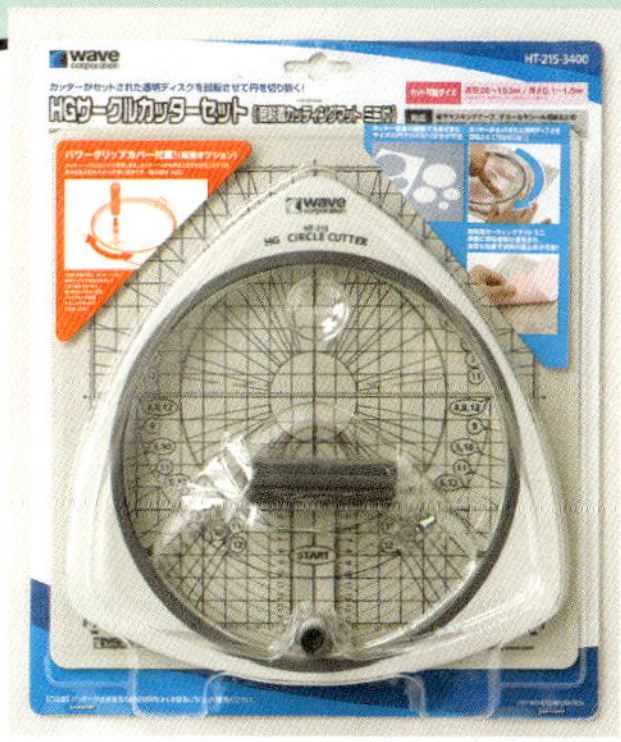

HGサークルカッターセット 弱粘着カッティングマットミニ付
ウェーブ　実勢税込2600円

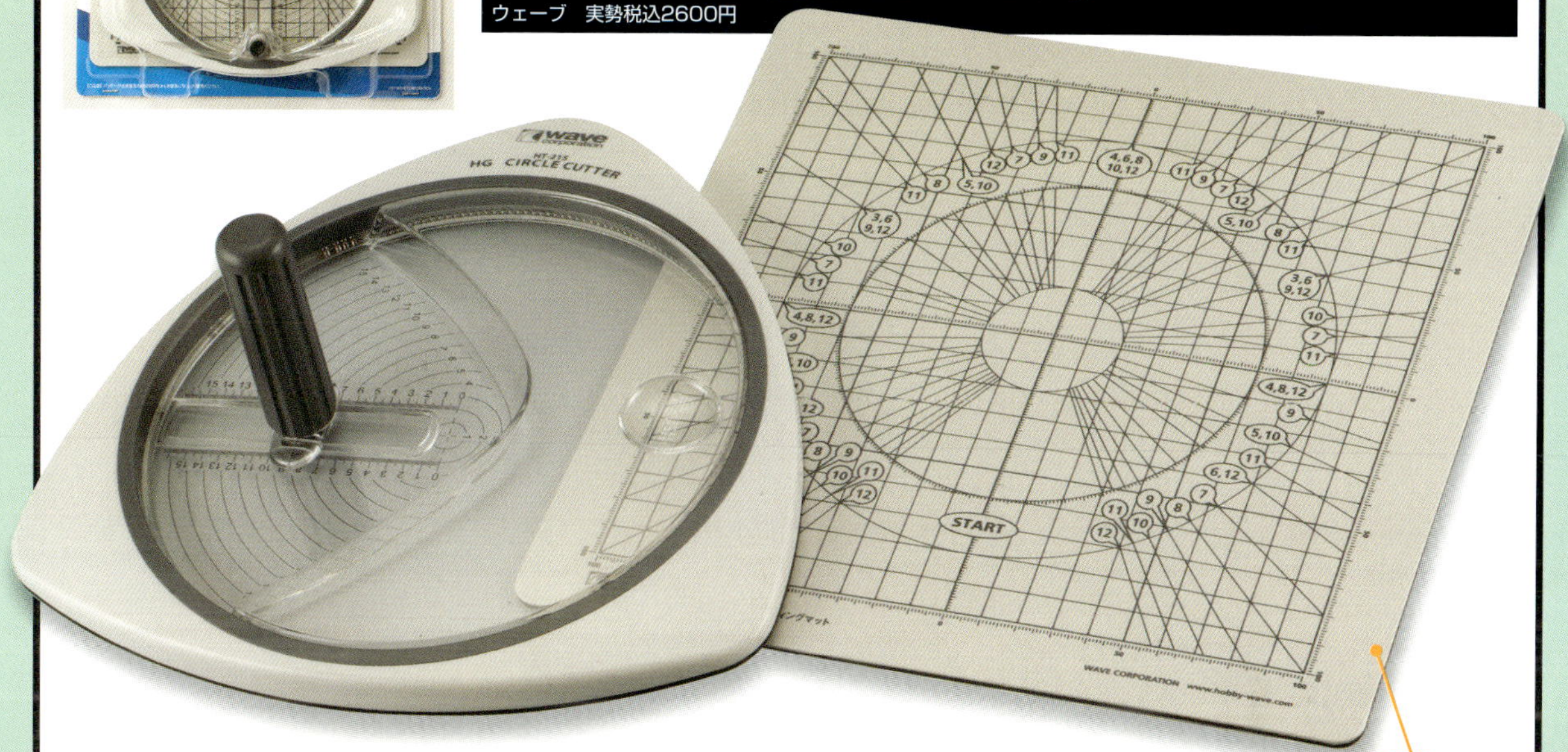

ATTENTION!
粘着マット付属でずれずにカット

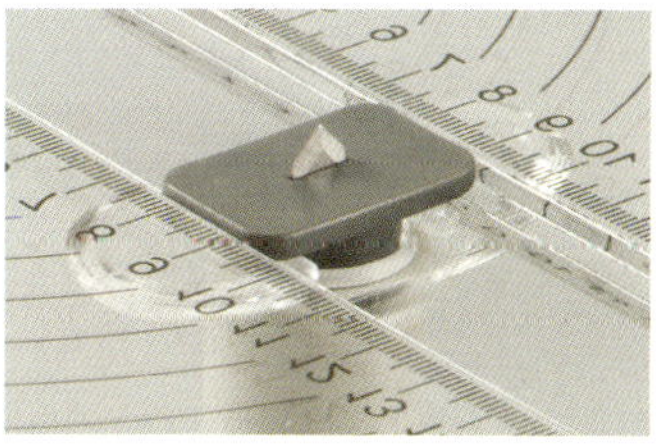

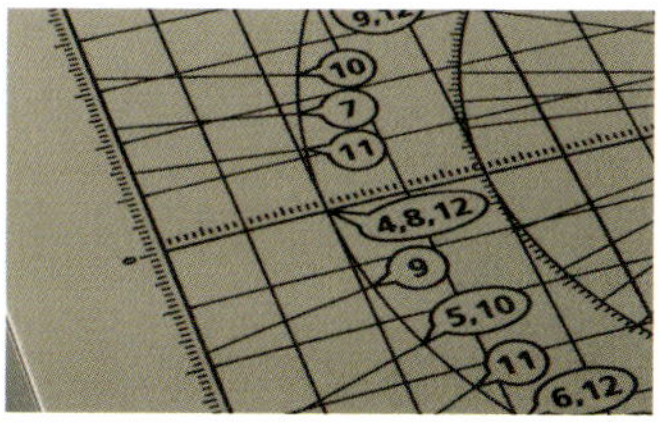

●精度が高い円を切り出せるようカッター位置がずれにくい構造になっていて、透明ディスクの外周にはベアリングが入っているので回転はスムーズ。中央に穴を開けずに円をカットできる。カッターヘッド部は、軸を回転させることで刃の出し具合を調整したり刃を収納しておくことができる

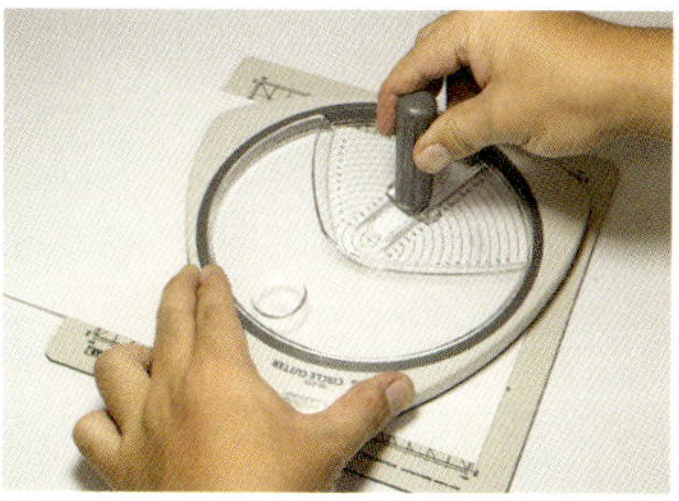

●付属の粘着マットを使うことで、プラ板とカッターがずれずに力をかけてカットできる

模型メーカーから販売されている模型用工具のなかには、模型メーカーが製造しているのではなく工具メーカーがOEMとして作っているものを模型用として売っているものもある。これは「転売しやがってケシカラン」というような話ではまったくなくて、工具は工具メーカーならではのノウハウが込められるからこそよいものができるし、モデラーは模型メーカー以外の工具を探索して吟味する時間を省けて模型店で模型に使いやすい工具だけを選びやすくなるわけで、適材適所ということだろう。

とはいえ、そもそも他の用途向けに作られた工具を模型に転用すると、そのままではいまひとつ使い勝手がよくないということがある。そこで活きてくるのが模型メーカーならではの知恵だ。そんな模型ユースならではのモディファイがちゃんと加えられている工具の好例がこのウェーブのHGサークルカッターセットである。

模型工具でわりとよくあるのが、「本来紙を切る工具をプラ板用に転用」というパターン。このウェーブのHGサークルカッターの本体も元々は紙を切ることを想定していると思われる。ただ、紙は薄くて切りやすいが、プラ板は薄めの0・5㎜厚でも結構な硬さがある。そこで、硬いプラ板でも力を込めて切っていけるように大きめの追加ハンドルパーツを追加し、さらに力を込めたときに切っている部材がずれないように弱粘着マットをセットにしている。これらの追加要素によりプラ板も楽々カットできるようになっているのだ。

44 ただの板だと思ったら大間違い シャープに削れるスゴいヤツなのだ

特定の場面ですごい威力を発揮する「エッジで削る」刃物工具2選

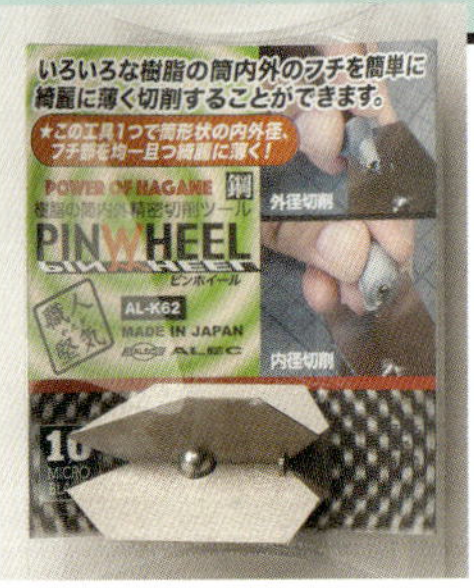

ピンホイール
プラッツ　実勢税込3000円

ATTENTION!
金属板のエッジでキレイにパーツが削れる

●いろいろなところを削るのに使えそうだが、とくにガンプラなどで便利そうなのがパイプの面取り。パイプをブレードにあてて軽く回すだけで簡単かつきれいに断面部分を削ることができる。使うときはエッジ部分に指をあてないようにして持とう。真んなかにある球のところに指を引っかけると持ちやすい

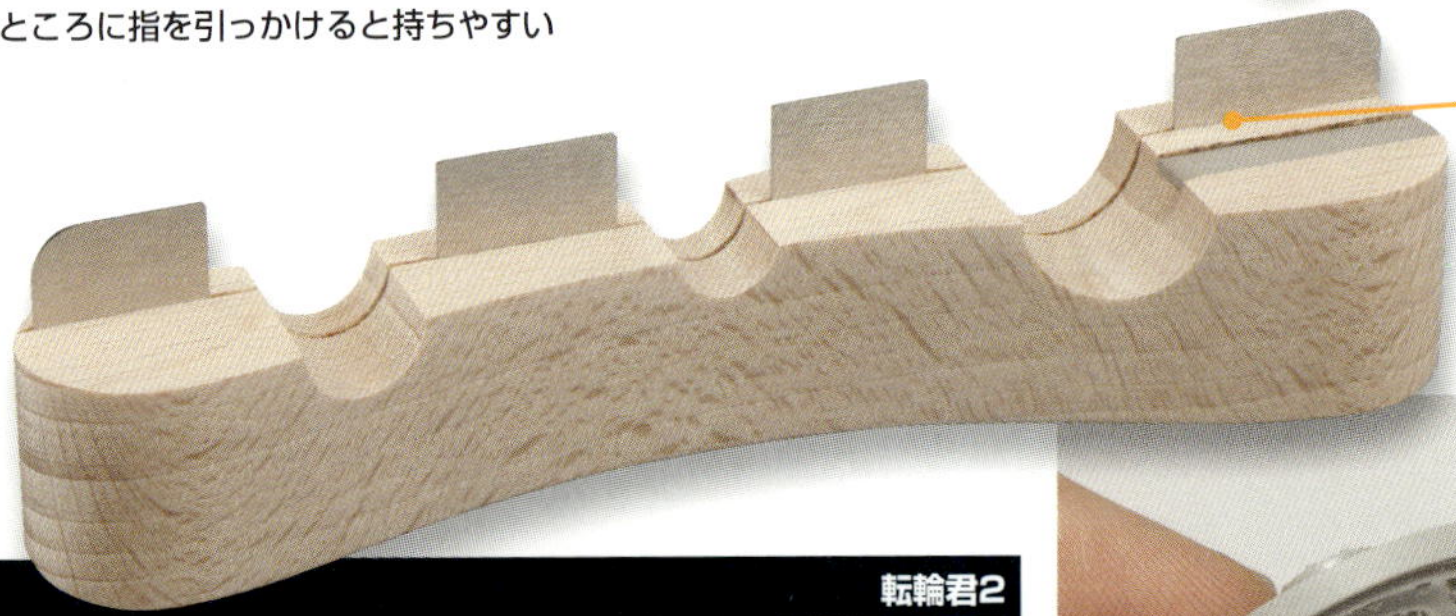

転輪君2
プラッツ　実勢税込6000円

●戦車の転輪の整形は数が多くて手間がかかるだけでなく、きれいに削るのが難しい工作だが、この転輪君2を使えば非常に手早くきれいにパーティングラインを消すことができる。大小3種類の幅があるのでほとんどの車種の転輪パーツに対応することができる

いまのところまだまだニッチだが、その使い勝手と仕上がりのよさで今後もっと普及しそうな模型工具ジャンル、それが「ブレードのエッジでカンナがけをするように削る」タイプのツールだ。

ここで紹介するふたつの工具は一見するとただの板がついているだけであまり削れるようには見えないかもしれないが、プラスチックやレジンのパーツであればかなりサクサクと削れ、削ったところは表面処理が要らないほど滑らかに仕上がる。

ピンホイールは、ハイカーボン特殊刃物鋼に3ミクロンのニッケルメッキを施したブレードを組み合わせたもので、全体のエッジすべてで削ることができる。いろいろな用途での切削が可能だが、とくに便利なのが、奥まったところや出っ張った角のところでパイプの断面の面取りが簡単にできること。そこにパイプをあてがってクルクルと回すだけでサクサクきれいに削れる。バーニアのフチを薄く削る工作なども、簡単かつ高い精度で1個あたり数秒～数十秒程度といった短時間にて行なえる。

転輪君2は、戦車模型などの車輪接地面にあるパーティングラインを削るための工具。プラモデルの車輪パーツには成型上の都合でパーティングライン（か合わせ目）ができるが、あてヤスリでひとつずつ削って整形しようとすると時間がかかるだけでなく部分的に面が平らになったりしてなかなかきれいに仕上がらない。転輪君2なら、パーツをあててクルクル回せばいとも簡単に車輪がきれいに整形できてしまうのだ。

45 近年さりげなく発売された“コロンブスの卵”的便利アイテム

方眼が印刷されているだけでこんなに便利だったなんて……

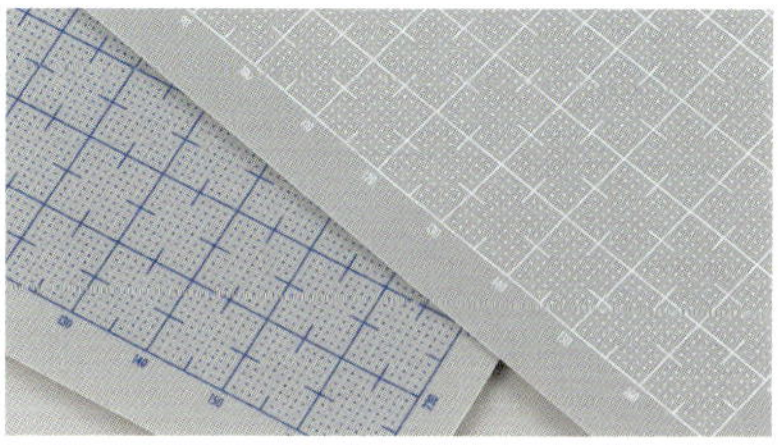

●目盛付きのプラ＝プレートはB5版サイズで0.3、0.5、1㎜厚のものがラインナップされていて、目盛りの色が青と白のものがある。なお、目盛りがないプラ＝プレートも販売されている。ウェーブのプラ材のよい点は成型色がグレーなところで、サーフェイサーやパテを使わなくても表面が確認しやすい

プラ=プレート各種
ウェーブ　各実勢税込400～800円

マスキングシール（1㎜方眼タイプ）
タミヤ　定価税込648円

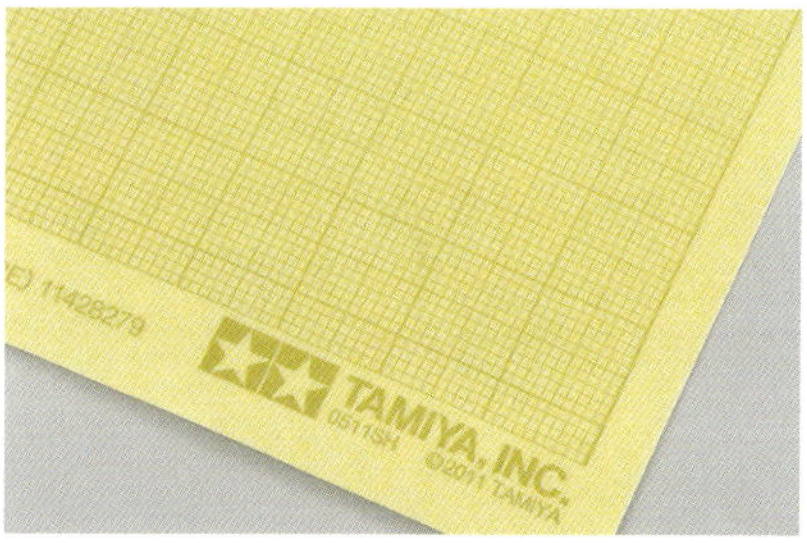

●方眼が印刷されたマスキングテープは、形状を写し取る際のガイドとしても使いやすい。タミヤのマスキング材では、このほかに曲げられる曲線用マスキングテープや、広い面積を覆いやすいシート付きマスキングテープなども販売されていてとても便利だ

それを使ってみてはじめて目からウロコが落ちるツールやマテリアルというものはいくつもあるが、近年発売されたもののなかでのハイライトのひとつがこの「方眼を印刷したツール／マテリアル」であろう。いまのように普通に販売されるようになってみれば「ただ方眼が印刷してあるだけでしょ」と思われるかもしれないが、なかったころは無地のプラ板を苦労して加工していたわけで、これぞまさにコロンブスの卵的な便利アイテムなのである。

ウェーブのプラ＝プレートやプラ＝材料などのプラ材シリーズは、模型製作、スクラッチビルドでの原型製作や改造工作を知り尽くした模型メーカーが送り出したプラ材シリーズ。プラ＝プレート目盛り付きのほかにもテーパーがついたプラ棒があったり、工作しやすいようにグレーの成型色を採用するなど、優れてモデラー視点によって立つマテリアル群だ。このプラ＝プレート目盛り付きがとくに便利なのは、同形複数や箱組みの元にするプラ板を切り出したいときで、方眼目盛りを活用することで、狙った形状のプラ材を切り出しやすくなる。また、切り出し後に形状変更を加えたくなったときにも、目盛りが目安になるので加工がしやすく精度も高くなる。タミヤの方眼タイプのマスキングシートも基本的な効能はプラ＝プレート目盛り付きと同じだが、こちらは貼り付けることができるので、マスキングのほかにも素材に貼りつけて切り出しのガイドとするなど、アイディア次第で使い方はさらに拡がるだろう。

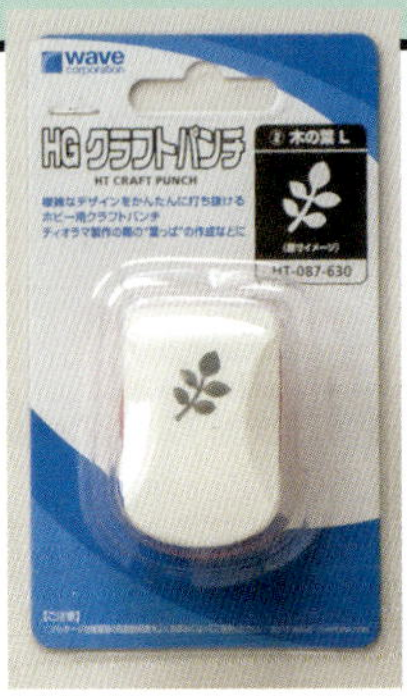

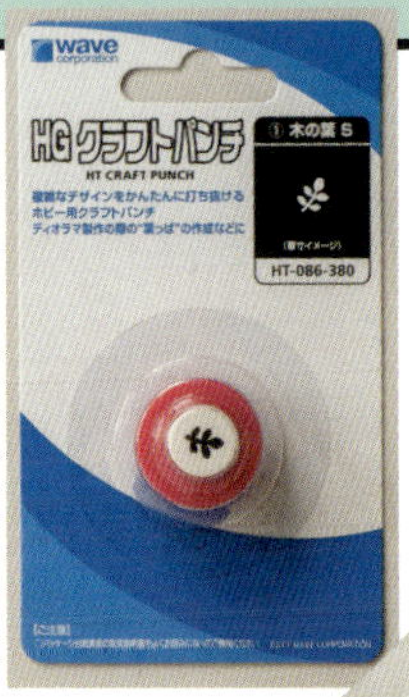

46 他ジャンルの工具にも目を光らせておくといいことがある

パンチのいいところは同じ形が大量生産できるところ

HGクラフトパンチ 2 木の葉L
ウェーブ　実勢税込500円

HGクラフトパンチ 1 木の葉S
ウェーブ　実勢税込400円

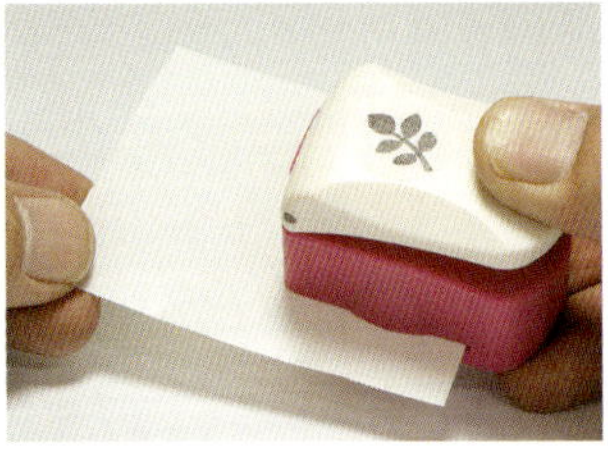

●裏返すとわかるが、金属製の刃で部材をはさんでカットする仕組み。もともと紙用と思われるので、プラ板で使用する際は薄めのプラペーパーなどを使おう。もちろん紙で葉っぱを作って塗装してもいいだろう。正直、使用する場面は限定される工具だが、こういったものもあることで模型工具は「豊か」になるのだ

少し前にマスキングテープが女子の間で大流行しているとメディアなどで盛んに報じられたことがあった。ここでのマスキングテープとは、模型製作で使うときのように「塗装の際にマスキングをするためのもの」ではなく、かわいい柄を印刷したテープでいろいろなものをデコって愛でるというムーブメントだ。同様に女子の間でデコレーションのためのツールとして認知されているものにクラフトパンチがある。マスキングテープが塗装からスピンオフしてブレイクしたものだとすれば、逆にデコレーションツールから模型に持ち込まれたのがこのHGクラフトパンチだと言えよう。

デコレーション用のクラフトパンチには非常にさまざま形が切り出せるものがそれこそ何百種類も市販されているが、ハートマークのようなものはそのままでは模型には使いにくい。そこでチョイスされたのが、葉っぱの形だ。ダイオラマを作るときには植物を配置することが多々あるが、縮尺された植物の葉の素材はあまり種類がないしあっても比較的高価なことが多い。そんなときはこれを使ってプラペーパーなどから切り出せば安価に大量の植物の葉が作れる。あまり厚手のプラ材や硬い素材は切ることができないが、そもそもそんなに厚い葉っぱはスケールモデルとしては不自然なので、薄いものしかカットできなくてもまったく問題なしである。また、クラフトパンチはとにかくいろいろな種類があるので、模型のベースを飾る素材として使うのもまた一興。いろいろと探してみてはいかが?

47 工具の「柄」は、工作しているところと手を繋ぐ重要な橋渡し

ただの「柄」なんですが、つけると工具が“化け”ます。

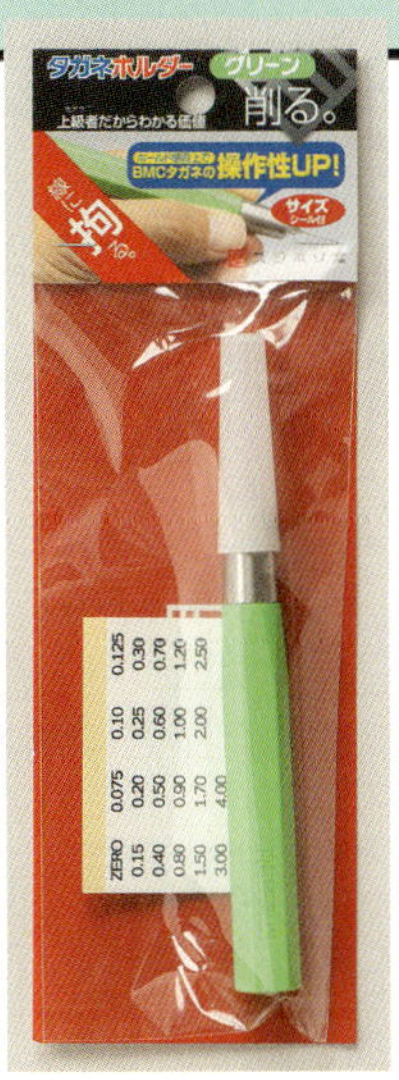

●愛用者が増えるのに合わせて周辺アイテムも充実してきているBMCタガネ。操作感を変えることができるホルダーのほかに、鈍った刃をメンテナンスできるBMCタガネ研磨ホルダーなども販売されている。すべて揃えておけば、これでスジ彫りし放題である

ATTENTION!
柄をつけると刃物の使用感が大きく変わる！

BMCタガネホルダー 各色
スジボリ堂　実勢税込800円

BMCタガネ各種
スジボリ堂　実勢税込2000円〜

●BMCタガネは、スジ彫りがシャープに彫れるように職人がタングステン鋼を一本一本手作業で研磨したスジ彫り専用工具。その圧倒的な切れ味のよさで愛用者が多い。一般的に販売されている彫金用タガネは背に角度がついているが、BMCタガネは刃先の背を立ててあるのがポイントで、基本的に刃先を引いて彫る

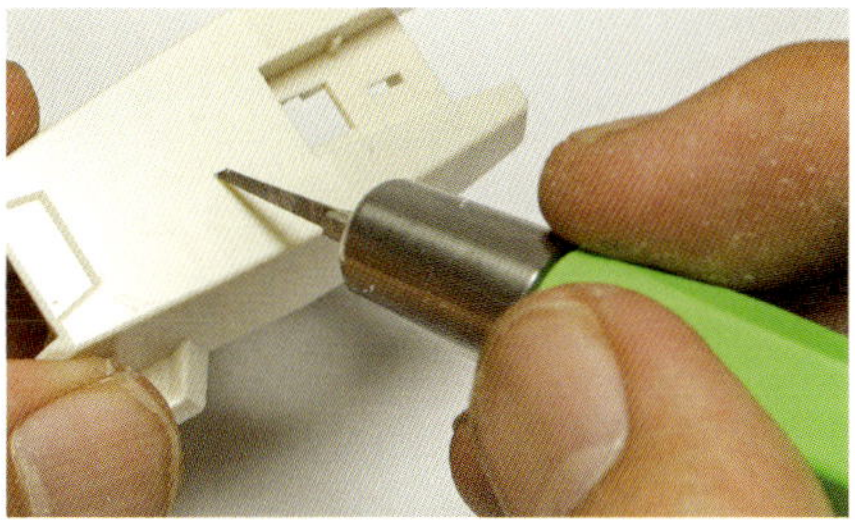

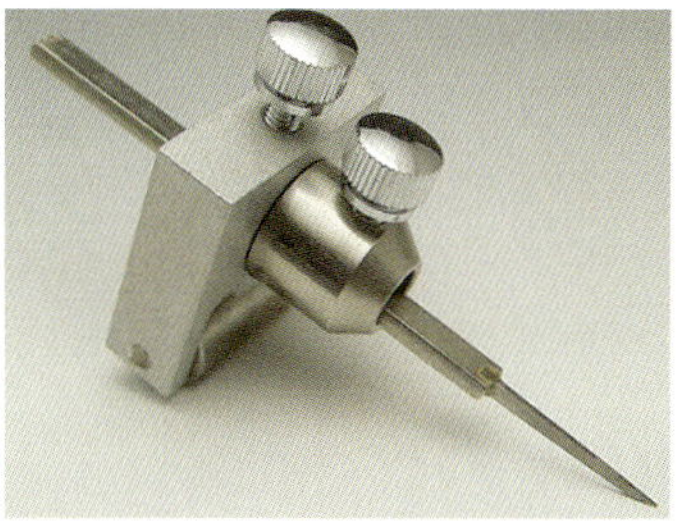

●ホルダーを使ってみた感触としては、「力のコントロールがしやすくなるいっぽうで刃先のコントロール性はやや鈍くなる」という感じ。もちろん慣れもあると思うので、熟練度や場面に応じて使い分けよう

雑誌に作例が掲載されているような熟練モデラーの間でも愛用者が多いスジボリ堂のBMCタガネ。非常に切れ味が鋭く、高い精度のスジ彫りを短い時間で彫ることができる。BMCタガネは、タングステン鋼の刃先を職人が一本一本手作業で研磨していて、一般的に販売されている彫金用タガネのように背に角度がついていないのでスジ彫りが彫りやすくなっている。また、刃先幅が0・075㎜（!）から4㎜まで豊富にラインナップされているので、さまざまなスジ彫りや凹モールド彫りの場面に難なく対応することができる。

さて、ここからが本題。BMCタガネ自体はすでにその性能について広く認知された定番工具となっているのでここで改めてそのよさを強調するまでもないのだが、BMCタガネには専用ホルダーが発売されていることを御存じだろうか？　これはBMCタガネをハメて使う柄で、見た感じは何の変哲もないのだが、実際にハメて使ってみると別の工具かというほど使用感が変わる。実際のところ柄があるほうが削りやすい場合とない方がやりやすい場合があるのだが、そのままだと手になじまないという方や力をかけて彫りたいときなどはこのホルダーがあると使用感を変えることができるので試してみてほしい。ちなみに、このホルダーで筆者がもっとも便利だと思っているのは、じつは削り味ではなくキャップがついているところだったりする。タガネは刃先が鋭くて危ないが、キャップがあれば安心して扱いやすくなるからだ。

48 机と工具と接着剤が合体！なんてことにならないために……

ささいなことのようですが立てて置けると、まあ便利！

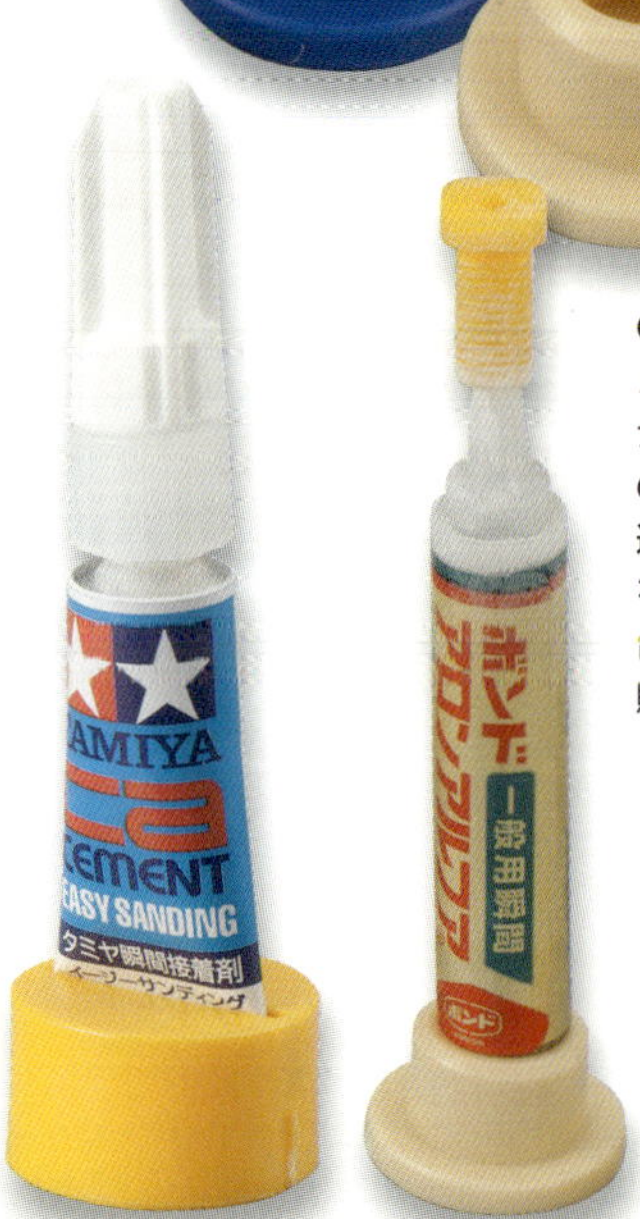

瞬着の足
ロボザムライ　実勢税込324円

●瞬間接着剤はとても便利な代わりに事故もおきやすい接着剤。とくに低粘度の流し込みタイプでは、いつのまにボトルから流れ出ていて……ということがわりと起こる。そこで活躍するのがこの足なのだ

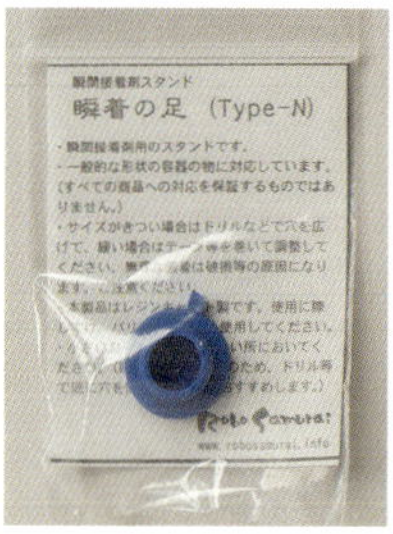

●円筒形のボトル型用とチューブ型用の2種類をラインナップ。いろいろな成型色のものがあるのでお好みで選べる。接着剤により容器をはめてもちょっと緩い場合は、マスキングテープを貼って調整すればよい

瞬間接着剤を使っていたら、いつのまにか接着剤の容器が机や工具と合体していたということがないだろうか？　そこまでいかなくても、置いておいたらノズルの先から接着剤が知らぬ間にタレていたなんてことは結構よくあることだ。そんなあなたのお悩みを解消してくれるのがロボザムライの「瞬着の足」。見たとおり単に瞬間接着剤を立てておくためだけの台なのだが、これがあれば瞬間接着剤の事故を未然に防ぐことができる。とくに危険なのはボトル状のものよりもチューブ状のほうで、直に置いておくといつのまにか上から圧迫されて開けた瞬間に大量に出てきて大惨事、なんてことが起きがち。でも、これで立てておけばそんなことも起きにくくなるぞ。

49 いつもは使わないけれどここぞというときに活躍

こういう専用治具（ジグ）って持っているとなんか安心じゃない？

垂直ドリルガイド
HiQparts　実勢税込750円

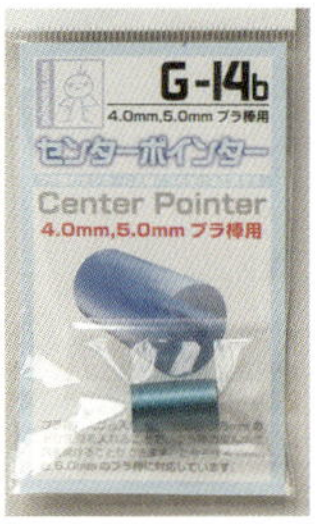

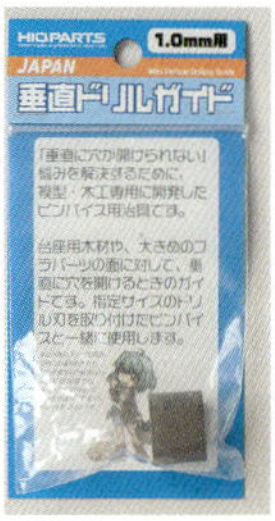

●垂直ドリルガイドは面に垂直に穴を開けるための治具。部材の上に置いて穴にドリル刃をさし込んで使う。写真は1㎜径用だが、このほかに2㎜径用もラインナップされている

センターポインター
ガイアノーツ　実勢税込600円（生産終了市場在庫のみ）

●2、3㎜用と4、5㎜用がラインナップされていて、青いのは4、5㎜用。ふたつの径に対応するため内側が2段になっている

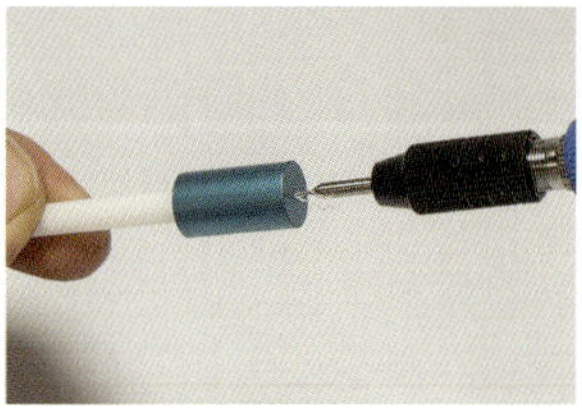

●センターポインターは、プラ丸棒に被せて、断面の中心に穴を開けるためだけの治具。あまりに用途が限定されるがためか生産終了になってしまったので、どうしてもほしいという方はいまのうちに店頭在庫を探すべし！

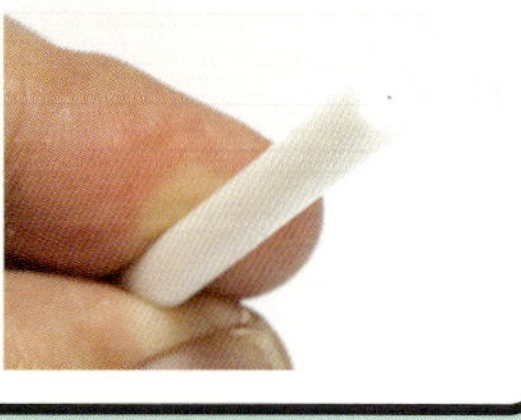

ここで紹介しているふたつの治具（ジグ）は、円の中央や板に垂直といった、特定の条件の穴を開けるためだけのものだ。工具には結構こういうものがあって、「特定の角度に切断するためだけの治具」や、「特定の位置関係に接着するだけの治具」、「特定の特殊ネジを締めたり緩めたりするだけの治具」なんてのもある。ぶっちゃけ実際にはそれほど使用する機会があるわけではなかったりもするのだが、筆者は「スペシャルな専用工具」というところに惹かれ、すぐには使わなさそうな工具こそついつい集めてしまう。とくに「削り出し」の工具とかに弱い……ってもはや工具フェチの領域か？　さておき、このふたつの治具、持っているだけでもなんとなくうれしいのね。

50 丸い穴をどんどん開けられる工具 模型ではどうやって使うと便利？

作業効率と完成度が向上するポンチ……何に使うか知ってます？

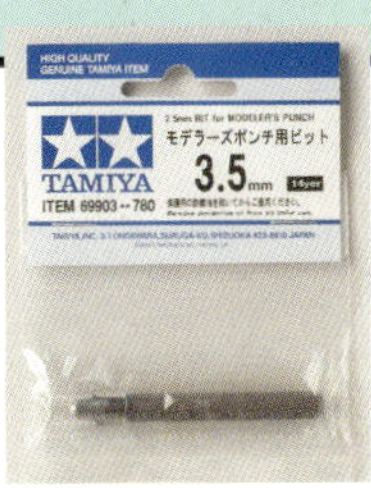

ATTENTION!
模型用に特化した刃先とグリップをセット！

モデラーズポンチ用ビット各種（特別企画品）
タミヤ　各定価税込842円

モデラーズポンチ（2mm・3mm）
タミヤ　定価税込2160円

●モデラーズポンチのセットには、2、3㎜のビット刃と回転式のグリップ、4本まで装着できるビット刃ホルダーが付属。そのほか、特別企画品として、1.5、2.5、3.5㎜のビット刃も単品限定販売されている。刃には丈夫な刃物鋼（クロムモリブデンバナジウム鋼）を使用、模型用ということで刃先が薄くしてあり、切れ味がよい

●刃の横にある穴は切ったものを押し出すためにある。模型工作ユースではこの穴がついていることがとても重要なのだ

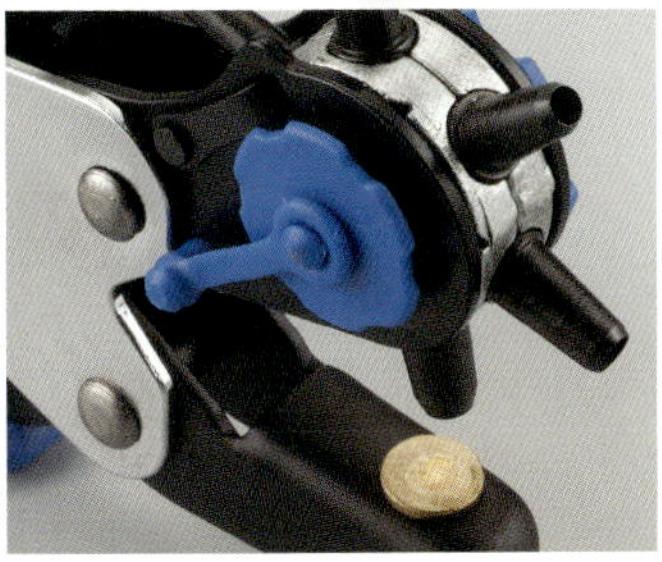

●ウェーブのHGロータリーパンチは、ポンチの刃の部分が一帯の回転式になったもの。2～4.5㎜まで0.5㎜刻みで6本の刃を選んで使えるようになっていて、抜いたものを押し出すために使う金属棒も付属している

HGロータリーパンチ
ウェーブ　実勢税込2400円

みなさまは模型の工作にポンチを使っているだろうか？「ポンチ」は英語だと「punch」＝パンチ、つまり「打ちつける」から転じて、穴を開ける行為や穴を開ける器具を指している。日本語でポンチというと普通は丸い穴を開ける先端が筒状の刃物を指す。一般的には皮の加工や金属の加工時に目印をつけるのに使われている。

では模型の工作ではどんなときにポンチを使うと便利かというと、ディテール工作でプラ板を打ち抜くというようなこともあるが、もっとも便利で使用頻度が高いのが、マスキングテープを円形に切り出したいときだ。別項でサークルカッターを紹介したがサークルカッターは直径4㎜以下の小さい円を切るのは得意ではない。ていねいに作業をしても中心の針が微妙にずれて円周がきれいに繋がらなくなることがあるが、ポンチなら一発できれいに切り出せる。

昔は模型専用として製造販売されているポンチはなかったので、ほかの用途用のポンチを探してくるしかなかった。しかし、ついに数年前タミヤから模型用のポンチが発売された。このタミヤのモデラーズポンチのどのあたりが「模型用」なのかというと、まずは抜いたものを取り出しやすいように刃の内側から貫通した穴が開いているのがポイント。ここに棒を挿し込めばきれいに抜いたものが取り出せる。もうひとつのポイントはワンタッチ装着式の柄だ。マスキングテープを切るときは刃を回転させて切るので、作業しやすいようにドライバーのような形状となっているのだ。

51 パーツの内側のダボを切りたい！そんなときはコレで決まり

ありそうで意外と見あたらない挟み切る先細“エンドニッパー”

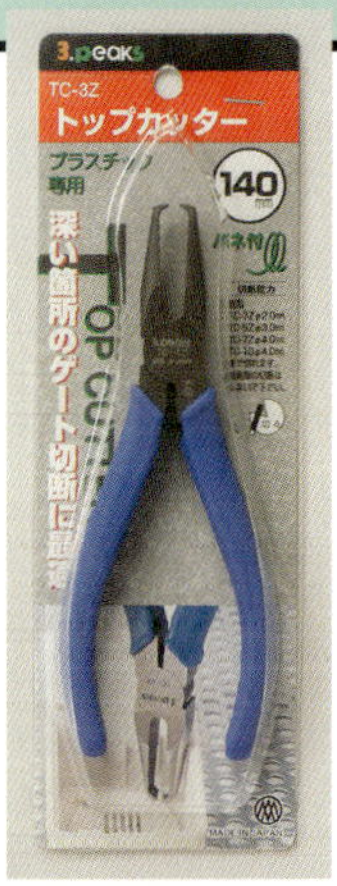

ATTENTION!
「喰切」式なら
奥まったところも
簡単切断

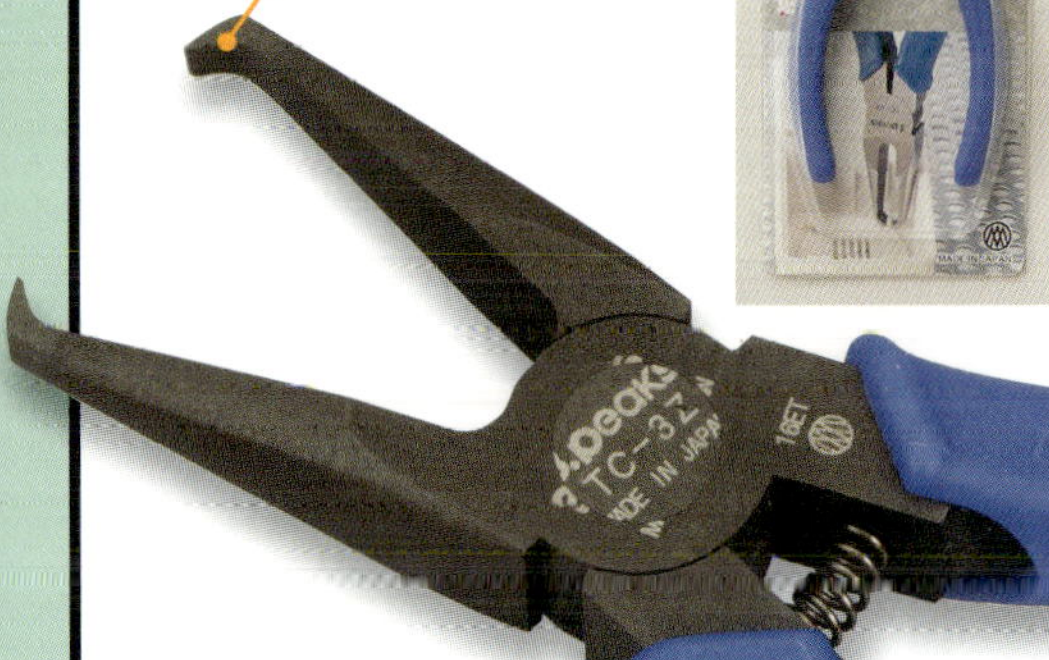

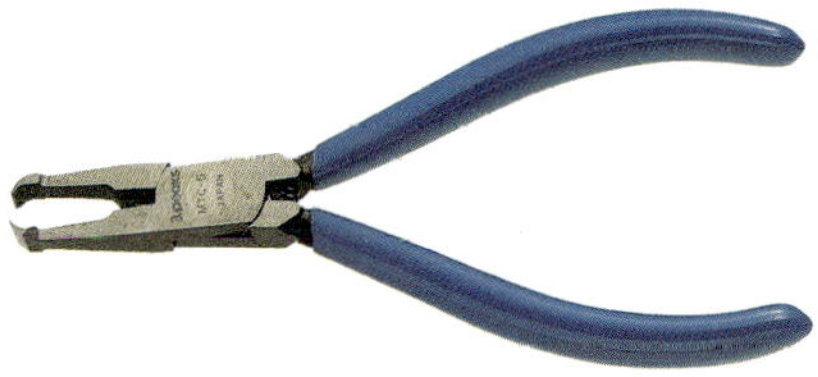

●さらに先端が細いトップカッターミニも販売されているが、ダボをバチバチ切りたい場合は大きめのトップカッターのほうが力を入れやすい

●刃先の合いと切れ味がよく、プラスチックパーツならなんなく切断することが可能。先端面には緩いRがついていて、お椀状パーツの奥のほうにもぴったりと合う

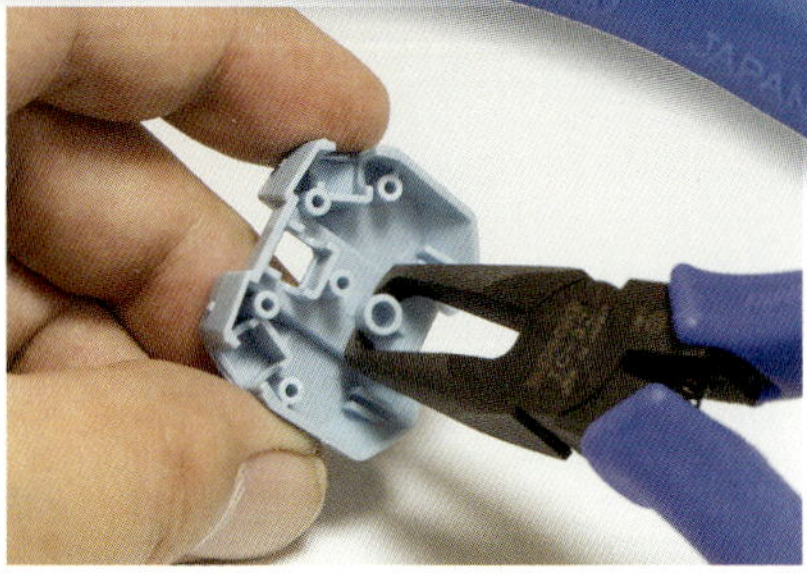

●トップカッターなら、刃をせまく奥まったところに入れられるので、こういったところのダボや肉ヤセ防止の突起物を1発で切り取ることができる。ガンプラの改造工作では非常に重宝しそうだ

トップカッター TC-3Z
スリーピークス技研　実勢税込3000円

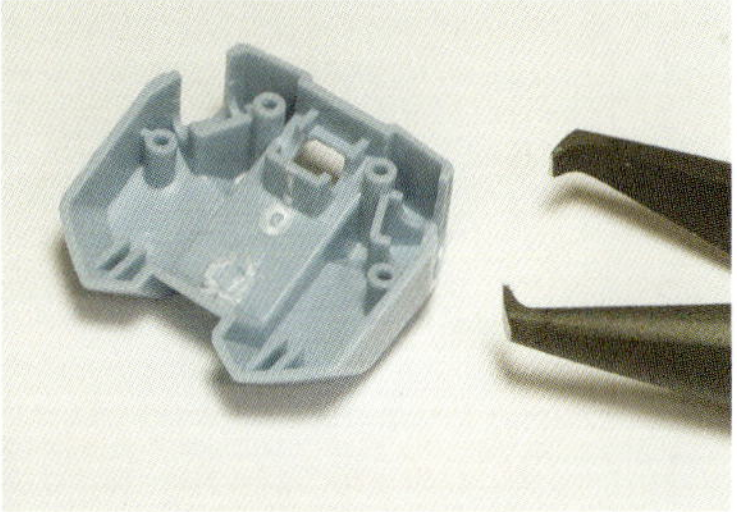

●外に見える箇所でなければまったく問題ないくらいきれいに切り取れた。この間の所要時間は1分足らず。普通の平刃ニッパーとモーターツールで加工するのと比べると格段に楽で早い

「こういうものがあれば便利なのになあ」という工具のひとつに、奥まったところが切れるニッパーというのがある。プラモデルのパーツは、金型で成型する都合上、お椀状や1面が開いた箱状のものがとても多い。そのまま製作するのであればそれで問題はないのだが、改造をするときにはちょっと困ることがある。内側にダボや肉ヤセ防止の出っ張りなどがあってそれを取り除きたいとなると、普通の刃が平たいニッパーだとパーツのなかに刃が入らないのだ。そういうときは、ニッパーの刃先をギリギリさし込んで大ざっぱに切ってから、モーターツールや彫刻刀できれいに削るという手順を踏まなければならなかった。しかし、このトップカッターを使えば一発で奥まったところを切り取ることができる。

こういう先端に刃があって挟んで切る工具を日本では「喰切（くいきり）」、西洋ではエンドニッパーなどという。それ自体は昔からあるいたって一般的な工具のひとつなのだが、DIYショップなどで売っているものは刃幅が1㎝以上あるものばかりで、大きすぎて模型には使えない。しかしこのトップカッターTC-3Zは刃渡りが5㎜くらいなので、プラモデルのパーツの内側を加工するにはうってつけだ。

なお、このトップカッターを製造しているスリーピークス技研はゴッドハンドと同じく鍛冶の町 新潟県三条市に本社を置くペンチの老舗メーカー。プロユース工具を手がける専門メーカーならではの精度が高い作りが抜群の使いやすさを生んでいる。

52 本当にいいピンセットは一回持てばその違いがわかる

「高級なピンセット」は何が違うか御存じですか?

●高品質精密ピンセット代名詞的な存在であったフォンタックス。すでに廃業したがまだ市場在庫があるので、ほしいならいまのうちに探そう

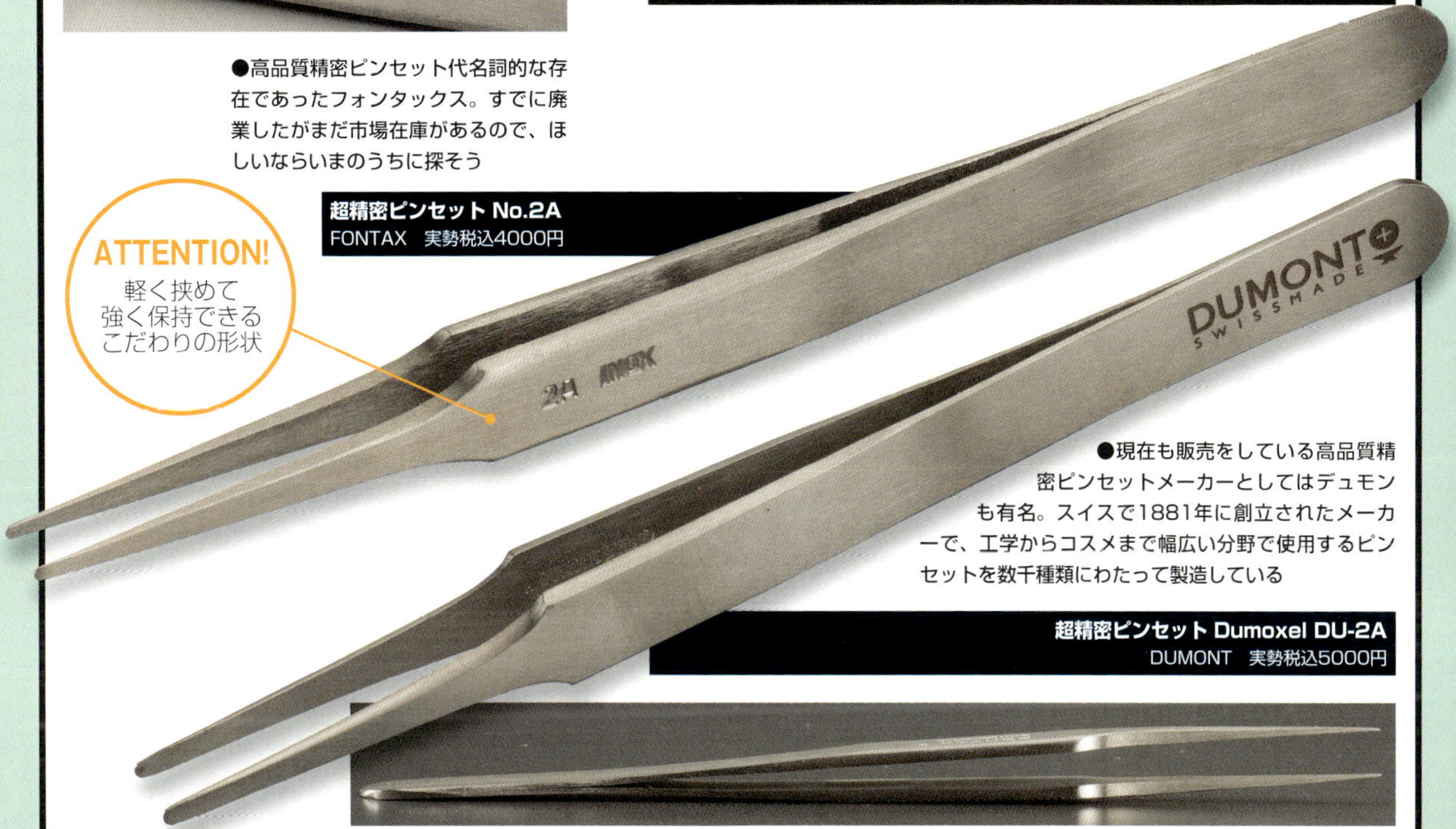

超精密ピンセット No.2A
FONTAX　実勢税込4000円

ATTENTION!
軽く挟めて強く保持できるこだわりの形状

●現在も販売をしている高品質精密ピンセットメーカーとしてはデュモンも有名。スイスで1881年に創立されたメーカーで、工学からコスメまで幅広い分野で使用するピンセットを数千種類にわたって製造している

超精密ピンセット Dumoxel DU-2A
DUMONT　実勢税込5000円

●よいピンセットの持ちやすさと保持力のバランスのヒミツは横から眺めるとわかりやすい。厚いところと薄いところが美しい曲線で繋がるその形状が抜群の持ちやすさを生んでいるのだ

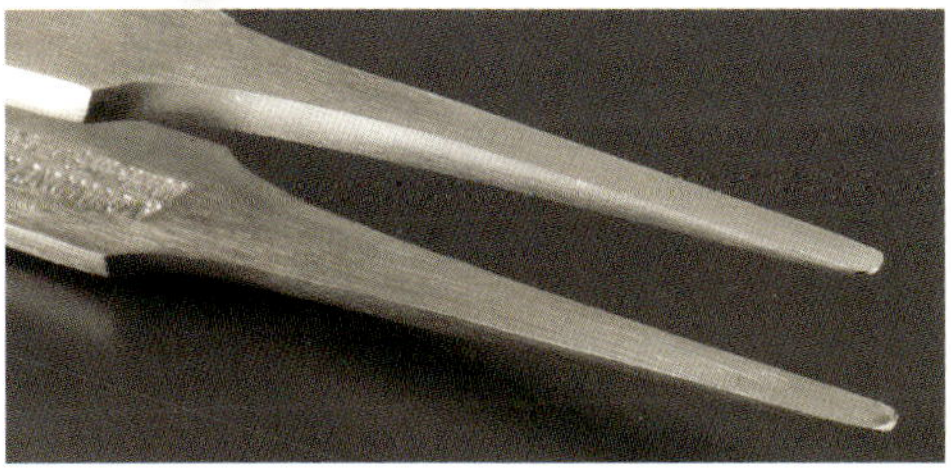

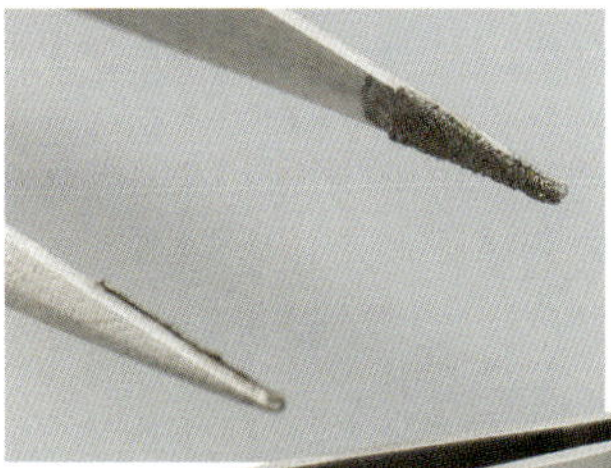

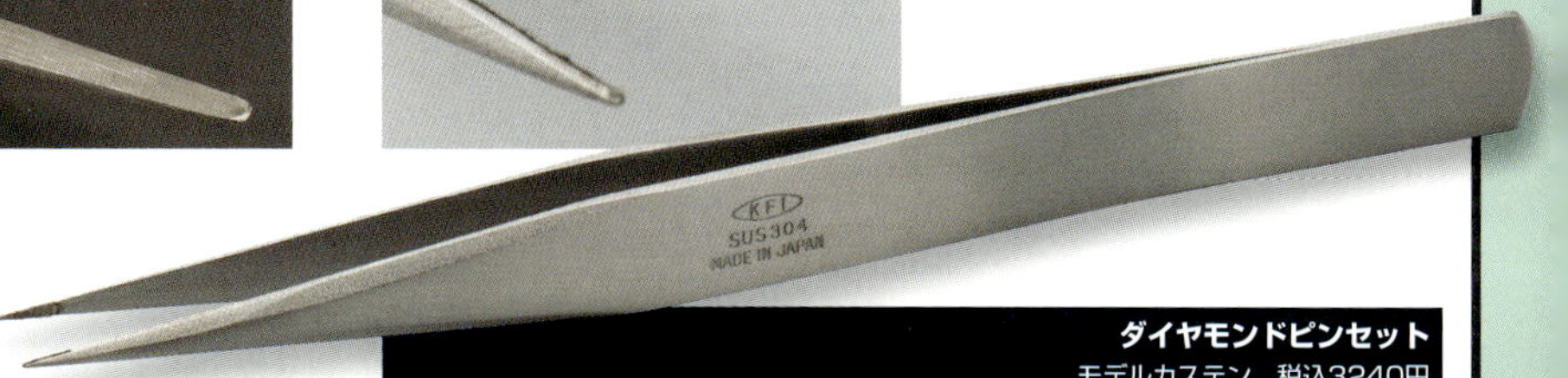

●モデルカステンのダイヤモンドピンセットのベースモデルを製造しているKFI(幸和ピンセット)は中価格帯の優れた製品を多数生産している国産メーカー。筆者も愛用している

ダイヤモンドピンセット
モデルカステン　税込3240円

「ピンセットがピンキリで選べないんですが、5000円くらいの高級ピンセットっていいんですか?」という質問をときおりいただくが、そういうときは「悪いことは言わないので有名メーカーの高級なものを買いましょう。いいものを買えば10年使えます。ただし先端形状は用途に合ったものを選んでね」と答えることにしている。

では、1本3000円以上もする高級なピンセットは何が違うのか。それは剛性感とつまみやすさのバランスだ。高級ピンセットの代名詞といえばスイスのフォンタックス(残念ながら10年に廃業してしまった)だが、ここのピンセットを一回持ってみればその違いは誰にでもわかるほど歴然としている。まず、はさむのにほとんど力が要らない。見た目のしっかり感に反してとても軽くて柔らかなタッチなのである。しかし、パーツをつまんでみると感触が変わる。剛性感があるとてもしっかりした感触になるのだ。ふんわりとしつつしっかりと持てるとでも言えばいいか、器具を介しているのではなく自然に指先が拡張したかような不思議な感覚を覚える。こういうつまみ心地を実現する秘密はその繊細な形体加工にある。よく見るとわかるが、挟む部分の根元は厚く、2枚の板が合わさる部分に向けて薄くなるように形状がコントロールされているのだ。この厚さの変化の具合でピンセットの持ち味は大きく変わってくるが、高級なピンセットはこの厚さの変化が緻密に計算されていて、それが抜群の剛性感とつまみやすさを生むのである。

ナイフ、カッター、ニッパーというような必要な工具を揃えていくと、次にほしくなってくるのがエアブラシやモーターツール。それほど特別な技術がなくてもきれいに塗れるエアブラシは技術に自信がない人ほど持っていたほうがいい工具だが、モーターツールはどうだろう。

モーターツールが主に想定している用途は「塊を削る」作業だ。硬い塊を削っていくような作業はモーターツールがあると作業がはかどる。模型製作でいうと、いちからパテで形を作っていくようなスクラッチビルド工作では、モーターツールがあると作業がしやすい……というよりは、これがないと工作に著しく時間がかかったり思ったとおりの形状に造形することができなかったりしてしまう。

しかし、普通にプラモデルを製作するのであれば、削ってディテールを作らないといけないような作業はほぼでてこない。合わせ目を消す作業にはモーターツールは必要ないし、昨今の出来がよいプラモデルなら自分でディテールを彫る必要があるような箇所はほぼないだろう。となると、プラモデルしか作らない場合はモーターツールはまったく不要、という結論になりそうだがそれがそうでもない。

プラモデル製作でモーターツールがとくに便利なのは穴あけだ。ディテールを削って作っていくようなところはあまりなくても、パーツに穴を開けることは結構よくある。整形の都合で埋まっている穴状のディテールを開口したいとき、アイテムをバリエーション化するために隠し穴がたくさんあるキットを作るとき、接合部を補強するために金属材を入れる穴を開けたいときなど、製作のいろんなシチュエーションで穴あけ工作が必要になってくる。

穴開けは手で回すピンバイスでもできる。ただ、それだと工作に時間がかかるうえにどうしても穴の形が不揃いになりやすい。いっぽうモーターツールで穴開けを行なえばごく短時間でよりきれいな丸い穴を開けることができる。とくに艦船模型でたくさんある舷窓の穴開けをしたいというような場合はそのメリットが顕著になるだろう。手動のピンバイスだと製作に不都合が出るほどのことではないけれど、モーターツールがまったく不要ということではないのだ。

プラモデル製作にモーターツールは必要か、必要じゃないないか？ それが問題だ。

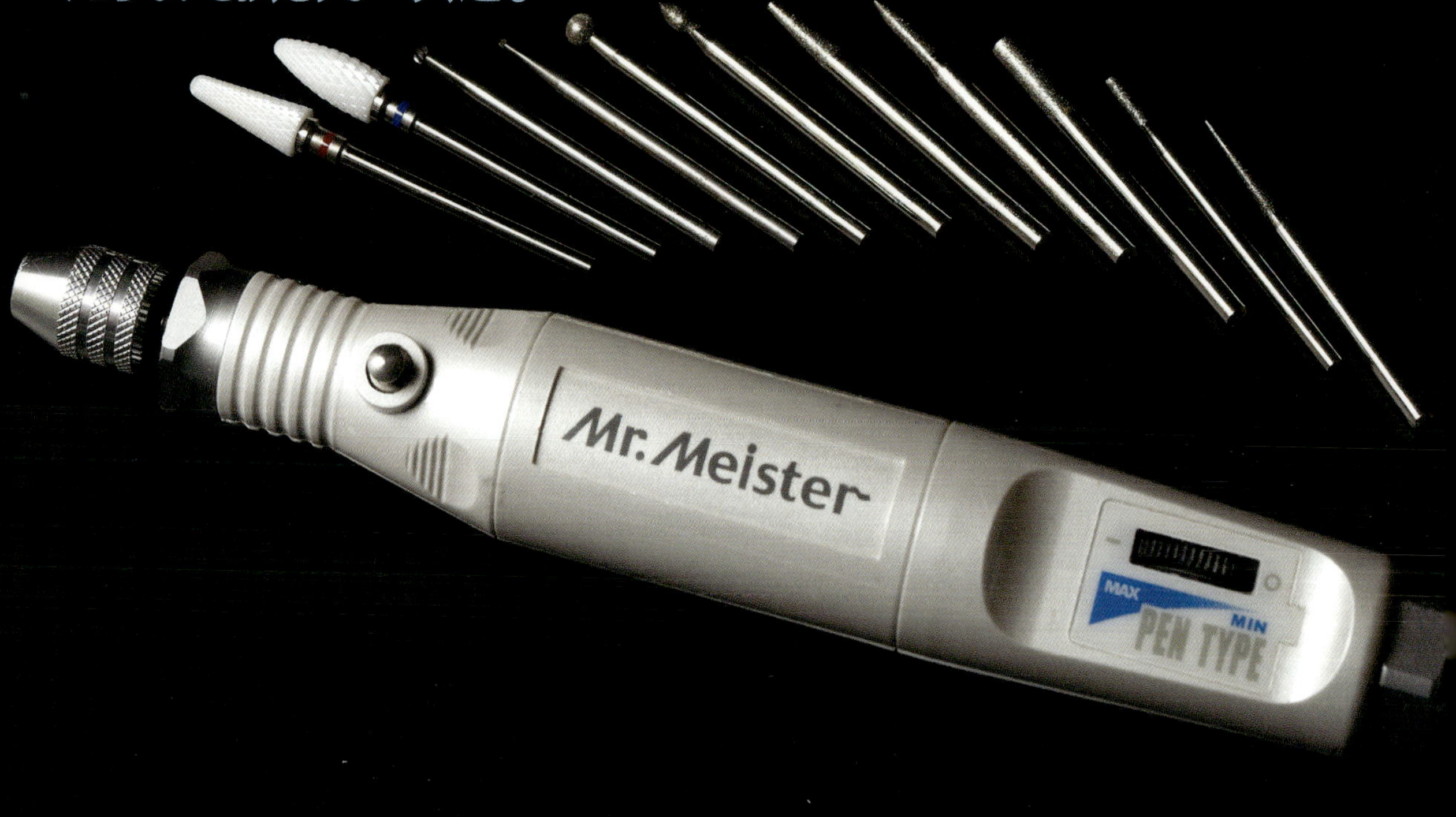

53 気になる刃物工具の使用感を実用レポート！

ダイヤモンドの次に硬いジルコニア製ビットはここがイイ

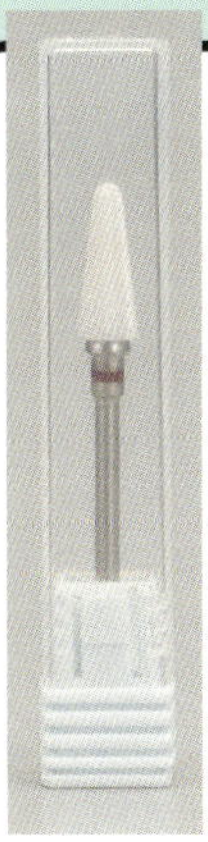

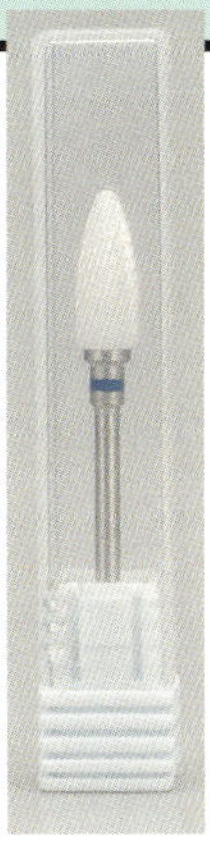

●ジルコニアは硬度が高く熱を発しにくいのが特徴で、回転による熱を持ちやすいモーターツールのビットには最適ともいえる素材。少々高価だが、使用感の違いがたしかに感じられる

ジルコニアロータリーバー各種
WSPTジャパン　各税込2500円～

ATTENTION!
削り粉がたまりにくく熱や錆びに強いジルコニア製刃先

●ジルコニアの先端ビットは大きさや形状、刃の目のこまかさなどいろいろ種類があるので、用途に応じて選ぶようにしよう

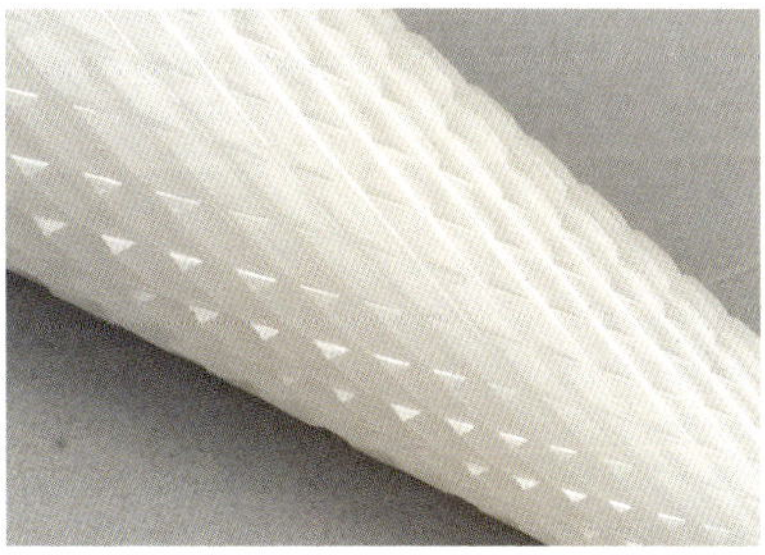

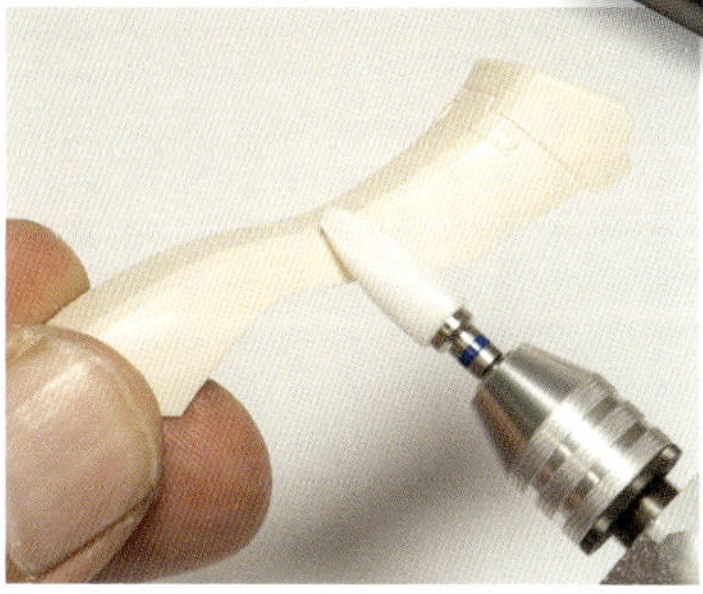

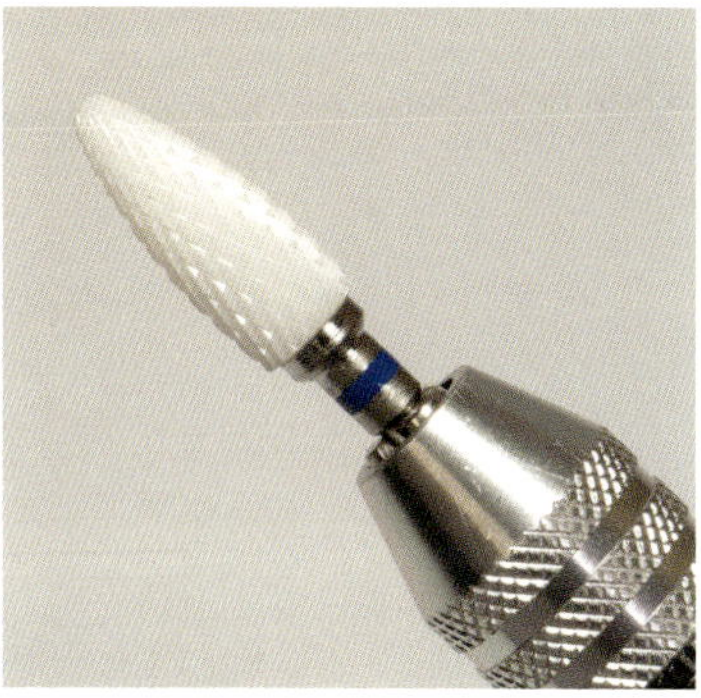

●中目の「スムースカット」を試したが、削れる量と削ったあとの表面の滑らかさのバランスがよい感じだった。削り粉が刃にまとわりつきにくく切削後には簡単に粉の除去ができる。また、まったく熱を発しないわけではないが、回転数をコントロールすればほぼ部材が溶けない

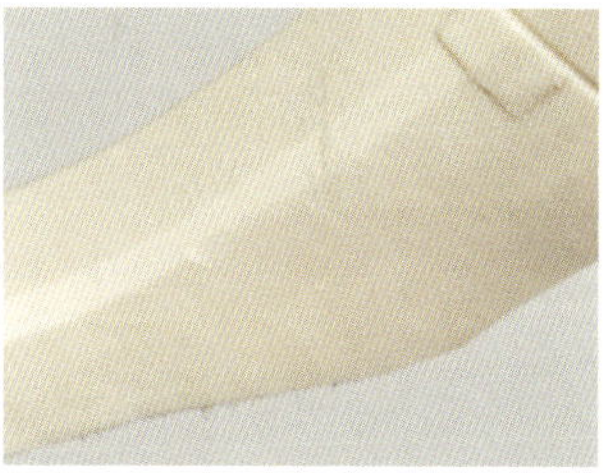

「ジルコニア」とは、二酸化ジルコニウム、つまりジルコニウムの酸化物で、化学式はZrO_2。こう説明するとなにやら難しそうなので、「人工ダイヤモンド」と言ったほうがわかりやすいかもしれない。常温常圧では白い固体状でいわゆるセラミック材の材料となるが、人工ダイヤモンドと呼ばれることから想像できるように非常に硬度が高いのが特徴で、宝飾品としても使われる。このジルコニアを材料としたモーターツールの先端ビットが販売されていて、筆者も以前からその存在自体は知っていた。しかしなかなか高価なものなのでながらく横目に見て見ぬ振りをしてきたのだが、本書を執筆するにあたって意を決して数本購入して試してみることにした。

試してみた感想は「値段だけのことはある」というものだった。まず削り味についてだが、金属製の切れ味がよい刃と比べても遜色なくよく削れ、刃先が適度に部材にくいついていることがはっきりわかる感触も好印象。今回使ってみたものは中目～粗目のビットだが、さらに目がこまかいものにすればかなり滑らかに削れそうである。

さて、ここまでなら金属製ビットでも大差ないので、ここからが重要なポイント。ジルコニアは削っているときに熱を発しにくいので比較的軟質のものを削っても溶けにくいのだ。そのため削りカスが刃にまとわりつきにくく、削っている最中に詰まった削りカスで切れ味が落ちていく感じがない。刃先を掃除するときに簡単に削りカスを取ることができるのはとても便利だった。

54 目的のためだけに研ぎ澄まされた スジ彫り専用目立てヤスリ

片刃、角落とし、低抵抗目立てで めちゃ細いモールドが彫れる！

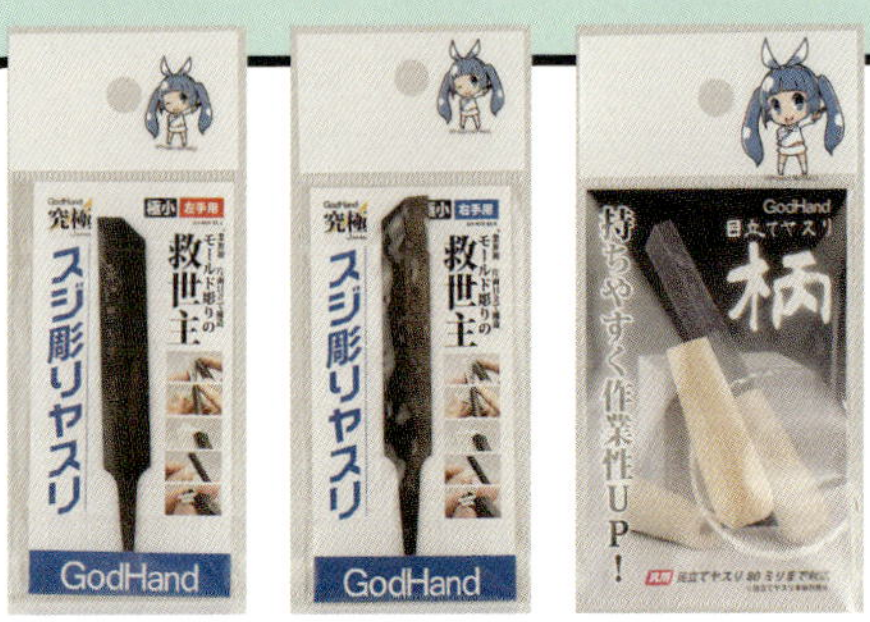

●目立てヤスリは普通柄がない状態で売られていて柄をつけたい場合は自分で見繕って取りつけるが、スジ彫りヤスリ 極小には専用柄が別売されていて、取り付けると持ちやすさが上がる

ATTENTION!
角度が決められる
着脱可能な
専用ガイド付き

目立ヤスリ 柄
ゴッドハンド　実勢税込320円

●スジ彫りヤスリ 極小なら普通の目立てヤスリからは想像がつかないほど細いラインを彫ることも可能。刃の断面が菱形なので、彫り込むことで太く幅広のラインを彫ることもできる。ゴシゴシこすらなくてもスッと軽くなぞるだけで彫れる切れ味のよさだ

スジ彫りヤスリ 極小 右手用
ゴッドハンド　実勢税込4500円

スジ彫りヤスリ 極小 左手用
ゴッドハンド　実勢税込4500円

●スジ彫りヤスリ 極小はスジ彫りのしやすさと彫ったあとがよりキレイになることを最優先しているため、普通の目立てヤスリとは違って左右で目立ての向きが異なる独自の構造となった。そのため、片刃構造のニッパーと同じく左右両手用を別に製品化している。また、先端の角が斜めに落としてあるのもスジ彫りのための工夫で、鈍角の角部分を使うことで曲面や曲線のスジ彫りがしやすくなる

スジ彫りなどの工作に使われる目立てヤスリという薄くて幅広なヤスリがあるが、これは本来ノコギリの目を立てる、つまり刃を研磨するための工具だ。ノコギリの刃のギザギザの奥まで届かせるために断面が細長い菱形になっていて、エッジにも刃がついているのが特徴だ。薄いこととエッジの刃がスジ彫りを彫るのにちょうどよいということでいつのころからか模型製作でも使われるようになった。とはいえもともとは別の用途のヤスリなので、模型のスジ彫り用にを最適化する改良を加えたのがゴッドハンドのスジ彫りヤスリである。

まず一見して違いがわかるのは、普通の目立てヤスリより小さいところと先端の角が斜めに落とされているところ。先端の角を使ってスジ彫りを彫るとき、普通の目立てヤスリでは角が直角なのでひっかかったりやすいのだが、このヤスリは鈍角のところで彫れるので無理な力がかかったりしにくい。抵抗が少ない形状の目立ての効果もあってかなり軽い力で彫れるので、途中でスジ彫りの向きを変えながら彫っていくというようなことも可能だ。さらに、刃が片側しかついていないところもポイント。刃がないところに指を置くことで力の加減や向きのコントロールがしやすくなっているので、かなり細いスジ彫りから太めのスジ彫りまで自由に彫ることができる。ちなみに新品でもちょっと汚れたような感じなのは、目の切れ味を最優先するために仕上げのサンドブラストをしていないからだとか……まさに質実剛健である。

55 ひとコマずつ接着していたらいつのまにか固まっちゃってる!?

連結式履帯をまとめて一気に接着したいときのための専用工具

ATTENTION!
非可動式
連結指揮履帯用
専用治具

トラックメーカー
モデラーズ　実勢税込4800円

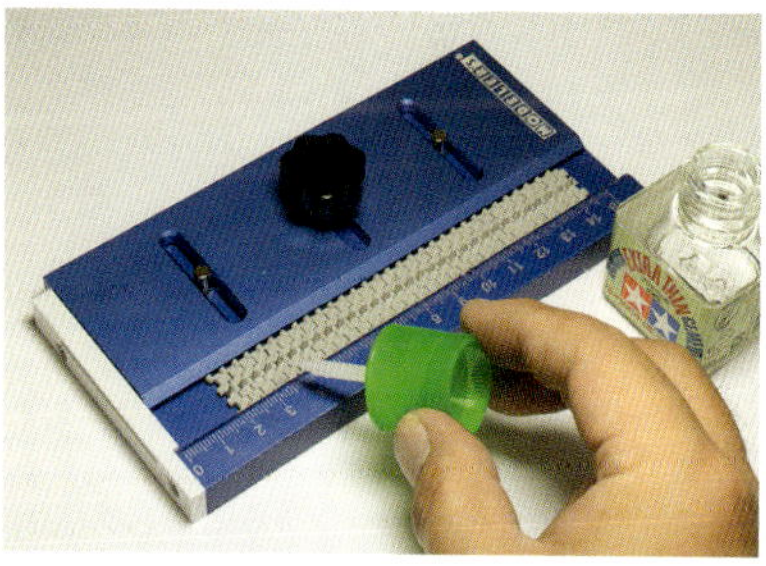

●単にハメ込んで接着するタイプの組み立て式履帯に対応する（モデルカステンの可動履帯には対応しない）。幅を変えられるようになっているので、上記のタイプならほとんどの車種の履帯をハメて接着することができる

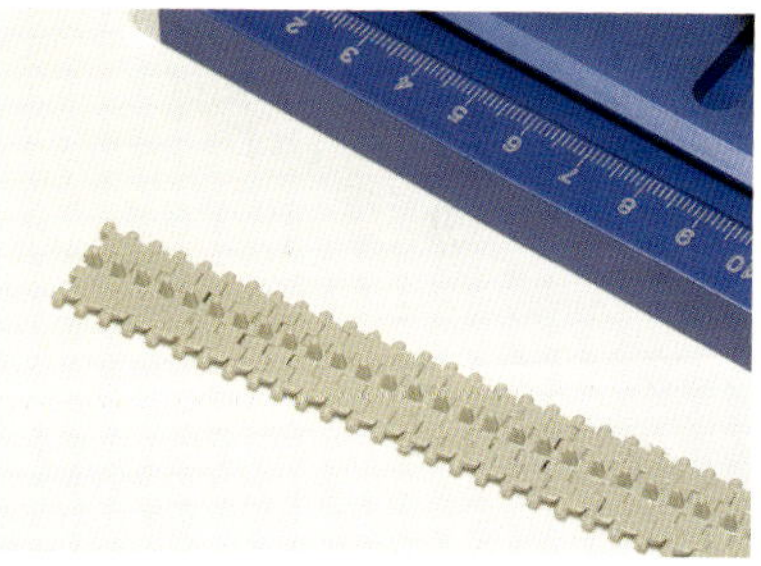

●タスカから限定販売された、モデルカステン製シャーマン用可動式組み立て履帯専用の組み立て治具。実際の組み立てやすさはさておきタスカならではの美しい彫刻の逸品だ。トラックメーカーもそうだが、こういう工具は持っているだけでもなんだか楽しくなるものなのである

戦車模型組み立ての「最大の試練」（いいすぎ?）は履帯（キャタピラ）の組み立て作業。昔の戦車のプラモデルでは一体成型で巻いて留めるだけの軟質樹脂製履帯（ベルト式履帯）が付属していることがほとんどだったが、ある時期以降ディテールの再現度を求めて組み立て式の履帯がセットされることが多くなってきた。1コマずつバラバラの組み立て式履帯は組み上がるとたしかにリアリティーがあり非常に結構なのだが、大型戦車だと片側100コマほどのパーツを組み立てることになる。

モデルカステンの可動式履帯のような接着組み立て可動式のものはむしろわかりやすいのだが、単純に接着剤だけで組み上げるタイプのものは実際に作業しようと思うとちょっと悩んでしまう。なんとなく1コマずつプラスチック用溶剤系接着剤を塗ってはハメ、塗ってはハメというのを繰り返していると、1本組み立てている間に接着剤が乾いて固まってきて本体に巻けなくなってしまうことがあるのだ。「1コマずつハメていたら時間がなくなったから今日はここまで」と途中で止めて置いておくと完全に固まって曲がらなくなってしまう。そこで、接着式組み立て履帯をなるべく一気に手早く組むために作られたのがこのトラックメーカーだ。スライドする凹部に履帯パーツをハメて並べておいてから一気に接着することができる。ちなみに、これで使用する接着剤は乾く速度的にタミヤセメントの流し込み用がオススメ。これなら比較的余裕を持って作業時間が取れる。

56 スミ入れが汚く残ってしまうなら これを使ってみよう！

綿棒よりきれいに拭ける スミ入れ作業の新定番

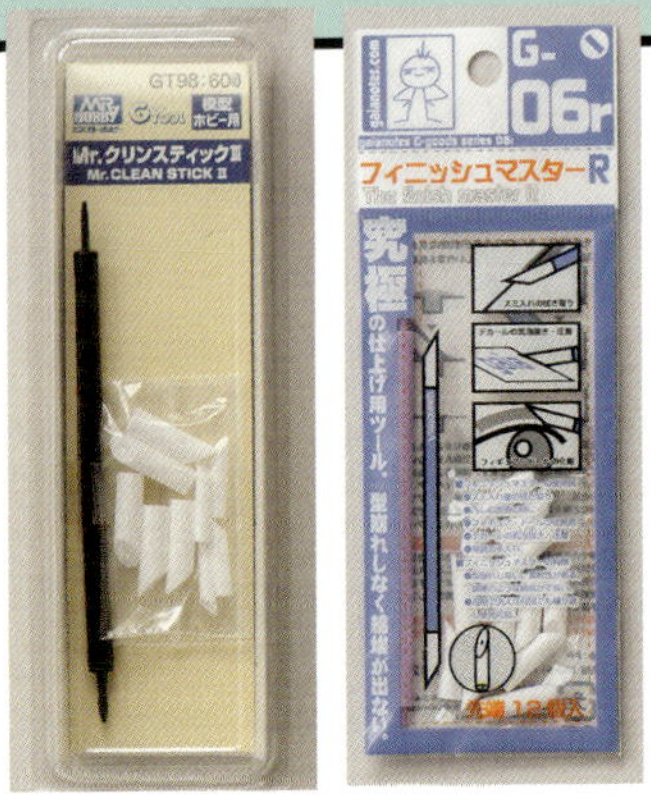

Mr.クリンスティックⅡ
GSI クレオス　実勢税込450円

フィニッシュマスター
ガイアノーツ　実勢税込500円

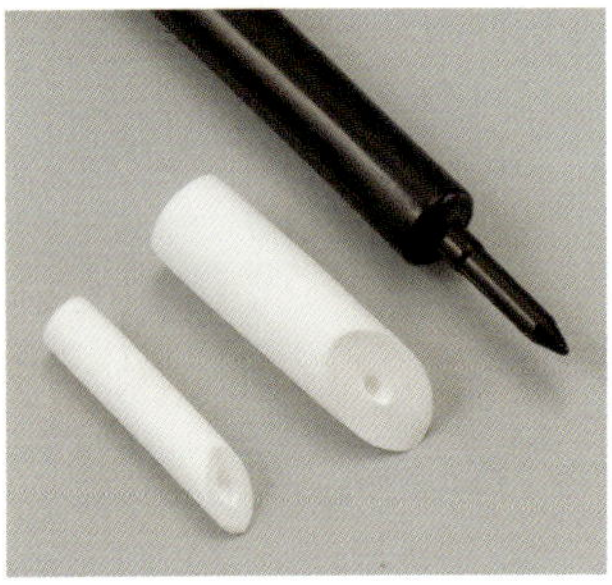

●GSIクレオスのMr.クリンスティックⅡは太い先端と細い先端が両方セットされているので、ひとつ買えば両方を使い分けることができるようになっている

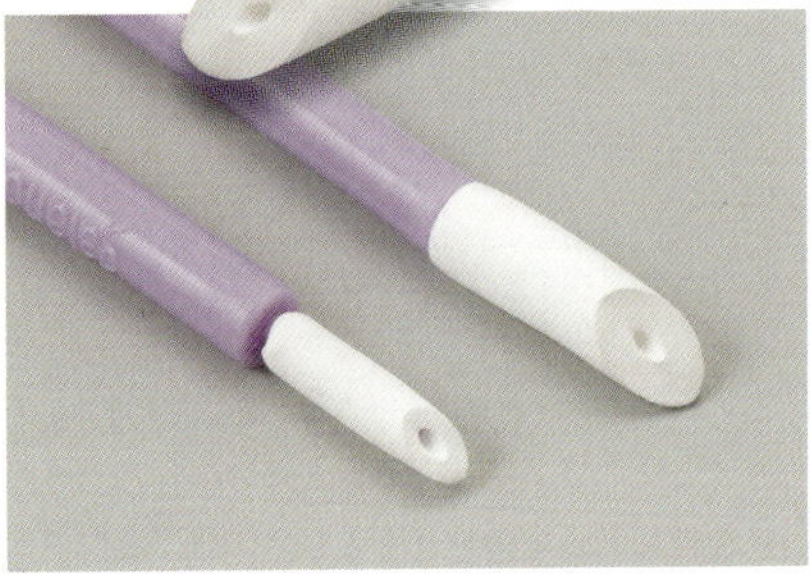

●ガイアノーツのフィニッシュマスターは太い先端と細い先端が別の製品としてラインナップされている。よく使うほうの太さだけ選んで買いたいならこちらがよいだろう

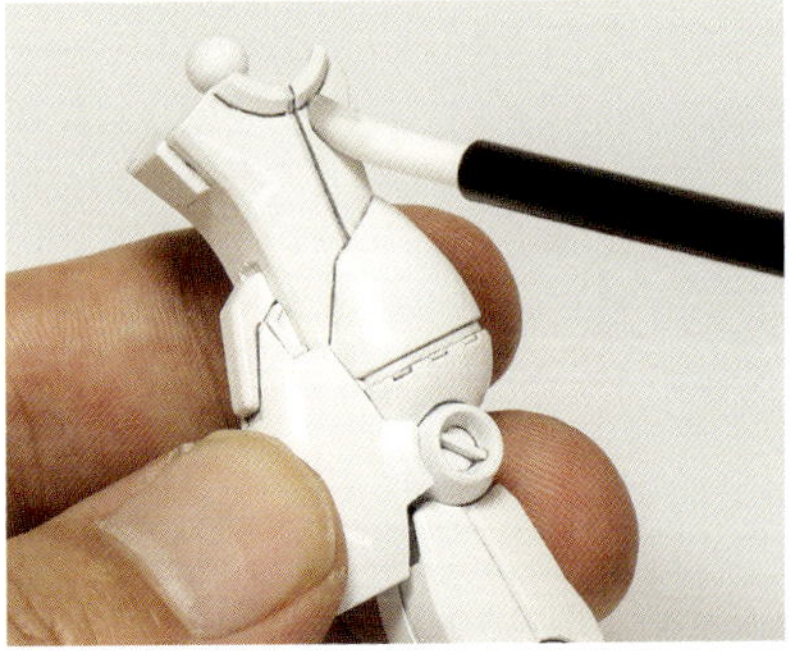

●先端が斜めにカットされているのがミソで、断面を当てれば広く拭き取りができ、先端の角を使えば奥まった狭いところの拭き取りがやりやすくなる。先端は適度な硬さのスポンジでできているので、塗料がしみたら切って使うことや、ナイフなどでパーツに合う形に加工して使うことなども簡単にできる

スミ入れがきれいにできない理由は主にふたつ。ひとつは下地がザラついている場合で、下地に凸凹があると凸凹の奥にスミ入れ塗料がしみて残ってしまうのできれいに拭き取れない。これに対する対処法は、整形→サーフェイサー吹き→基本塗装でなるべく塗面に凸凹ができないようにすることで、いちばん手っ取り早い対処法はピンサーフェイサーを使うことだろう。

そして、もうひとつが拭き取る道具の選択である。一般的にはスミ入れは綿棒で拭き取ることが多いと思うが、きれいにラインだけを残すようなスミ入れをしたい場合、じつは綿棒はあまり向いていない。これは綿棒の種類にもよるが、綿棒はどちらかというと「延ばす」のに向いていて、それほど塗料を吸ってくれないからだ。スジを残すようなウォッシングでは表面に適度に塗料が残ってくれる綿棒が使いやすいが、きれいにラインを残したい場合は凹部以外の塗料はきれいに吸い取ってくれたほうが都合がいい。そこでおすすめなのが、ここで紹介する先端がスポンジのスミ入れ拭き取り用具だ。スポンジは塗料を吸い取る量が多いのでパーツ上に余分なスミ入れ塗料が残りにくくきれいなラインが出せる。もうひとつのポイントは先端形状で、腰があるスポンジを斜めに切った形状になっているので、広いところと奥まったところを1本で使い分けることができる。さらに、スポンジを自分でカットしてパーツに合わせた形状に加工して使うことも可能だ。かなりきれいに拭き取れるので試してみてほしい。

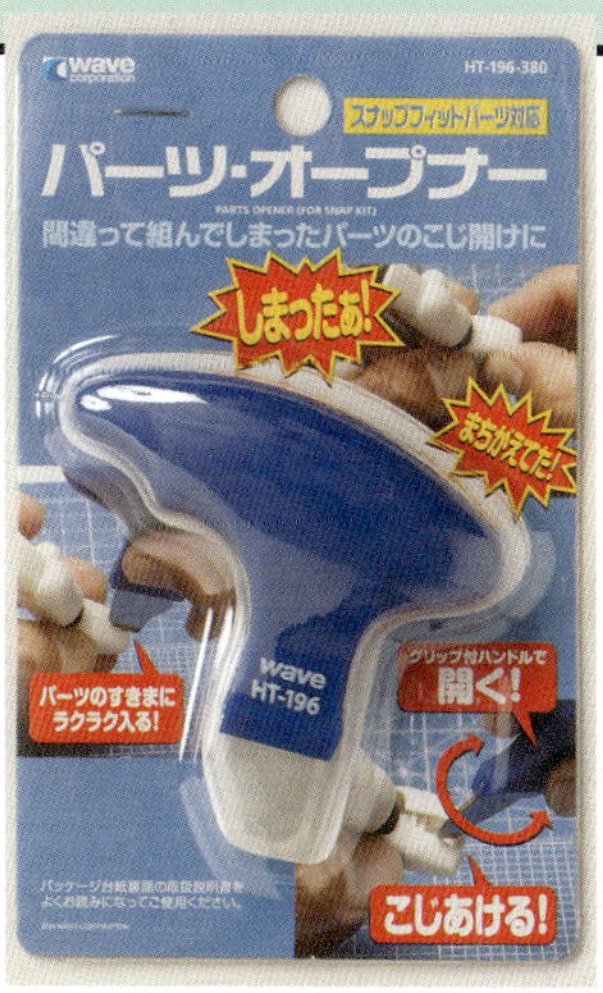

57 スナップフィットキットを作るなら一家に1個のマストツール

「あっ、間違えてハメてた……」そんなときはこれで一発解決

ATTENTION!
大型グリップでガッチリはまったパーツも外せる

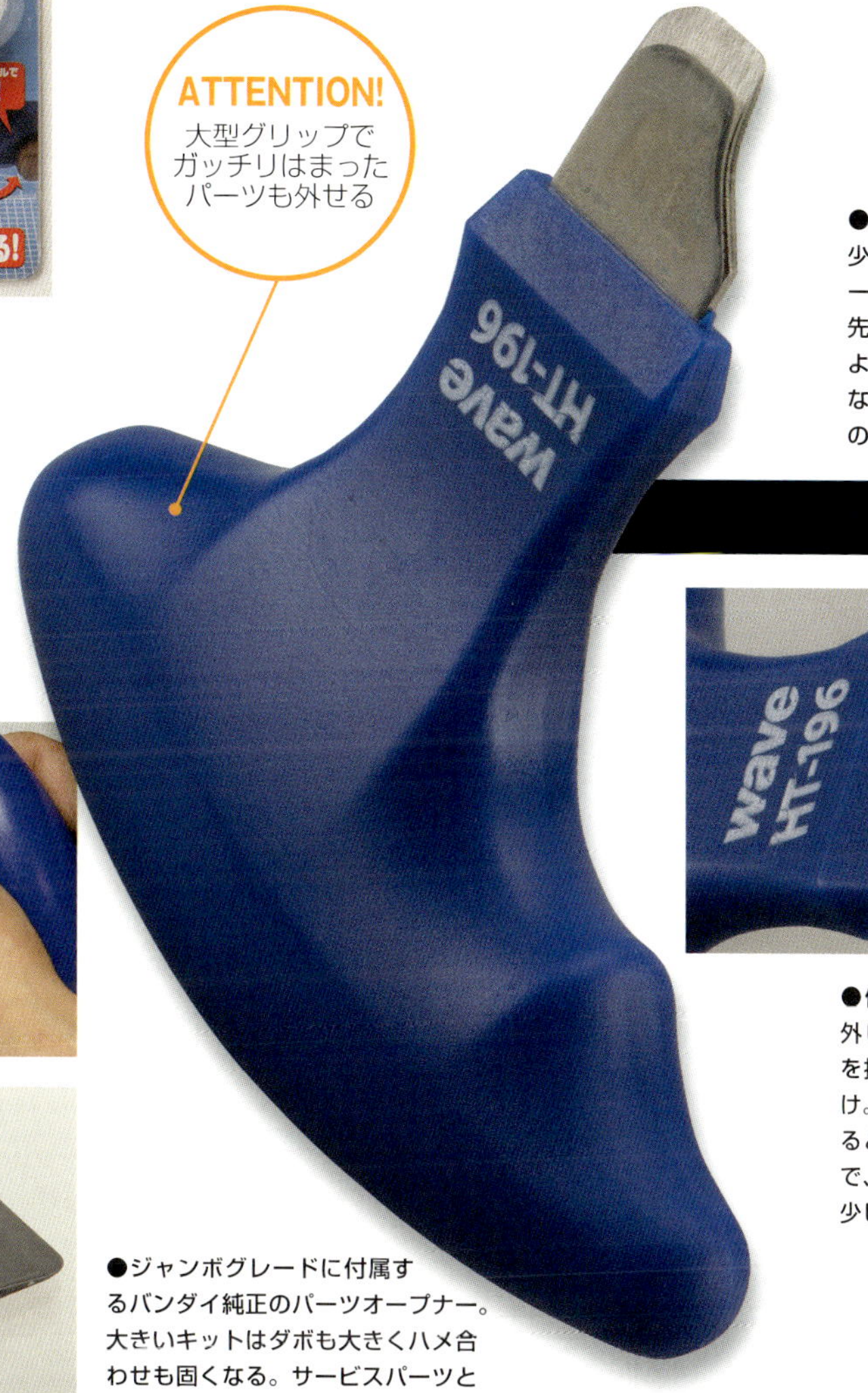

●先端のエッジが丸めてあるので、少々こじるようにして外してもパーツに傷をつけにくくなっている。先端はパーツの隙間に入れやすいよう薄くなっているので、使用しないときに危なくないよう、専用のカバーも付属する

パーツオープナー
ウェーブ　実勢税込570円

●これ一本で小さなフレームパーツから大きな外装パーツまで対応可能。グリップが大きめにしてあってしっかりと握れるので、ハメ合わせがかなり固いパーツでも手を痛めずに外すことができる

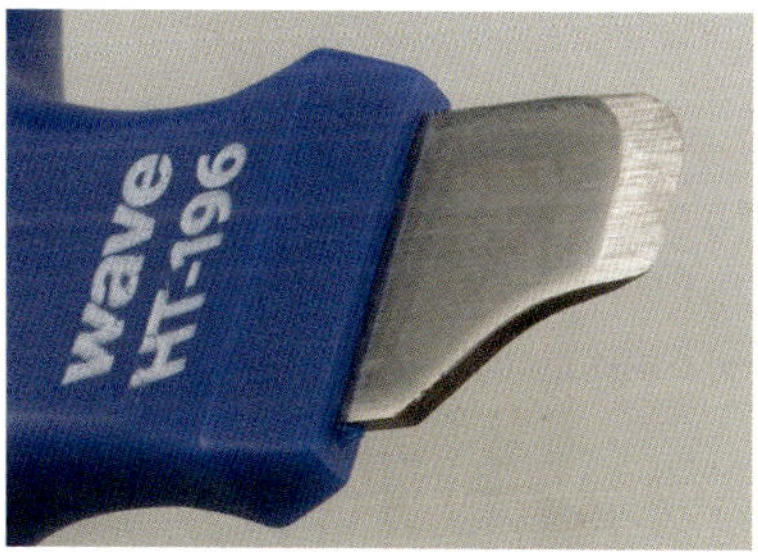

●使い方はいたってシンプルで、外したいパーツ同士の隙間に先端を押し込んで隙間を広げていくだけ。1カ所だけで一気に外そうとするとダボが折れるおそれがあるので、何カ所かに挿し込んでいき、少しずつ外していくようにしよう

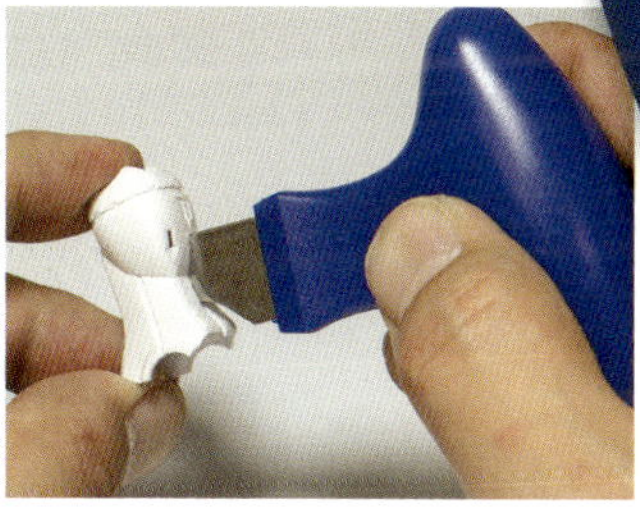

●ジャンボグレードに付属するバンダイ純正のパーツオープナー。大きいキットはダボも大きくハメ合わせも固くなる。サービスパーツとして付属して話題になった

人間は間違いをおかす生き物である。なんだかいきなり哲学的になってしまったが、ぶっちゃけると「スナップフィットのガンプラを組み立てているとつい間違えてハメてしまうよね」という話だ。

あらかじめ断っておくが、ガンプラが悪いとか不親切ということではまったくない。とくに近年のガンプラは、左右や上下を間違えてハメてしまわないようにダボの形状に工夫をこらし、組み立て説明書でも間違えやすい場所にはわかりやすくていねいな注意喚起がなされている。それでも……間違えてしまうのね。以前に何回か組んだことがあるキットであっても間違えるときは間違える。人間なんてそんなものなのだ（もしかして筆者だけ？:）。そして、そこで大活躍するのが、このパーツオープナー。

原理はいたって単純。刃先を間違えてハメてしまったところに挿し込んで、少しずつ力を加えてこじ開けて外す。とくに近年のガンプラは、非常に精度が高く組みやすくて完成後の剛性も高いが、そのぶんハメ合わせのダボは固めで、手で外していると指先が痛くなってしまったり、そもそも外せなかったりするが、これを使えば指を痛めることなくあっさり外せる。筆者は子供とガンプラを一緒に作ることがあるが、ほっておくと2分おきくらいに「間違えたからはずして〜」というハメになる。しかしこれを使えば子供の力でも自分で外して直すことができる。ただし、先端が結構鋭利なので、使用の際には充分注意し、使用後はキャップをするのを忘れずに。

58 両面テープといえば“ナイスタック”よく使うのは赤白青のアレですが……

定番両面テープ、こんなに種類があるって知ってたかな?

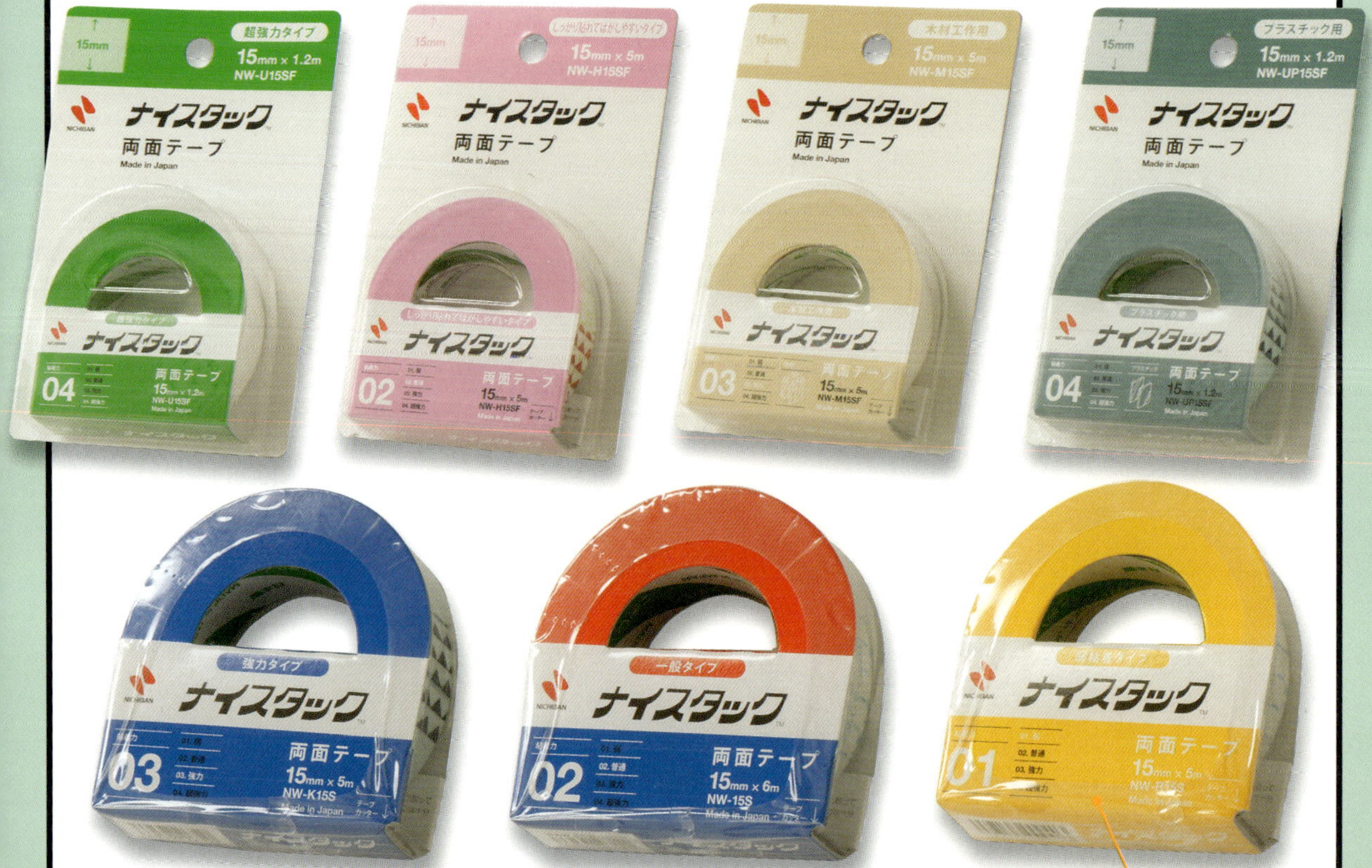

両面テープ ナイスタック 各種
ニチバン　実勢税込各240円

ATTENTION!
じつはこんなに
種類がたくさん!!
用途で使い分けよう

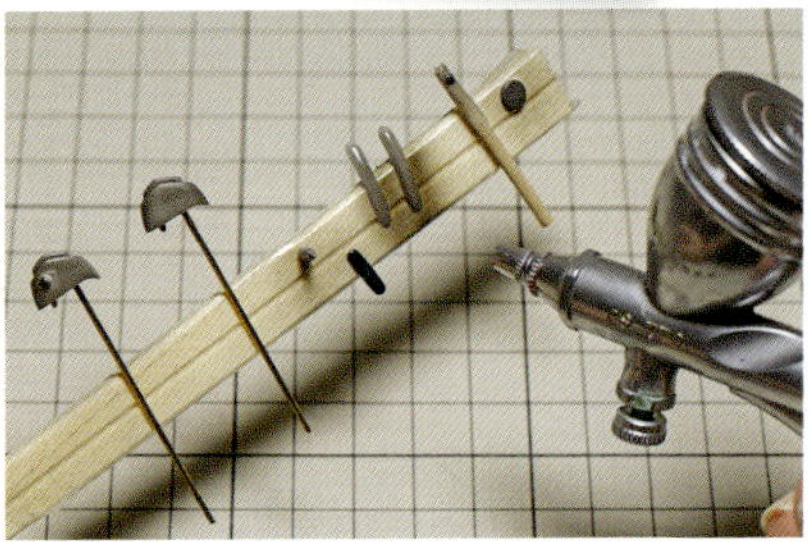

●持ち手をつけにくい小パーツや板状のパーツの塗装をするときに活躍するのが両面テープ。こういうときはそこそこの粘着力で剥がしやすい「通常タイプ」が活躍する。そのほか、あてヤスリで板にヤスリを貼るときや、カーモデルのウインドウパーツのように接着剤をあまり使いたくないところの固定など、両面テープの用途はアイディア次第で無限大だ

模型製作では結構両面テープを使う。たとえばエアブラシ塗装のときにパーツを持ち手に貼りつけたり、あてヤスリの板に紙ヤスリを貼り付けたり、接着剤を使いたくないパーツを貼りつけるのに使ったり、仮組みのときのパーツ固定に使ったりと用途はさまざま。そこでよく使われるのが定番「ナイスタック」の一般用、赤白青のパッケージのものだろう。たいていの文房具屋やコンビニで売っているので入手しやすく、ほどほどの粘着力で貼り剥がしがしやすい。塗装時にパーツを貼りつけるときなどはあまり粘着力が強いと塗膜が剥がれたりするし、紙ヤスリを貼りつけたときもあまり粘着力が強いと交換で剥がすときに難儀する。ナイスタック一般用は、そのほどよい粘着力が使いやすいポイントだ。

さてこのナイスタック、ちょっと大きな文房具屋の両面テープコーナーに行ったりネットショップで検索してみると一般用のほかにとてもたくさんの種類があることを御存じだろうか? 「弱」「普通」「強力」「超強力」のほか、「プラスチック用」、「木材工作用」、「しっかり貼れてはがしやすいタイプ」なんてのもある。両面テープといってもなかには接着剤以上に強力にくっつけられるものもあるので、アイディアと粘着力の選択次第ではそれまで以上にいろいろな使い方ができるだろう。持っていると模型製作で便利そうなのは弱粘タイプ。塗装時に塗膜ごと剥がれてしまうリスクを減らせたり、あてヤスリでの紙ヤスリ貼り替えの手間を軽減することができそうだ。

59 狭いところもなんのその奥まで届く模型用綿棒

パーツ形状に合わせて使い分ければ完成度アップ

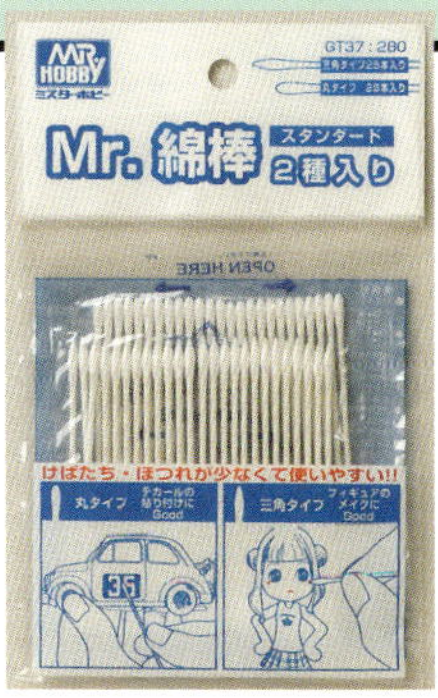

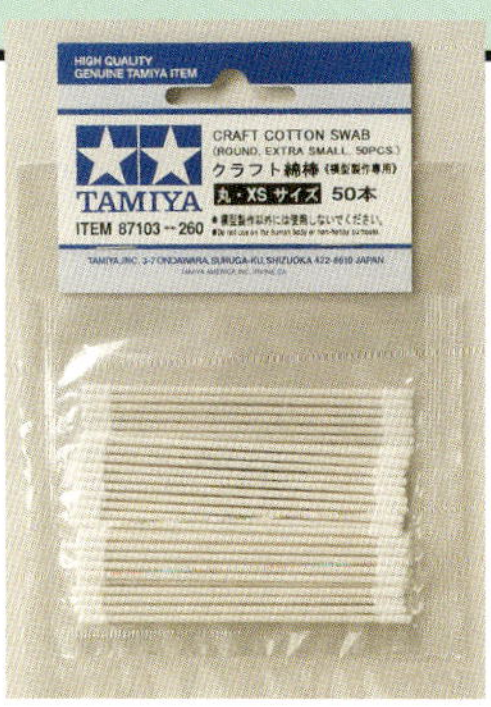

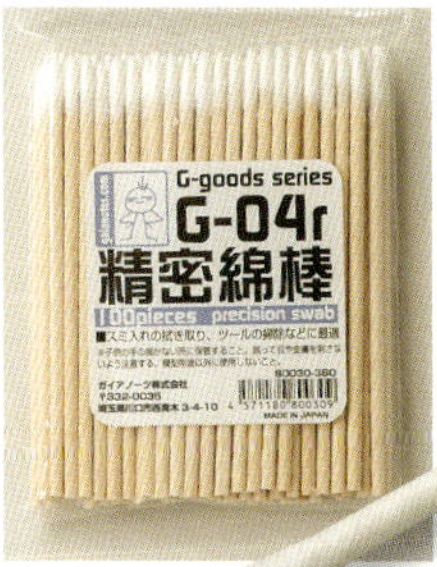

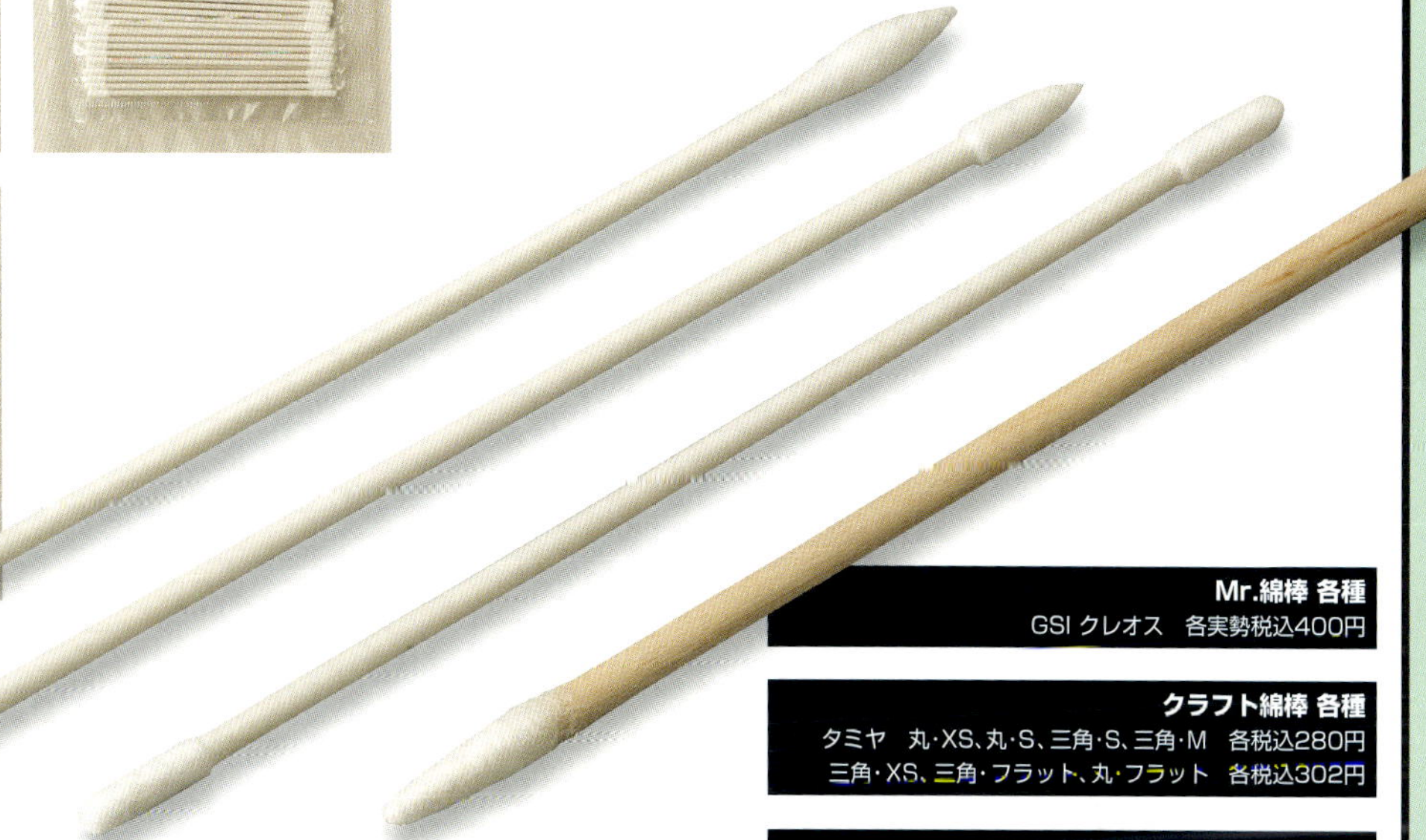

Mr.綿棒 各種
GSIクレオス　各実勢税込400円

クラフト綿棒 各種
タミヤ　丸・XS、丸・S、三角・S、三角・M　各税込280円
三角・XS、三角・フラット、丸・フラット　各税込302円

精密綿棒 各種
ガイアノーツ　各実勢税込300円

ATTENTION!
模型用先細形状で細部もきれいに拭き取れる

●普通の綿棒と並べて見ればその大きさの差は一目瞭然で、模型用綿棒は細い先端を活かした使い方ができるのがポイント。製品によって太さや先端形状、巻かれた綿の量に違いがあるので、場面に応じて各種取り揃えておいて使い分けるのがオススメだ。とくに先端が尖ったタイプは拭き取りで威力を発揮する

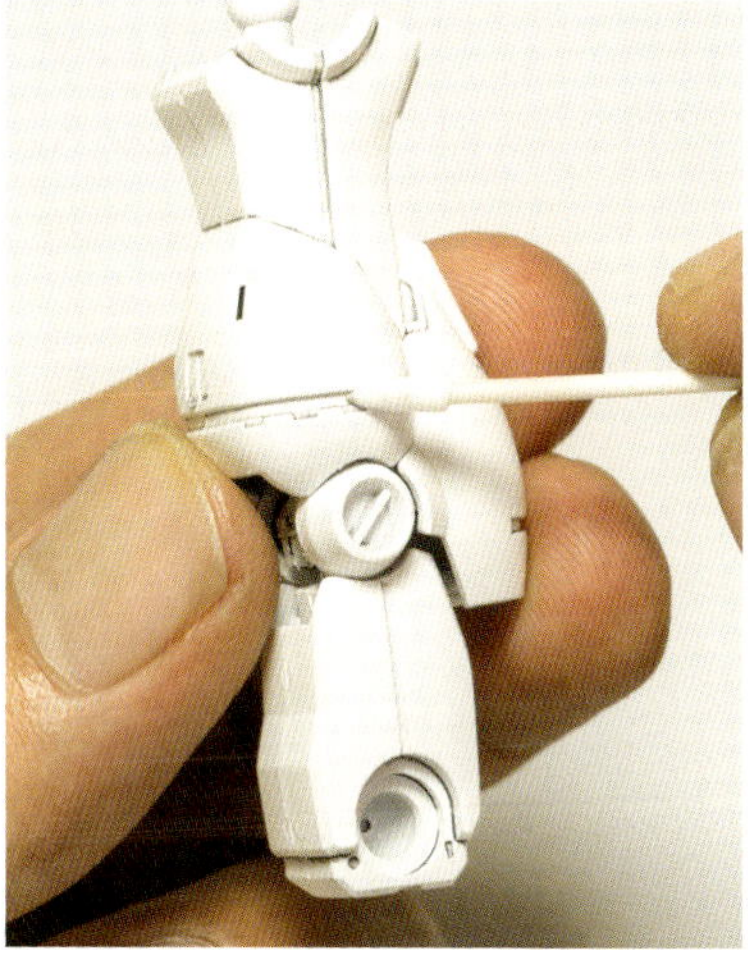

●模型用の細いものなら、通常の綿棒では拭き取れないような狭いところや奥まったところもなんなく拭き取ることができる。スミ入れが汚く見えるのはスミ入れ塗料が残ってしまうからなので、模型用面棒を使って拭き残しを減らせば、完成品がもっときれいに見えるようになる

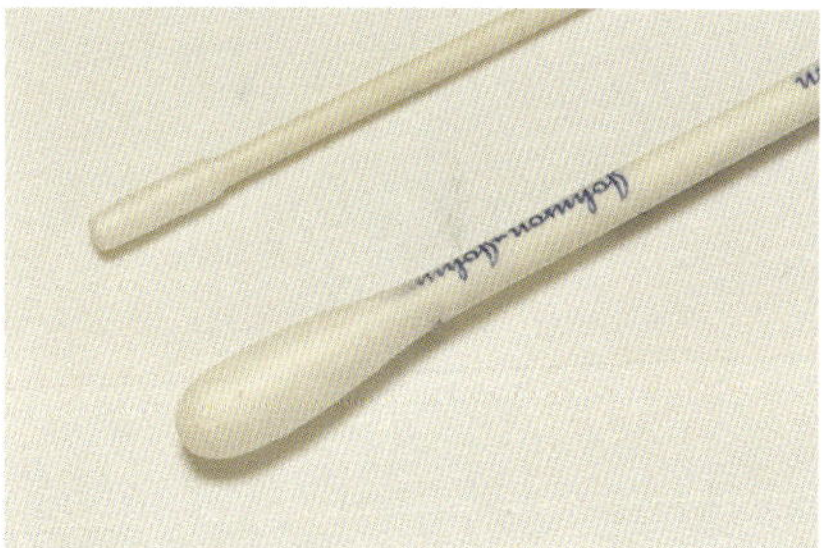

別項で「スミ入れをきれいに仕上げたいならば、拭き取りが重要」ということを書いた。そちらでは先端がスポンジの拭き取りツールをオススメしているが、場所によってもっと便利に使うことができるのがここで紹介する模型用綿棒各種だ。

普通に売られている綿棒は医療やお化粧、体のケアなどに使うことを想定しているので用途からおよその大きさと形状が決まっていて、長さ8㎝、軸径2㎜、先端径5㎜程度が一般的。しかし、模型のパーツ表面にはいろいろな形状のところがあって、細い凹溝や奥まったところが結構ある。そしてスミ入れで塗料を流し込むのはだいたいこういったところなわけだが、一般的な形状の綿棒だと先端が太すぎて狙ったところに届かずうまく拭き取れないことがある。そういうとき、以前なら赤ちゃん用の細い綿棒、いわゆるベビー綿棒を使うのが一般的なテクニックだったが、近年は模型用に細い綿棒が市販されているので、これを使うときれいに拭き取りやすくなる。

模型用綿棒がよいのは、単に細いというところだけではない。基本的に人体に使用することが想定された普通の綿棒は先端が丸い形状になっているが、模型用綿棒ではそういう制約はないので、いろいろな先端形状のものがラインナップされている。とくに奥まったところは先端が尖ったもの、凹部の奥の細くて平らな面なら円柱状の先端のもの、というふうに使い分けることができ、作業性がよいうえにきれいに仕上げることができるようになっている。

60 ナイスアイディア商品！ でもモデラーには別の用途で超便利

テスト塗りやカラーチップ作成に便利な“お風呂で使える単語帳”

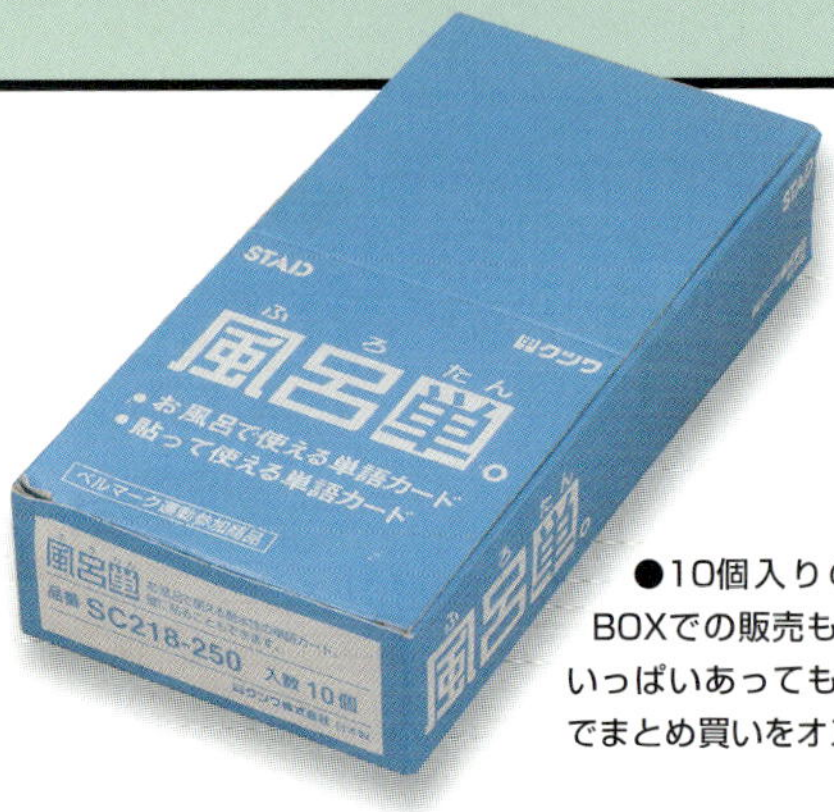

●10個入りのアソートBOXでの販売もされている。いっぱいあっても困らないのでまとめ買いをオススメ

ATTENTION!
塗装してもしみないプラペーパーのような素材

単語カード 風呂単
クツワ　実勢税込350円

●たしかに入浴中はリラックスして集中できるのでナイスアイディア商品！　本来の用途は受験生などが英語の単語を覚えたりするのに使うためのものだが、モデラーからすれば「細切れのプラペーペーの大量セット」。こんな便利なものはない。ツヤ感もちょうどいいので、試し吹きやカラーチップ製作にはもってこいだ。プラペーパーの代わりに工作に使ってもよいだろう

どうすればエアブラシ塗装がうまくできるかについては、これまでいろいろなメディアで説明がされ続けてきた。塗料の薄め具合はどうするか、エアー圧はどれくらいが最適か、ハンドピースの選択はどうするか……などなど。もちろんこれらの知識は前提として大切なんだけれど、実際に塗装するときにもっとも重要で、なおかつそれをするだけでうまく吹けるようになるコツがある。それは「試し吹き」をすることだ。

とてもあたりまえのことなんだけれど、パーツに塗料を吹きつける前に一度何かに試し吹きをしてみれば、塗料の薄め具合や、エアー圧は適正か、思った太さに吹くためにニードルの位置は適正か、色味は思ったとおりか、といったことが一発で把握できる。とくに重要なのは吹いたときのツヤの感じの把握。液体の塗料状態では塗装後のツヤ感が把握しづらいが、一回吹きつけてみればツヤ感が把握でき、思った感じでなければ本塗装に入る前に調整することができる。そうやってツヤ感がきちんとコントロールされた完成品は、見映えやリアリティーが圧倒的に高くなる。

ここで問題なのが、何に試し吹きするか。普通紙のようにツヤがなく染みこみやすい素材ではパーツに塗ったときの感じがつかめない。しかし、いちいちプラ板に試し塗りをしていては結構費用がかかる。そこで登場するのがこの風呂単。お風呂で使えるようにプラペーパーのような素材でできていて、価格も1枚あたり数円。これで試し吹きがぐっとやりやすくなるはずだ。

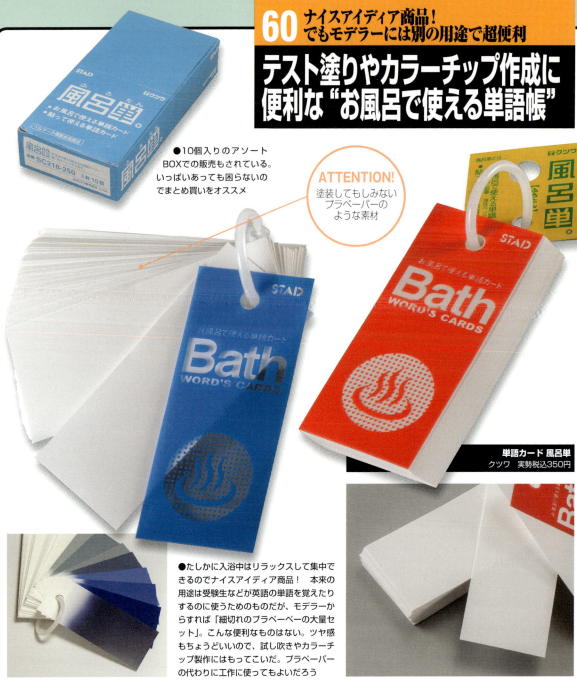

61 持ちにくいパーツをしっかり持つためだけのスペシャル工具

模型の作業は、パーツを保持できないとはじまらない

ワークホルダー 小 スタンドなし
グリーンスタッフワールド　実勢税込3800円

ATTENTION!
先端の棒で挟んでも広げても保持可能

●グリップ式のものとスタンド式のものがあるので、使い方に応じて選ぶかいっそ両方買って使い分けよう。付属のリングは使い道がいまひとつ判然としないが、おそらく使用しないときに保持棒が抜けて紛失するのを避けるためのストッパーと思われる

スタンド付きワークホルダー
グリーンスタッフワールド　実勢税込3800円

●机に固定するためのネジやヘックスレンチ、パーツ表面を保護するゴムなどが付属

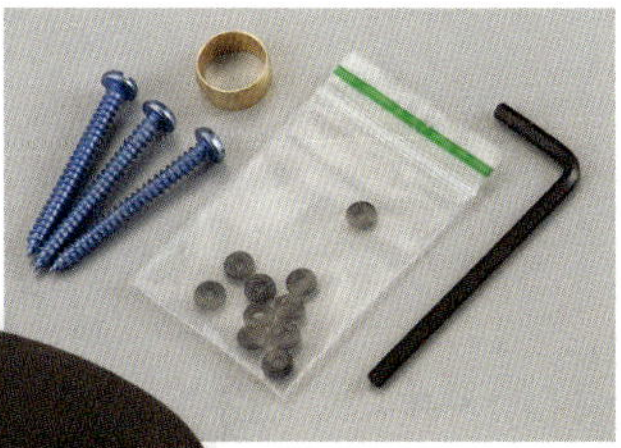

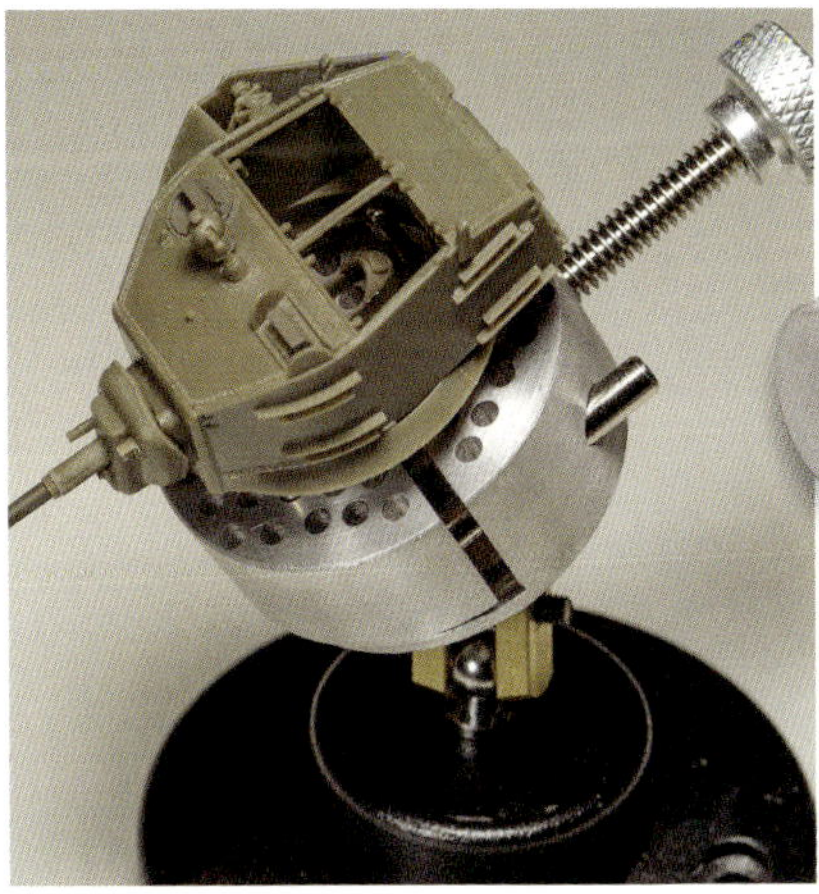

●戦車の砲塔のように挟むところがほとんどないパーツでもなんなく保持。保持のために軸穴を開けたりしなくていいのがポイントだ。固定した状態で置いて工作すると、パーツがブレず思いのほか作業がしやすい

ヤスったり削ったりするときも筆で色を塗るときもまったく同じだが、工作や塗装をするときは、いかにパーツを無理なくしっかりと保持できているかがとても重要である。いくら刃物や筆先の扱いが巧みであっても、パーツがグラグラしていては狙ったところに刃先や筆先があたらないので、思ったようには作業できないからだ。模型の工作をうまくしたいなら、まずはパーツの持ち方がしっかりしているかを確認してみるようにするといい。

……と言葉にするのは簡単なのだが、模型のパーツはとてもいろいろな形や大きさがあるので、なかには気をつけていても手の指ではうまく保持できないものもでてくる。また、するどい刃物で加工する際、手でパーツを持っていると怖いときや塗装で塗料が指につかないようにしたいときもある。あるいはパーツが小さすぎて指で持つとパーツが指の間に隠れて作業しにくいということもあるだろう。そんなときはエアブラシ塗装のときのように持ち手をつければいいのだが、しっかりと固定しようとすると難しい場合もある。そんなときに便利なのがここで紹介するワークホルダーだ。

このワークホルダーは金属軸の配置の仕方でいろいろな形状のパーツに対応できて、ネジ留めでかなりしっかりと固定できる。とくにフィギュアの顔の塗装や艦船模型の細密工作では、指で持ちにくいパーツがしっかり固定できるため、こまかい作業をする際にパーツのブレをほとんどなくせて思いどおりに仕上げやすくなるはずだ。

62 なにでどうやって刺すか それが問題なのだ。

とりあえず100本ほど用意しておけば塗装作業が一気にスムーズに

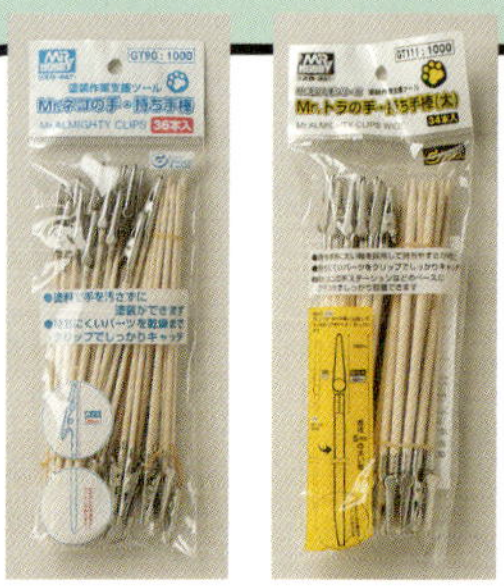

●以前は細いネコの手しかなかったが、トラの手が発売されてからは大きめのパーツが挟みやすくなり、使い分けることができるようになって持ち手つけの作業性が格段に上がった

エアブラシ塗装で思いのほか悩ましいのが、色の選択でも塗料の薄め具合でもなく、「パーツをどうやって保持するか」である。

ある程度細吹きができるハンドピースで乾かしながら塗っていけばパーツを置いたり直接手で持った状態でも塗れないことはないが、置いているとパーツがエアーの圧力で動いてしまったり、手持ちだと手についた塗料でパーツが汚れてしまったりする事故が起きがちだ。できるかぎりパーツには持ち手をつけて塗装をしたい。そこでパーツをクリップにはさんだり割り箸をダボに刺して持ち手をつけるのだが、クリップだと基本的に1パーツに1個になるので、マスターグレードのガンプラのようにパーツが多く組み立て前に塗るものだと数が非常に多くなって、塗装や乾かすために一式移動させるだけでも結構な手間がかかるし、油断していると半乾きのパーツをはさんだクリップごと倒してしまって塗膜に傷が……なんてことも起きやすい。そこでオススメしたい便利なシステムがGSIクレオスの「ネコの手」「トラの手」だ。

クリップがついた棒とそれを挿すステーションを組み合わせて使うこのシステムは、はじめにある程度の数を揃えておくことで非常にスムースに持ち手つけと塗装作業が行なえる。パーツ数が多いキットを塗るときほど効果は大きく、個人的にはもはやこれなしでガンプラを塗装するのはカンベン、というほど重宝している。ひとつだけ不満だった、クリップ部が小さくて大きなパーツに対応しにくかったところも大型のトラの手の発売で解消、もはや死角なしだ。

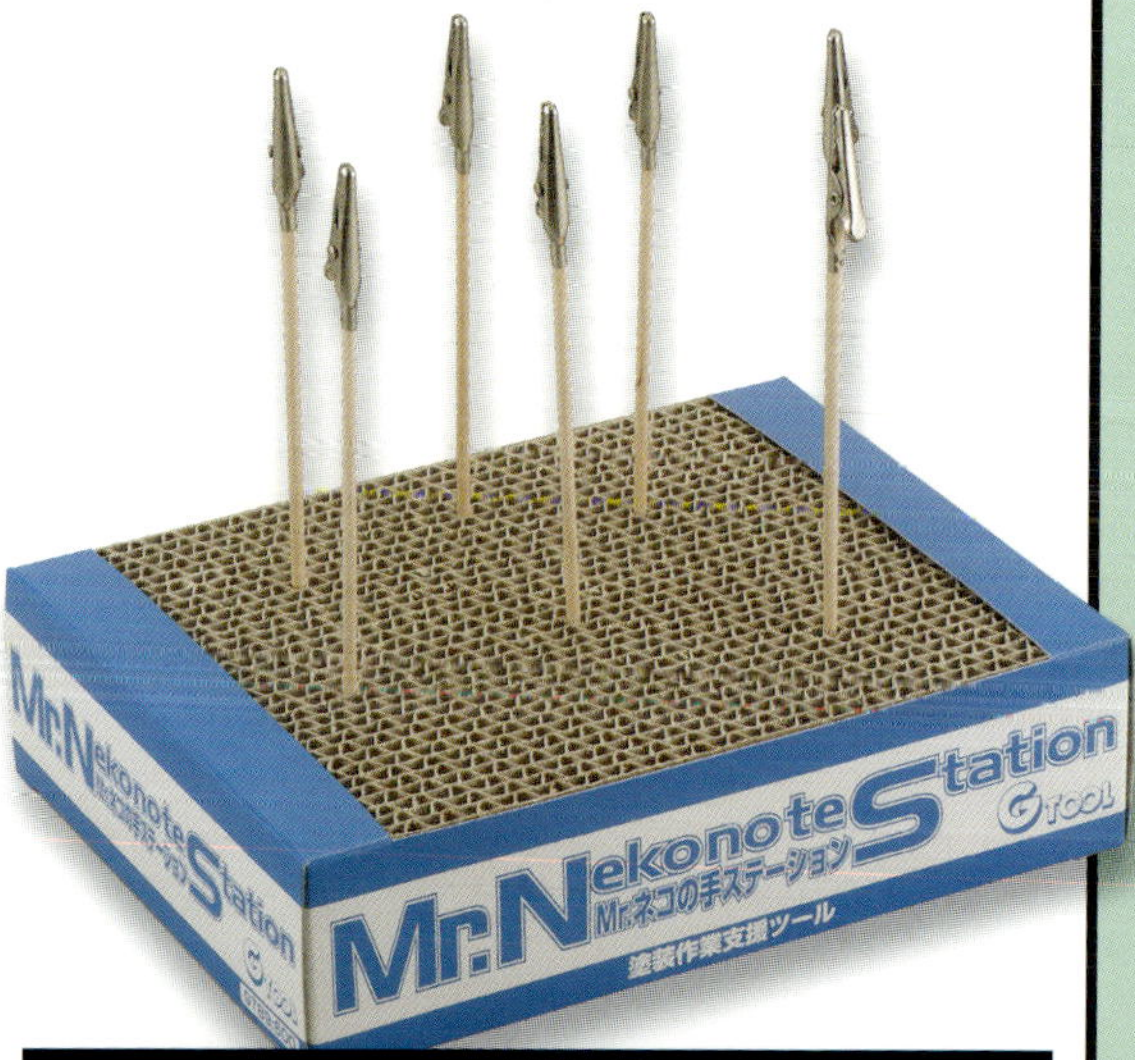

ネコの手持ち手棒、ネコの手ステーション
GSI クレオス　各実勢税込800円、500円

●ネコの手、トラの手はそれだけでも使えるが、Mr.ペイントステーション（4個入り）や大きめのMr.トラの手ステーションに指すことでさらに使いやすくなる。表面が段ボールの断面のようなハニカムコアなっていて、好きなところにネコの手／トラの手を刺しておける。抜き刺しに力が必要だったりひっかかったりしないので、パーツの保持、そして塗装作業に集中することができるのだ

Mr.トラの手・持ち手棒（太）
GSI クレオス　実勢税込800円

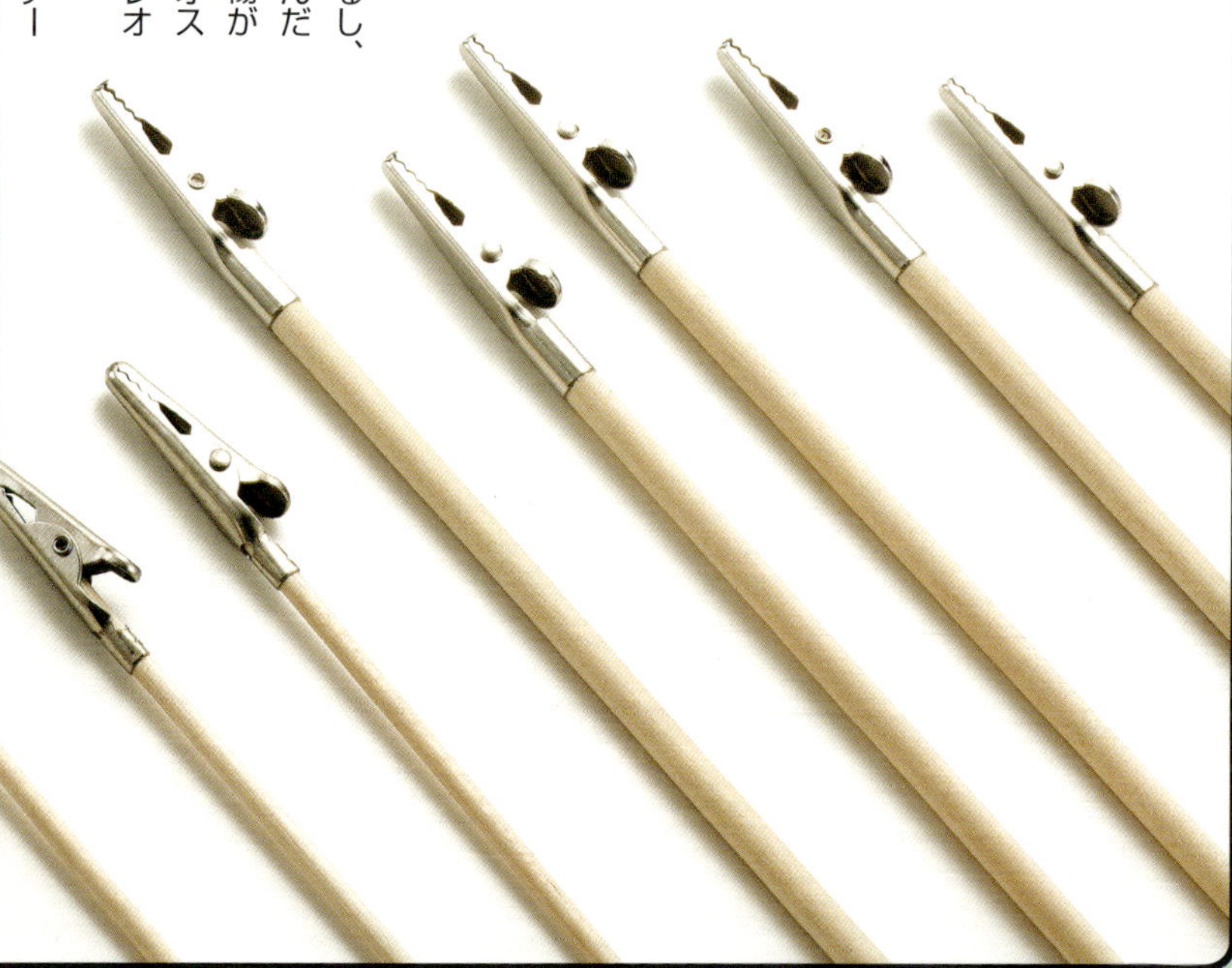

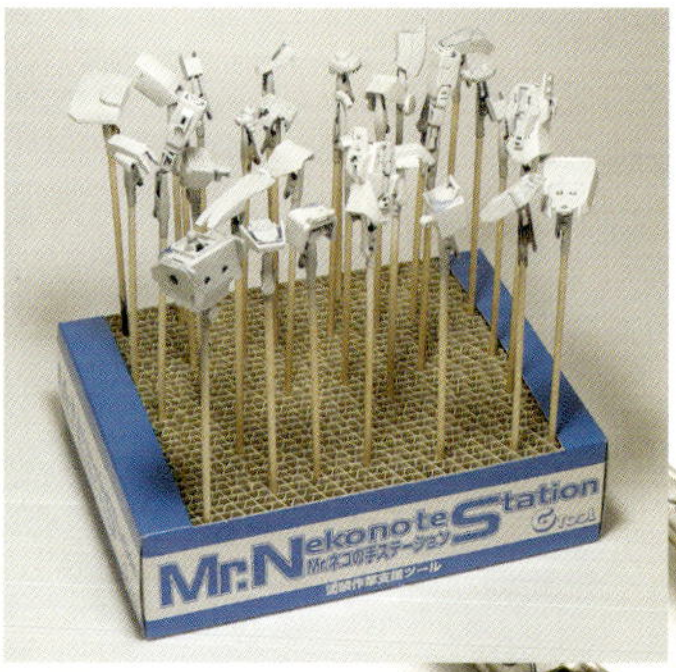

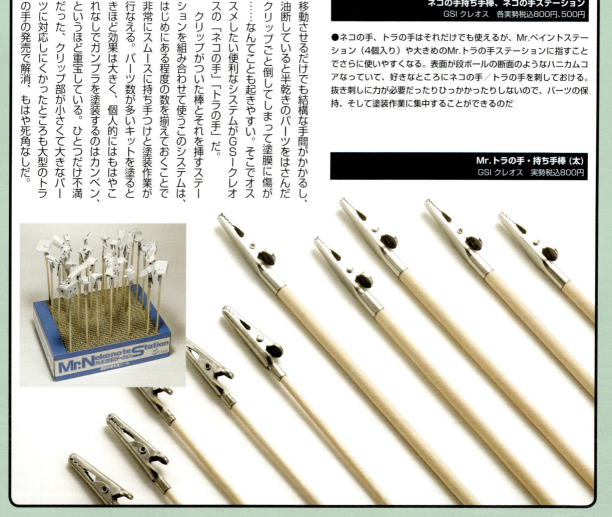

63 一度使うと手放せなくなる工夫次第でさらに……

上手に工作したければ、まずは手元を明るくせよ!!

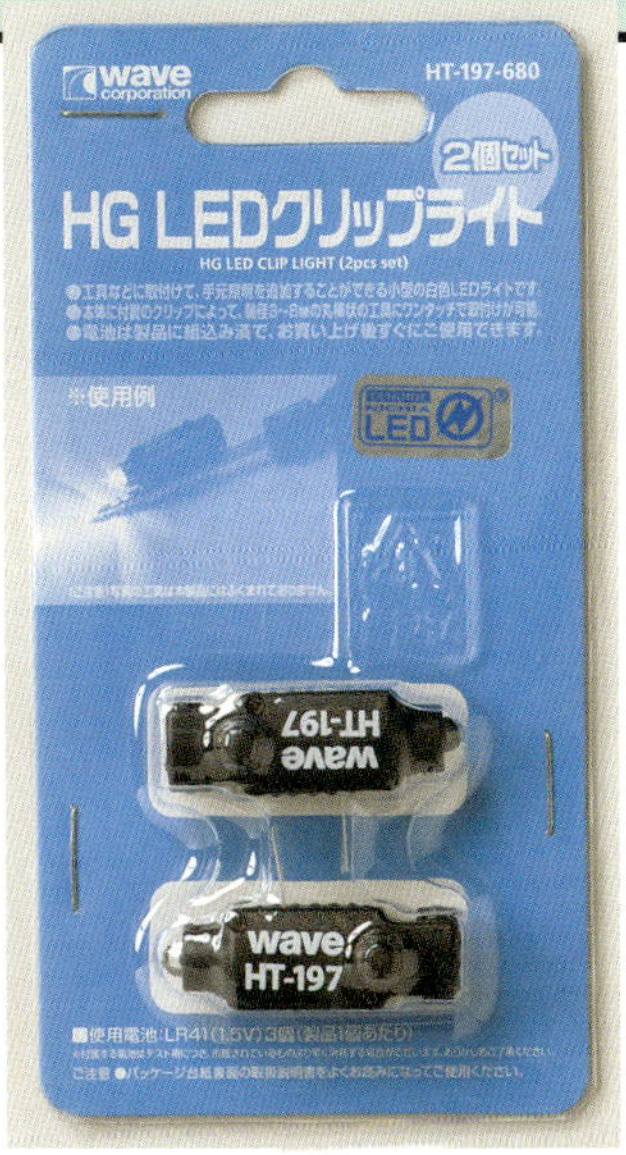

HG LEDクリップライト
ウェーブ　実勢税込500円

●工具などに取り付けて手元をや工作箇所を明るく照らすことができるクリップライト。本体に凹みがあるので、軸径3～8㎜なら棒状の工具でもしっかりと固定できる。ちなみに、メガネのツルにくっつけると手元が非常に明るく照らせたぞ（見た目がDJみたいになってカッコいい／笑　本来の使い方の想定からは外れるので自己責任でどうぞ）

●同じくウェーブ製のHG 細幅彫刻刀平刀にはジャストフィット。小型で軽いので作業の妨げにはなりにくく、既存の工具にハメるだけで手軽に手元を明るく照らせるのだ

「うまく削れません」「うまく描けません」というような方の質問を受けてよくよく話を聞いていってみるとよくある典型的なパターンのひとつが、「作業をしている環境が暗い」というものだ。

暗い、といっても真っ暗なわけではない。部屋の照明は点いていて日常生活に不便はない明るさでも、それでは工作をするのにはちょっと暗い。工作している箇所がよく見えていないのだ。よく見えないまま作業をしていたら、それはうまくできないのがあたりまえ。たとえば薄暗くてよく見えないところで野球をやったらボールが打ちにくいに決まっている。体を使って何かをする場合、人は多くを視覚に頼っている。スポーツも模型の工作も同じだ。うまく体を使いこなして思ったとおりに作業したいならば、まずは作業しているところをよく見ることは重要で、「ヤスリがけでエッジが丸まってしまう」というような方は、ヤスっているところをよく見れていない場合が多い。そして、よく見るためには作業環境の適度な明るさが必要なのである。

そこで、まずは最低ひとつ作業机に作業用ライトを用意しよう。役者の化粧台は四方八方から光をあてより明るくして化粧作業がしやすくしてあるが、そのように複数灯用意すれば影になるところが減ってより作業が確実にできるようになる。そうはいってもライトを何個も置くのはスペース的に難しい……というような場合は、このLEDクリップライトで影を消すのも手だ。手元が一気に明るくできるぞ。

64 一度使うと手放せなくなる工夫次第でさらに……

「だってマーカーでしょ」と侮れない本格手軽なエアブラシが登場

ガンダムマーカー エアブラシ システム
GSIクレオス　実勢税込3500円

ATTENTION!
吹きつけ用に最適化された替え芯がミソ

●いま話題のガンダムマーカー エアブラシ システム。安価で手軽に、しかも臭いを発生させず、そのうえきれいにしっかり塗れる……これなら人気が出るに決まっている。ライトユーザーの入門用からヘビーユーザーのサブシステムまで、さまざまな用途や使い方ができそうな、模型用エアブラシシステムの新機軸だ

●エアブラシ本体、専用替え芯（3本）、エアーホース、調整バルブ、エアー缶が付属。ガンダムマーカーは付属しないので使いたい色のものを別途用意しよう

先日発売されて話題になっているGSIクレオスの「ガンダムマーカー エアブラシ システム」。初回出荷分は早々に売り切れになるほど人気となっているようだが、なんとか入手することができたので、気になる使い勝手についてレビューしてみたい。

このガンダムマーカー エアブラシ システムは、ペンタイプの塗料、ガンダムマーカーを本体に挿し込むことでエアブラシのようにスプレー塗装ができてしまうという画期的な模型用塗装工具だ。

何が画期的かというと、まずはガンダムマーカーがアルコール系塗料のペンであるというところ。言い換えれば、ラッカー系塗料を使わないでエアブラシ塗装ができちゃうのだ。ピンとこない方もいるかもしれないが、とくに子持ちのモデラーは、非ラッカー系塗料エアブラシシステムの登場を待望していたはずだ。筆者もそうだったが、まず奥さんが妊娠すると臭いに敏感になり、胎児への影響を考えてしまうとそれまでのように部屋のなかでラッカー系塗料をスプレー塗装するのははばかられるようになる。そして赤ちゃんが生まれたあとも、当分の間は家のなかでラッカー系塗料で塗装をするのはもちろんNG。でも、ときにはプラモデルだって作りたい。そんなニーズにも応えてくれるのがこのガンダムマーカー エアブラシ システムなのだ。これまで、水性アクリル系でエアブラシ塗装ができるという塗料もいくつか出てきてはいるが、水性アクリル系塗料はツヤのコントロールが難しい（ツヤ消しは簡単だがツヤありに

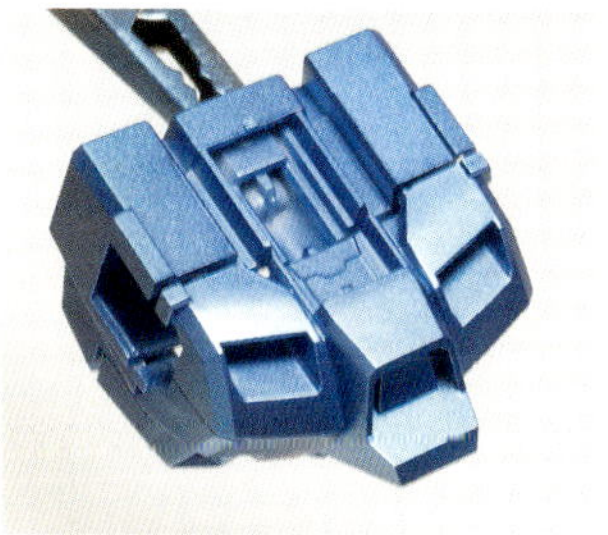

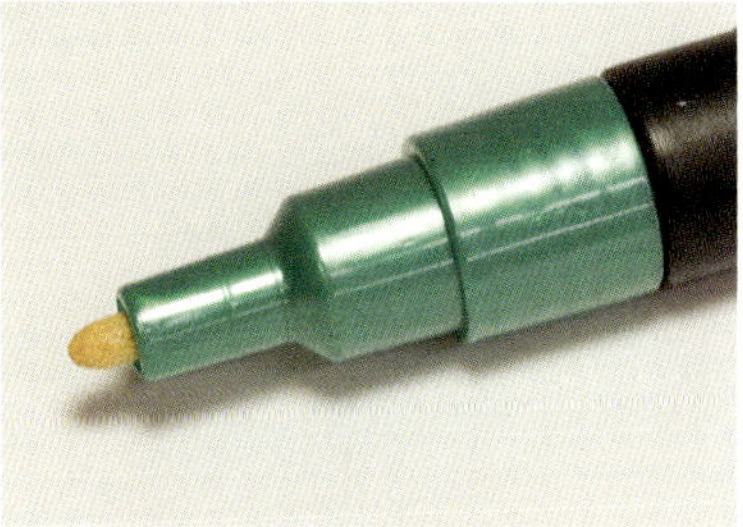

●このガンダムマーカー エアブラシ システムの最大のポイントは付属の替え芯にある。通常のペン先でも吹きつけ塗装をすることはできるが、ペン先を専用替え芯に付け替えて使用することで塗料の流量が適切にセーブされ、塗料の飛び散りを防ぎつつより薄くきれいな塗膜やより細い線で塗装しやすくなるのだ。セットには３本の替え芯が付属するが、色を変えて塗っていこうとすると別のペン用の替え芯が必要になるので、６本入りの替え芯セット（税込270円）も別売されている。替え芯に取り替えるのはいたって簡単で、元からついているペン先を引っ張って抜き、そこに尖ったほうが外に出るように替え芯を挿し込むだけだ。一回使った替え芯はうすめ液で洗浄すれば再利用できなくはなさそうだったが、色が混ざる可能性もあるので新品を使うようにしたほうがよさそうだ

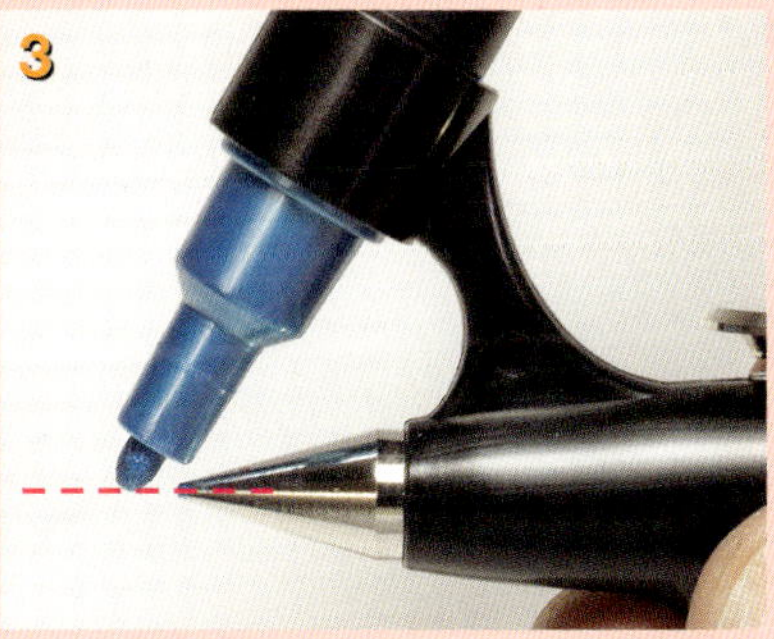

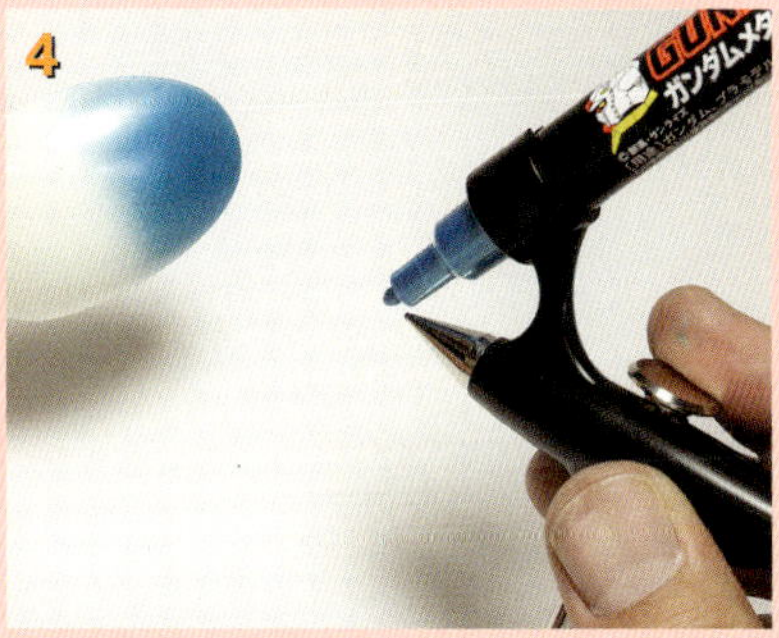

ここからは、実際に塗装する際の手順とコツを紹介してみよう
①ペン先を付属の専用替え芯に付け替える。付け替えただけでは塗料が出てこないので、ペン先を押し込んで塗料が出てくるのを待つ。出てこないからと無理に強い力で押しつけるとペン先がつぶれるので、あわてずに何度か押しつけるようにしよう
②エアブラシ本体にガンダムマーカーをセットする。替え芯の場合は向きはとくに関係ないが、元のペン先を使う場合はペン先の斜めにカットされているところの向きで塗料の出方が変わる
③適正に塗料を吹き出すには、ペン先の位置が重要。エアブラシノズルの軸線上にペン先の先端がくるようにするのが目安だ。元のペン先を使う場合は先端の斜めのラインと吹き出し方向を平行にするとよいようだ
④試し吹きをしながら位置を微調整しよう。ちょうどよい位置になると塗料が薄くきれいに吹き出すようになるので、そこでパーツの塗装に移る

しにくい）のと、薄め具合や吹きつけにコツが要る、乾かすのに時間がかかる、塗膜が弱いなどの特徴があって、筆者としては採用に二の足をふんできた。しかし、塗料がガンダムマーカーであれば塗膜はけっこう強いし発色もよい。いまは色数もそれなりに豊富なのでまったく問題なしだ。

もうひとつ画期的なのは、使用に際して、キャップを開けてハメて位置調整をすれば即塗装でき、塗装後も外してキャップをハメるだけと非常にインスタント、ハンドピースのような掃除作業はいっさい要らないということ。そして、実用上いちばん便利だと感じたのは、塗装中でもそのまま机にひょいと置けることだ。ハンドピースであればカップに液体の塗料が入っているので、フタをしていてもそのままそのへんに置くことはできずスタンドが必要になるが、ペンなので何も気にせず置くことができ、それが塗装作業中にとても便利だった。

使用上の最大のポイントは、塗料が出やすくなる付属の専用替え芯を使うようにすることと、取りつけ時のペン先の位置の調整の仕方だ。ペン先は、ノズルの軸線上にペン先がくるぐらいを狙うとうまく塗料が飛びやすいようだ。実際に使う際は、軽く試し吹きをしてみてから本塗装に入るようにしよう。位置さえ決まれば塗料はかなり均一なミストになって吹き出してくれる。テストでは、普通のハンドピースでもなかなか塗装が難しいメタリック色もかなりきれいに塗ることができた。塗膜も普通に触ったくらいでは剥げないので安心だ。

昨今はエアブラシ塗装用のハンドピースもたくさんの種類が販売されるようになっているが、ハンドピースを選ぶうえでまず重要な指標になるのがノズル口径の大きさだ。ここの選択さえ間違っていなければまずは大丈夫。

口径とは塗料が吹き出すノズルの穴の径で、この口径が大きいと多い／濃い塗料を一気に吹き出すことができ、同時に広い面積に塗料をのせられる。逆に口径が小さいものは少ない／薄い塗料を吹き出すのに適していて、塗料がのる面積はせまくなる。ハンドピースの口径選択では基本的に「小は大を兼ねる」。わかりやすく言うと、大きい口径のエアブラシで細く／薄く塗ることはできないが、小さい口径のエアブラシであれば、手間はかかるが大きなモデルでも塗ることができなくはない。ただし、パーツの大きさと口径のミスマッチが大きいと非常に塗装に時間がかかったりムラができたりしやすいので、なるべくマッチする口径を選びたい。

ここまでの「原則」を踏まえたうえで、自分が作りたいジャンルの模型のパーツの大きさを思い浮かべてみよう。模型用ハンドピースを選ぶときにだいたいの目安となるふたつの数値がある。それは「30㎝」と「口径0.3㎜」。大きさがおよそ30㎝くらいまでのキットなら口径は0.3㎜以下がちょうどよい。とりあえず汎用性の高さを狙うなら、基準となる0.3㎜口径のものを選んでおこう。とくに小さい模型や、より薄くあるいは細く繊細な塗装をしたいなら0.3㎜から口径を小さくしていけばいい。本体パーツが40㎝を超えるようなキットやグロス仕上げにしたい場合は口径が0.3㎜では吹き出せる塗料が少なすぎてうまく塗りにくいので0.5㎜以上の口径の使用を考えよう。

なお、シングルアクションとダブルアクションは圧倒的に後者がおすすめで、できるなら高価なモデルを選ぶようにするとノズルの精度が高くなってよりきれいに塗れるようになる。

ハンドピースはどうやって選ぶ？ 模型ジャンルごとに変わるハンドピース選びのスタート地点

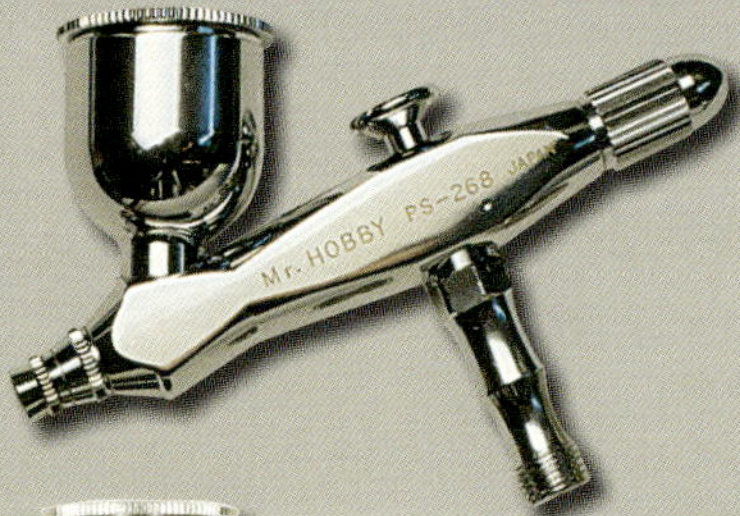

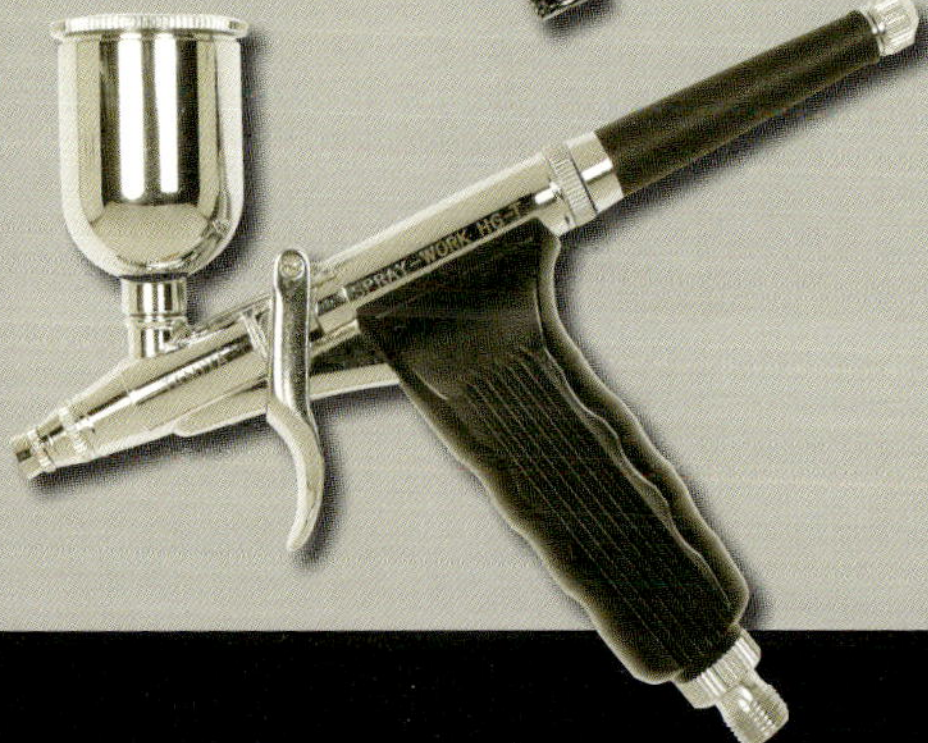

キャラクターモデル

おすすめ口径／0.3㎜以下

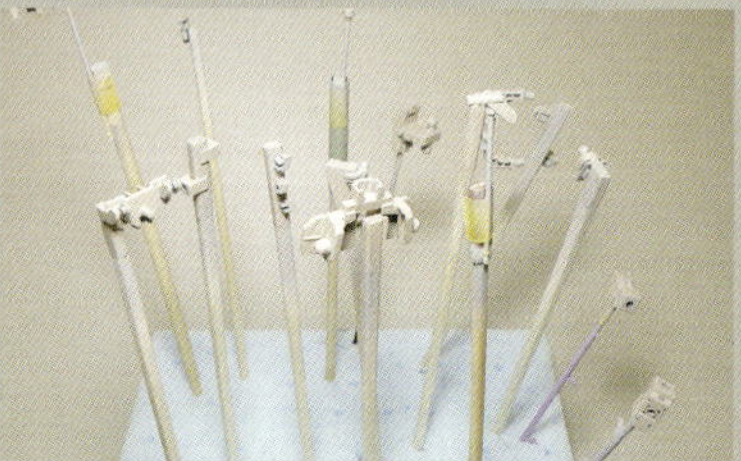

●近年のガンプラを製作する場合は、ある程度バラバラのままで塗ったほうがなにかと都合がよい。そうなると小口径が都合がいい

近年のガンプラなどのロボット系モデルはパーツで色分けがされているのですべて組み上げずにバラバラで塗るとマスキングが減って楽。そうなると塗る時のパーツは大きくてもせいぜい5㎝以下くらいなので、口径は小さいもので問題ないし、むしろそのほうが塗面が薄くきれいに塗れるので具合がいい。

バラバラで塗るとパーツ自体は小さくても塗る数が膨大であることが多いので、塗料カップは大きめのほうが塗料を継ぎ足す回数が減って楽だ。パーツが多く薄めの塗料を拭き重ねていくと塗っている時間も長くなるので、指が疲れにくいトリガー式にするのもよいだろう。

AFVモデル

おすすめ口径／0.3㎜～0.5㎜

●基本塗装はベタ塗りなので大きめの口径が使いやすい。迷彩や履帯をエアブラシで塗り分けたいなら細い口径のものも併用しよう

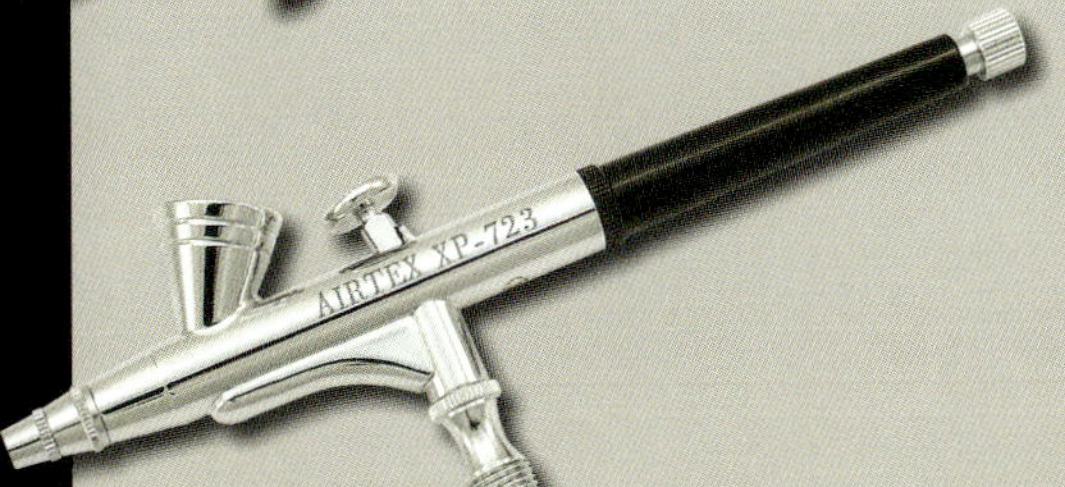

戦車模型の場合は組み立ててから塗装するのが基本で、奥まったところを塗ることが多いのと基本塗装のあとにはウェザリングを重ねるため、「奥まったところでもすぐに発色させられる」「ほどほどの強度＝厚さの塗膜にできる」ことを考え合わせて、ほどほどに濃い目の塗料をやや厚塗り目に塗っていく場合が多い。口径は0・3㎜～0・5㎜口径がオススメで、基本はベタ塗りなので普及価格帯のモデルでもよいだろう。基本塗装の上にフリーハンドで迷彩パターンを描きたいなら、より細く線が描ける0・2㎜以下のものも1本持っておくとよい。こちらは精度が高いものにしたい。

AIRモデル

おすすめ口径／0.18㎜～0.3㎜

●1/48くらいまでの大きさのキットを塗るならば小さめの口径がオススメ。繊細な塗装で繊細なディテールを活かしたい

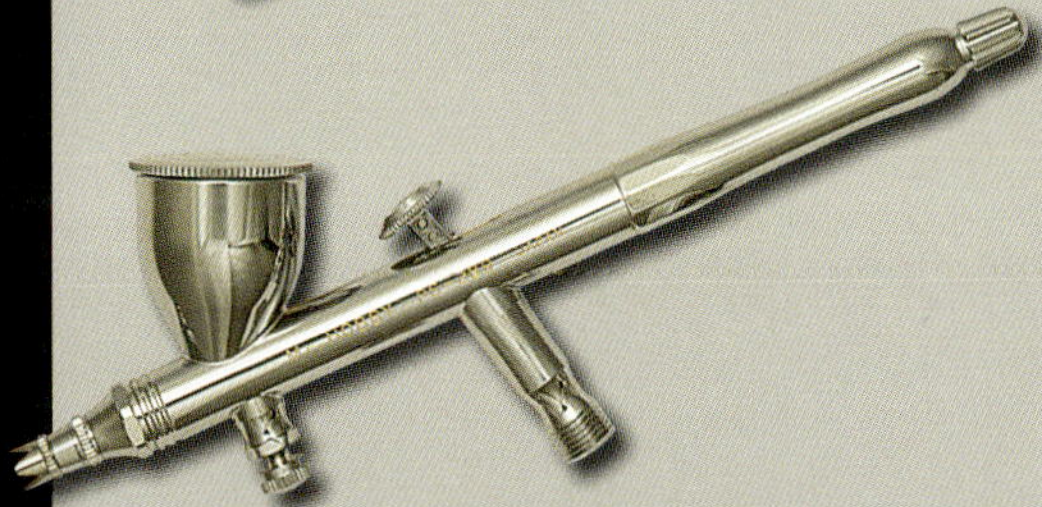

飛行機モデルはパーツ表面に繊細なスジ彫りなどのモールドが多いので、それらをシャープに見せるために塗膜を薄くしたい。また、実機が金属地のまま機体もあるので塗料がきれいに飛んでくれるハンドピースがよい。塗料を薄くキレイに吹くには、口径が小さめ、つまり0・3㎜以下の口径がよく、ノズルまわりの精度が高い高価格帯モデルがオススメだ。

と、ここまでは1／48、1／72の話で、1／32の大型モデルを製作する場合はもっと口径が大きなモデルを使わないとなかなか塗れない。飛行機モデルではスケールやキットの大きさで口径を変えるとよいだろう。

カーモデル

おすすめ口径／0.5㎜以上と0.3㎜以下の併用

●カーモデルはグロス塗装とそれ以外で分けて考えたい。グロス塗装は口径が大きいほうがツヤが出しやすくなる

ツルピカに仕上げたいカーモデルでは表面張力を使ったツヤ出し塗装がよく行なわれるが、塗料が薄めだと凹部にたまったりタレたりするので0・5㎜以上の口径で一気に濃い目の塗料を吹くとツヤが出しやすい。

ただ、ボディー以外のパーツは薄めの塗膜できれいに塗装したいし、金属色やツヤ消し黒に塗る箇所も多い。そこで、ツヤ出し用とは別に小さい口径のハンドピースを併用するのがオススメ。工程が同時進行していくので、ツヤ出し用の大口径、通常色用の小口径、金属色／ツヤ消し黒用の小口径の3本くらいを同時併用することができると作業効率が一気に上げられる。

書道ではよい筆を選ぶ条件として「四徳」などと言われることがある。四徳とは「尖、斉、円、健」で、「尖」は穂先の先端が尖っていること、「斉」は穂先が整っていること、「円」は穂全体がきれいな円錐形になっていること、「健」は穂先の腰の弾力がほどよくあることを指している。この四徳は絵画や模型塗装の筆に当てはめることもできるが、書の輪郭を重要視する書道とは異なり、絵画や模型塗装では穂先の「塗料の含みのよさ」がもっとも重要になってくる。

筆で色を塗っていく作業とは、穂先に含ませた塗料をパーツに移しかえていく作業だ。穂先に含まれている塗料が多ければコントロールの幅は広くなり、塗料が少ないとその幅がせまくなってしまう。含みがいいよい筆はたくさんの塗料を含んでくれて、あて方によって塗料の量を自在にコントロールできるが、含みが悪い筆ではそれができない。よくない筆では、塗料が一気に出たあとはかすれたり、凸凹ができたりしやすくなってしまう。筆をあまりよく知らないとやりがちな間違いとして、狭い面積や細い線を塗りたいときにとにかく細い面相筆を選ぶ、ということがあるが、一般的には細い筆のほうが太い筆より含みがよくない。細くて含みが悪い筆を使うなら、太くても含みがよく穂先が整ったで筆を使ったほうがせまいところであってもきれいに塗ることができたりする（もちろん細くても塗料の含みがよい筆があればそれに越したことはないが、きちんと選ばないとそういう筆にはなかなか出会えない）。

模型製作においては、塗装、とくに筆塗りは数ある工作のなかのひとつ。なので、ほぼ筆だけで作品を制作する絵画や書道と比べると、筆に対する認識や重要度が低いのは仕方がないところがあるかもしれないが、刃物や接着剤にこだわるのと同じように筆にもこだわってほしい。昔は絵画の人などに言わせると「論外」な筆しかなかった模型の世界だが、昨今はいろいろなメーカーからよい筆が販売されるようになった。ぜひ、よい筆を使う楽しみを知ってみてほしい。

筆の選び方を考えてみよう。
穂先の形で選べばいい？
高い筆を買えばいい？
“よい筆”っていったいなんなんだろう？

●モデルカステンのフェイスフィニッシャーやアイフィニッシャーは、細くても適度な塗料の含みを持つように毛先をコントロールした極細面相筆。1/35フィギュアやフィギュアの目の塗装などの細部塗装に向く

65 よい道具はよい状態で使ってこそ真価を発揮する

いい筆を使うなら メンテナンスもお忘れずに

●タミヤの筆用コンディショナーは、リンス成分により穂先のけばだちを防ぎ、ノリ成分が穂先を固めて保管時の型崩れを防止するというもの。洗って乾かした後、コンディショナーをつけてよくなじませ、よく拭き取ってから穂先を整えておく。書道や絵画では、筆の手入れでリンスを行なうのはあたりまえで、とくに獣毛の筆はリンスをすることで毛をよい状態に保つことができる

筆用コンディショナー
タミヤ　定価税込302円

Mr.フデピカリキッド
GSI クレオス　実勢税込700円

●ブラシエイドは油性、水性アクリル、エナメル、油絵具に使える洗浄剤。筆をうすめ液や溶剤系洗浄剤で洗ったあと使わないでおいておく場合は、石けんを使って水洗いして完全に乾しておくとよい

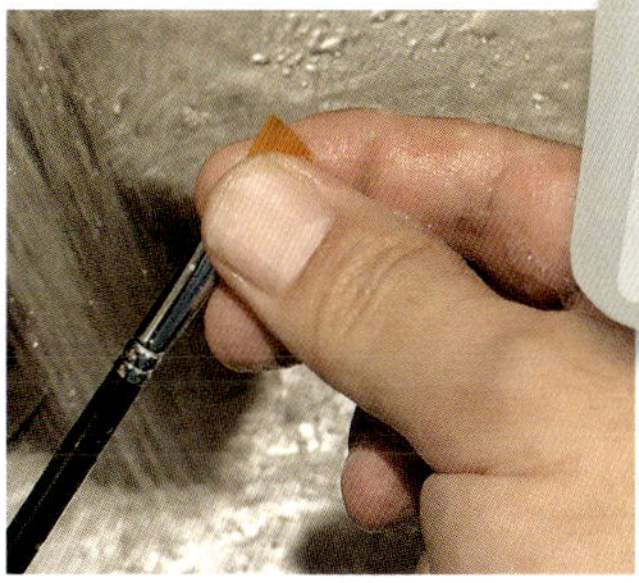

●GSIクレオスのMr.フデピカリキッドは筆を洗浄しつつリンスできる筆用メンテナンスマテリアル。強い洗浄力で、硬化した塗料も強力に溶解させることができる

以前から「模型用の筆は質があまりよくないものが多い」というような主張を繰り返してきたが、ここ10年くらいをかけて模型用の筆もじわじわと質がよいものが揃うようになってきた。筆は本当にピンキリで、1本数十円のものから数万円を超えるようなものまでさまざまだが、よい筆を使うようになったらとくに気をつけたいのが、筆の毛のメンテナンスだ。

よい筆といってもいろいろな要素があるが、乱暴にひと言でいってしまうと模型では「塗料の含みがよい」のがよい筆だ。しかしながら、含みがよい筆ということは、筆先の毛のなかに塗料がたくさん溜まるということなので、きちんと洗浄をしないとなかに溜まった塗料がそのままになってしまう。そうすると色が微妙に混ざって塗料本来の狙った発色が得られなくなったり、含みが悪くなったりする。また、模型の塗装では有機溶剤を使用する場合が多いので、そのままでも毛が荒れやすいのに加えて、含んだままになった塗料／うすめ液が筆の根元を痛めやすくなり、劣化の進行が早くなることもある。なので、色を塗ったあとは、筆先だけをちょちょいと洗うのではなく、根元までしっかりと洗うようにするのが望ましい。また、できることなら、有機溶剤系うすめ液／洗浄剤で塗料を落としたあと、水と石けんでていねいにもみ洗いをし、完全に乾かすようにしておくとよい筆の状態を長持ちさせることができる。そしてもちろん、よい筆の状態を保てれば塗装ももっとうまくできるようになるはずだ。

66 超音波洗浄機はメガネ以外のものも洗えます

模型のパーツは、洗浄するといろんないいことがあるのだ

●超音波洗浄機で洗うときは、台所用中性洗剤を数滴入れると油分などをきれいに落とすことができる。洗浄したあとは洗浄槽とパーツを流水で水洗いし、パーツはしっかり乾かしてから塗装に進むようにしよう

ATTENTION!
洗浄層が着脱可能でハンドリングしやすいセパレート型

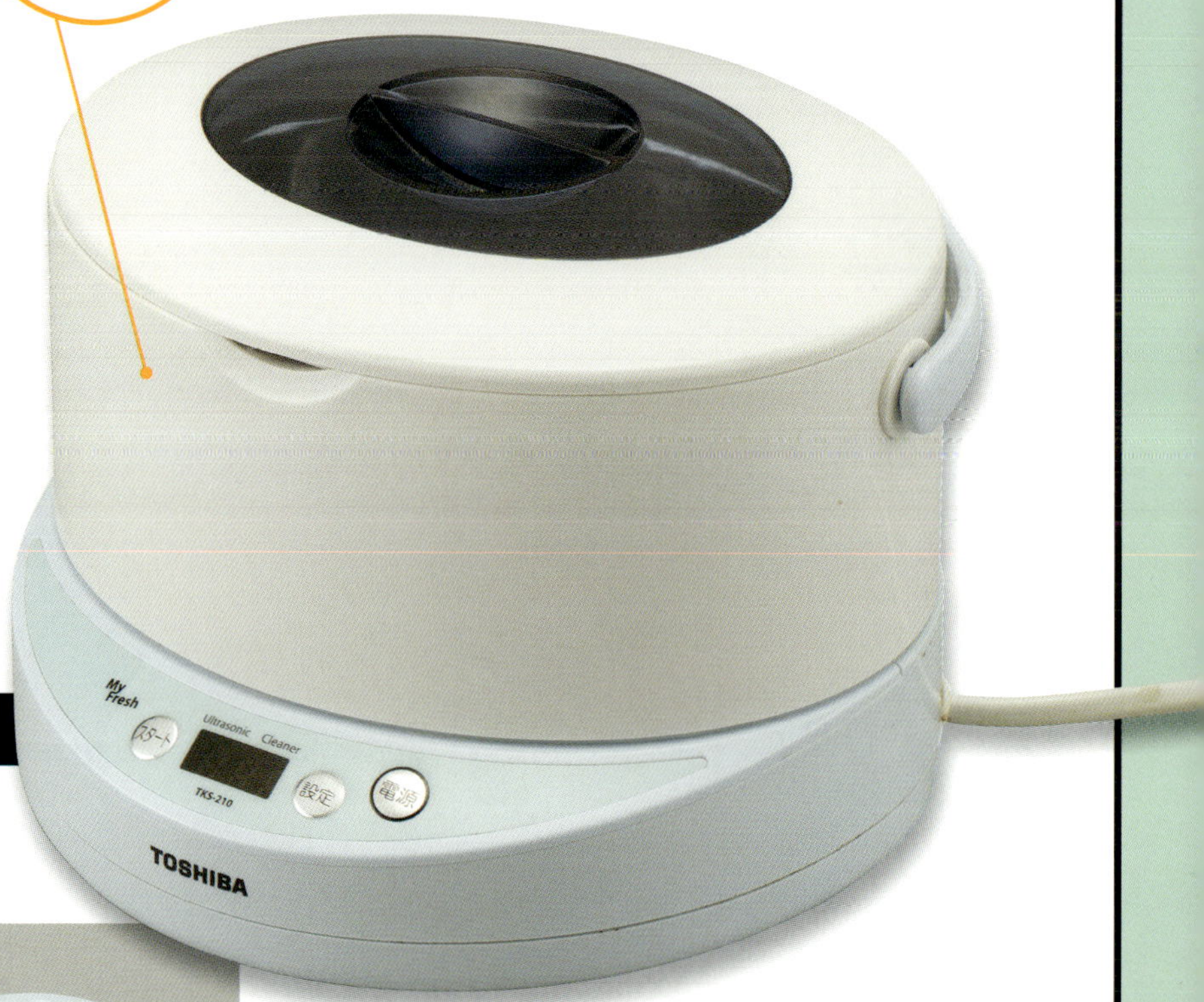

超音波洗浄器 MyFresh TKS-210
東芝　実勢税込17500円

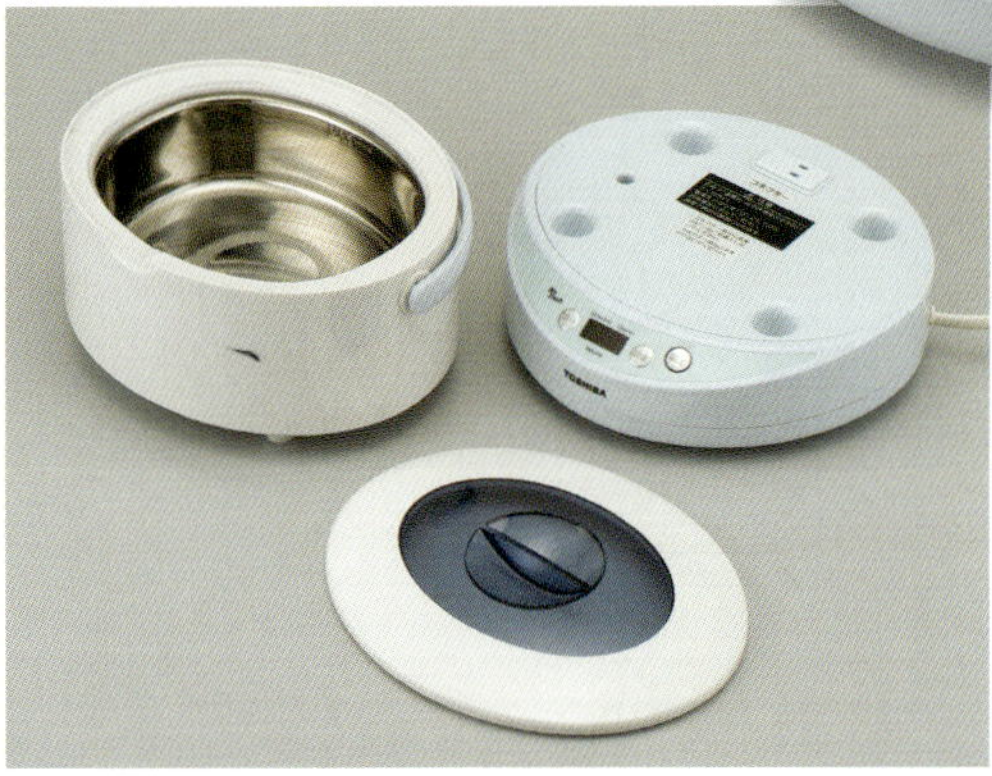

●この超音波洗浄機がオススメなのは、洗浄槽が分離できるところ。水を入れたり流したりこまかなパーツを取り出したりというのが一体型と比べて格段にやりやすい。水とパーツを入れて本体タイマーをセットすればあとは数分待つだけで洗浄できる

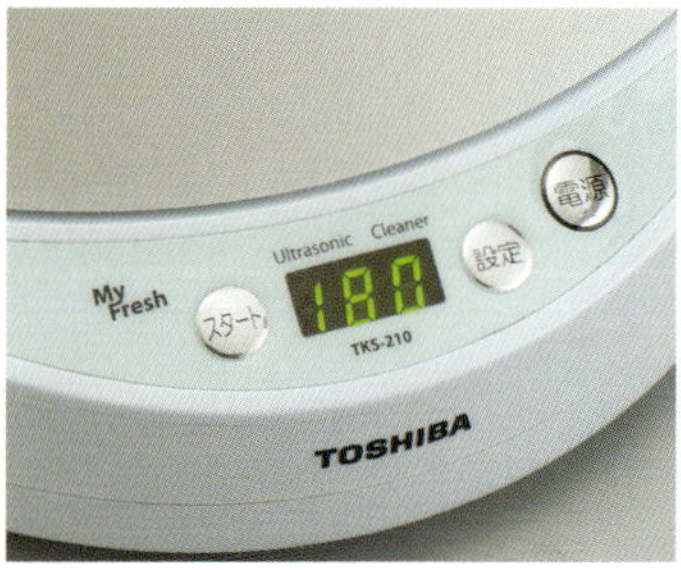

筆者がカーモデルや飛行機モデルなどをきれいに仕上げたいときに必ず行なうのが、塗装前のパーツの洗浄だ。

プラモデルのパーツは工作の段階でヤスリがけをするので、必然的にパーツの表面に削り粉が付着し、スジ彫りなどの凹部にもそれがつまってしまう。そして、そのまま塗装に進むと塗膜がザラついたりスジ彫りが浅くなってしまい、塗膜の見た目が麗しくならないだけなく、スミ入れで残ってほしいところに色が残らなかったり、残ってほしくないところにシミが残ってしまったりする。また、製作中はパーツを手で持つので、手脂などがパーツに付着して、それがマスキングテープを剥がすときなどにいっしょに塗膜を剥がしてしまう原因ともなる。そこでまずは削り粉や手脂などをきれいに除去するために塗装前には一回水洗いをするのだが、その際、なんとなく流水にあてているだけではきれいに除去できない。中性洗剤とハブラシや腰が強めの筆でパーツを洗っていくのだが、パーツ数が多いキットだとこれがけっこう時間がかかってたいへん。そこで登場するのが超音波洗浄機だ。その名前からしてたいそうな機械のようだが、メガネ屋さんなどにあるアレで、いまなら家電量販店やａｍａｚｏｎで1万円台から簡単に購入できる。超音波洗浄機を使えばひとつずつパーツをこすったりしなくても数分でパーツの洗浄が終了するので超ラクチンだ。当然メガネやアクセサリーを洗浄することもできるので、一家に一台超音波洗浄機、いかがですか？

67 二刀流、三刀流、四刀流……で塗装をより快適にしちゃおう！

一回使うとなしではいられなくなるハンドピースの必須装備

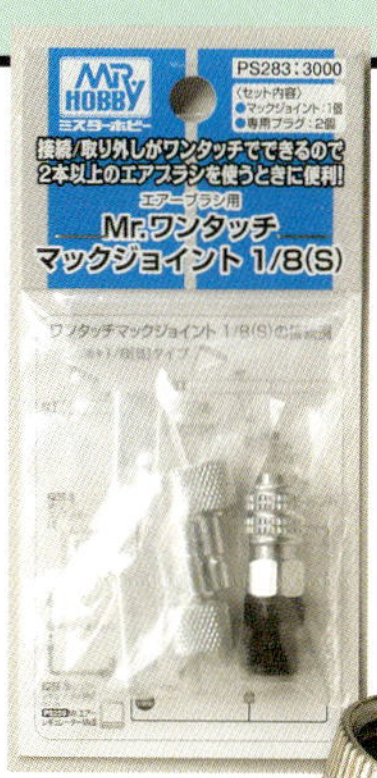

HG クイックチェンジ ジョイントセット
ウェーブ　実勢税込1600円

●同様のものが各社から販売されているが、基本的な機構は同じでいろいろなホース／ハンドピースと互換性があるようになっている。普通のエアーホースはネジ留めなので、ネジをしめたり緩めたりしないとハンドピースを着脱できないが、これらの金具を使えばワンタッチで着脱することができるようになる

Mr.ワンタッチマックジョイント1/8(S)
GSI クレオス　実勢税込2000円

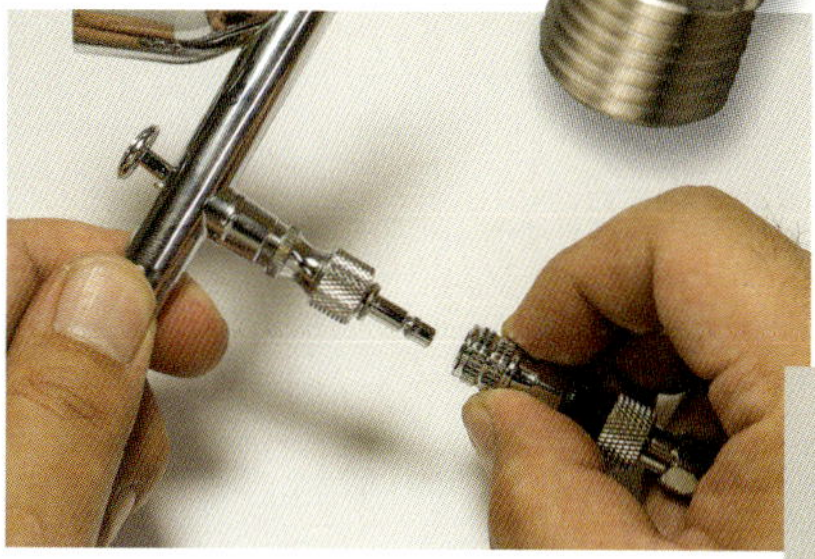

●金具をスライドさせることで簡単に着脱できるようになっている。取りつけた状態での使用感は普通のホースだけのときとさとくに変わらない。これはもうハンドピースの標準装備にしてほしいと思うほど便利である

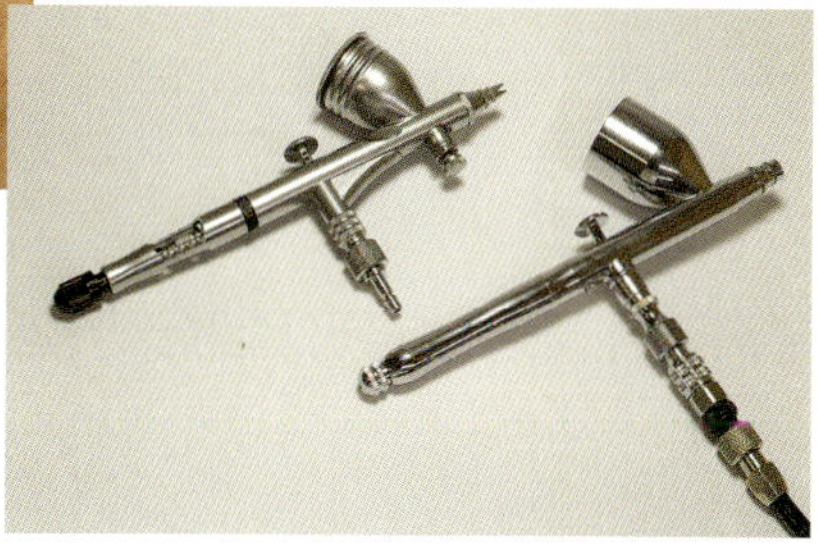

●ハンドピースを複数使用することにより、口径を使い分けたり塗料を使い分けたりしやすくなって作業効率が上がる。ぜひ試してみてほしい

これは製作する模型のジャンルや製作スタイルにもよるが、複数のハンドピースを併用して使い分けているモデラーは結構多いのではないだろうか？　筆者の場合は、まず通常塗装用の小口径で精度が高めのハンドピースが1本、クリアー塗装用の口径が大きめのものを1本、そして金属色やつや消しの黒、ビン入りサーフェイサーを吹くのに使用するものがさらに1本あって、製作する模型ジャンルにより使い分けたり併用したりしている。4本とも同時使用するのは内部まで再現するカーモデルのときだ。ボディーのクリアーを吹き重ねつつ、シャシーを塗装しながら、そこに取り付けるエンジンなどの小パーツ類を工作／塗装していくことになり、組んだり塗ったりを繰り返すのでハンドピースが複数同時稼働していないと塗装作業が極めて煩雑になってしまうのだ。それは極端にしても、ハンドピースを複数同時に使いたい方にぜひオススメしたいのが、ワンタッチでハンドピースを交換できるアタッチメントだ。

通常ハンドピースとエアーホースの接続部はエアー圧に耐えられるようにねじ込み式金具になっているが、ハンドピースを交換したいときにはこれが結構手間がかかる。ワンタッチのアタッチメントなら金具をスライドさせるだけでサッと交換できるので、塗料をカップに入れたままのハンドピースでも危なげなく交換できる。なお、ひとつのセットにふたつのハンドピース側金具が付属しているので、ハンドピース側は金具をつけっぱなしにしておける。

68 パルプクズがでない紙製ウエスで模型がうまく作れるようになる!

定番となったキムワイプに仲間がたくさんいるって知ってた?

●JKワイパーは、水洗いしたあとに水気を取るのに使いやすい。ホコリがほとんど出ないので、塗装直前の作業で使っても安心だ

キムワイプ 各種
日本製紙クレシア　実勢税込200円～

JKワイパー 各種
日本製紙クレシア　実勢税込200円～

●キムワイプの大きめのものがJKワイパー。キムワイプだと小さい場合はこちらがオススメで、普通のティッシュペーパーとおよそ同じ大きさなのでそれまでティッシュペーパーでこなしていた作業をこなせる

ATTENTION!
掃除に使っても
工具にホコリが
付着しない!

●キムタオルは大きめで厚手のペーパーウエス。厚手で吸い取る量も多いので、工具の掃除、とくにハンドピースの塗料拭き取りのときなどにあると便利。大きいので一枚あればしばらく使い続けられる

キムタオル 各種
日本製紙クレシア　実勢税込400円～

筆者が模型製作にキムワイプを使うようになってから十数年が経とうとしているが、昨今はすっかりモデラーの間に浸透して模型店でもキムワイプを扱うところが多くなった。キムワイプはアメリカの大手製紙業キンバリー・クラークの紙製のウエスで、日本では日本製紙クレシアが製造販売している。普通のティッシュペーパーと比べるとケバ立ちがなく、水に溶けにくくて使用の際にパルプくずが出ないのが特長だ。しつこく申しあげているようにホコリやチリは模型製作の大敵。キムワイプを使えば製作環境のチリを減らすことができる。

ところで、キムワイプには兄弟分とも言える製品がいくつもあることをごぞんじだろうか。キムワイプにも箱の形状や量の違いでいくつものバリエーションがあるのだが、そのほかにJKワイパー、ケイドライ、キムタオルが販売されていて、用途に応じて使い分けると非常に使い勝手がよい。JKワイパーは紙が大きめのレギュラーサイズで、キムワイプだと小さすぎるときに使う。一般的なティッシュペーパーとだいたい同じサイズなので、筆者はキムワイプよりこちらを使うことがデフォルトになりつつある。ケイドライは3枚重ねの柔らかなタイプ。キムワイプ／JKワイパーは紙質がややゴワゴワしているので、磨き作業などにはケイドライが向いている。キムタオルは厚手で大きいタイプ。液体をよく吸い取るので、水洗いしたパーツの水分をとるときに重宝するのと、パーツ表面や塗面に直に手を触れたくないときに使っている。

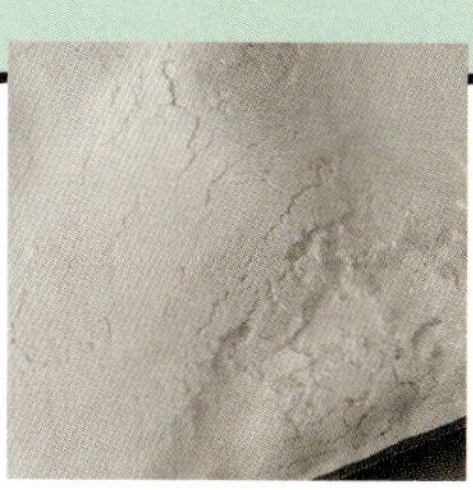

●通常のツヤ消し塗装では塗料10mℓに対して0.1〜0.5gを混ぜて使うが、茶色の塗料に多めに入れることで泥や錆の表現として使う、というようなことなどもできる

69 模型のリアリティーはツヤ感で決まります！

完成品をランクアップさせるための模型用塗料ツヤ消し剤選び

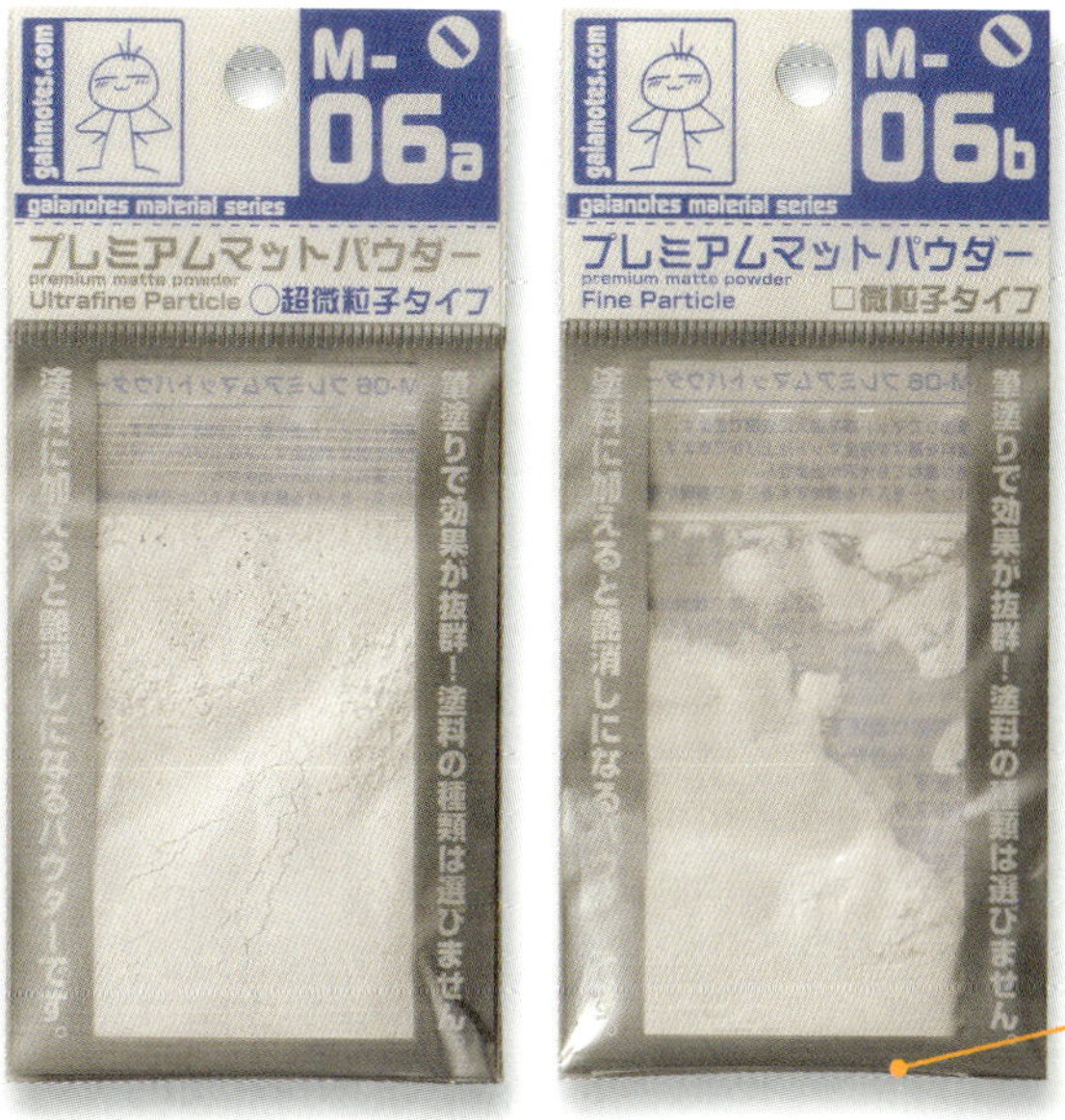

プレミアムマットパウダー 微粒子
ガイアノーツ　実勢税込700円

プレミアムマットパウダー 超微粒子
ガイアノーツ　実勢税込700円

●いわゆるフラットベースのツヤ消し添加剤のみを粉末の状態で販売しているのが、ガイアノーツのプレミアムマットパウダー。ツヤ消し剤の粒子のこまかさの違いで２種類がラインナップされていて、塗料の種類を選ばず混ぜて使えるのが本製品のミソ

ATTENTION!
ツヤ消し剤粒子
だけなので
好きに混ぜられる

プレミアムトップコート
GSI クレオス　実勢税込460円

Mr.カラーGX スーパースムースクリアー つや消し
GSI クレオス　実勢税込250円

フラットベース 各種
GSI クレオス　実勢税込250

●プレミアムトップコートは、白化現象を極限まで抑えた高品質原料の採用で、下地の質感を極力殺さずにツヤ消しコートできる水性塗料。 スーパースムースクリアーは、フッ素を配合することでよりしっとりとしたツヤ消し塗膜で塗れるようになったラッカー系塗料。塗膜が滑らかになることで塗膜同士の摩擦抵抗を軽減し、擦れキズを低減したり可動をスムーズにする効果もある

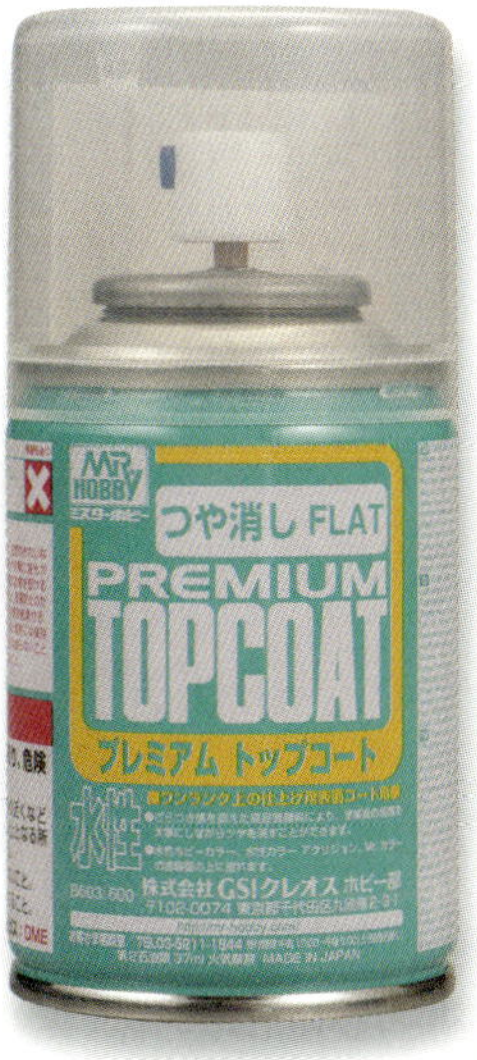

●ツヤ消し塗料のツヤ感はツヤ消し添加剤の粒子の大きさで決まるので、単にフラットベースの量を多くしたり少なくしてもダメだ。そこでMr.カラーでは、あらかじめ粗め〜こまかめまで３段階の異なるツヤ感のフラットベースが用意されていて、これらを使い分けて塗料に混ぜることでツヤ感に段階をつけることができるようになっている

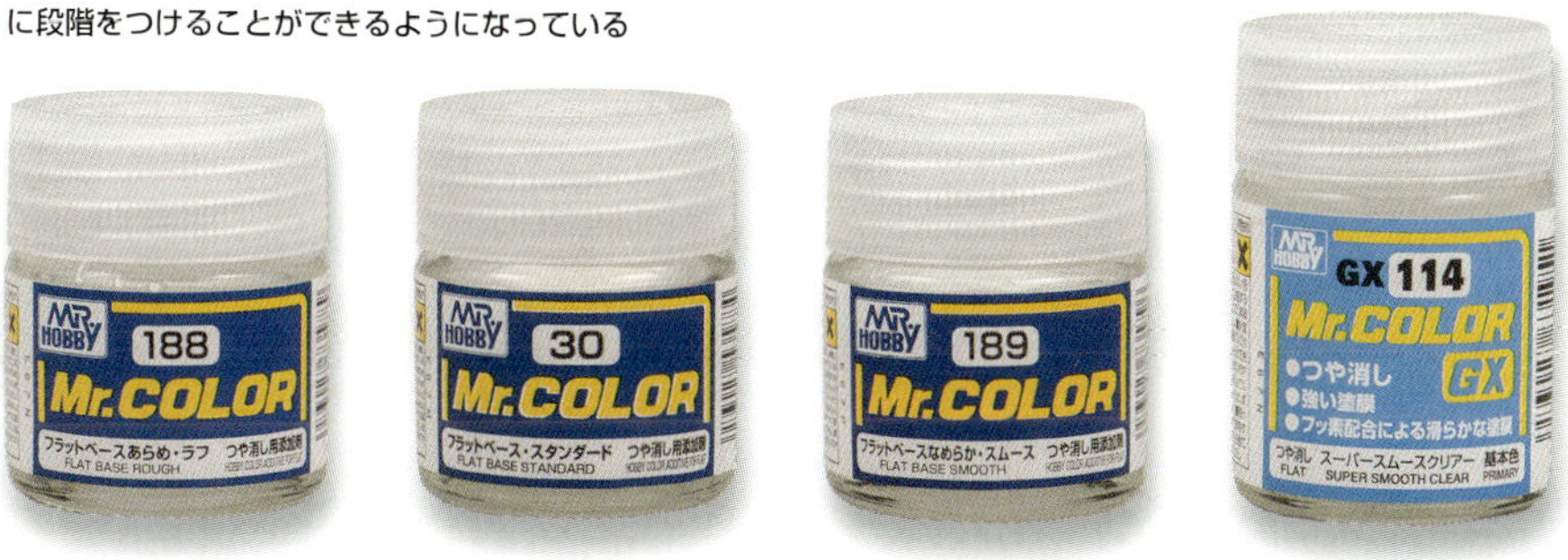

個人的な意見なのだが、模型の完成品の見映えの少なく見積もっても半分は「ツヤの感じ」に左右される。もっというと、工作も色の選択もばっちりなのに表面のツヤが変なのですべてが台なし、という完成品を目にしたことがこれまでに何度もある。

人が模型にリアリティーを感じる要素はいくつもあって、ディテールのこまかさや再現度、色味などもリアリティーの獲得に寄与しているが、もっとも直感的に響くのは「質感」なんだろうと思う。テカテカに光っているフィギュアは人間に見えないし、カーモデルのガラスがツヤ消しだったらどう見ても変だ。これは極端にしても、人の脳はいろいろな物のこまかな質感の見え方を無意識に判別して覚えていて、模型を見たときにそれをあてはめてリアリティーの有無を判別している。よくスケール感とかスケールエフェクトなんていうのもそれで、スケールモデルをツヤ消しや半ツヤにするとリアルに見えるのも、遠くの物はツヤがないように見えるからだ。

かように模型のツヤは重要で、完成品のツヤ感が単一なのと5階調あるのでは、階調が多いほうが明らかにリアリティーがあって情報量が多いように見える。そこで重要になってくるのが塗料のツヤのコントロールの仕方。近年はツヤの感じをこまかくコントロールできるように極細目〜粗目のフラットベースが各種ラインナップされるようになったので選んで使い分けたり併用してみよう。それだけで完成品の見映えが一気に上がることうけあいなのである。

70 メッキパーツのメッキの剥がし方、ごぞんじですか？

浸けるだけでコーティングまで一気に剥がせる便利な剥離剤

●ハセガワの模型用メッキはがし剤は、一発でメッキ層とその上のクリアーコーティング層を剥がせるのがポイント。浸けるだけで簡単なのだ

模型用メッキはがし剤
ハセガワ　実勢税込2000円

●場合によるが、大体数十分～数時間つけておけばメッキを剥がせる。写真のようにメッキ成分が剥がれて浮いてくるのでハブラシなどでこすって除去し、そのあとパーツを水洗いしておくようにする

プラモデルにはメッキパーツというものがあって、塗装では再現しにくい金属っぽい質感がうれしかったりするのだが、ゲート跡やパーティングラインを処理すると下のプラ地が出てしまうという難点がある。また、色味や質感が狙ったものと違うという場合もあるだろう。そんなときは一回パーツのメッキを剥がしてみよう。

プラモデルパーツのメッキを剥がす方法としては、塩素系漂白剤ハイターや炭酸飲料を使って浸け置く方法があるが、そのままでは剥がれない場合がある（ゴールドのメッキパーツなどは、下地のプライマー、シルバーメッキ、その上からクリアーイエローがコーティングされている）。そこでオススメしたいのがハセガワの模型用メッキはがし剤。これなら、プライマーやコーティングごと一発できれいに剥がせる。数10分～数時間ほど浸ければおもしろいように剥がれるぞ。

71「エアブラシはいいんだけど掃除がめんどうなんだよなあ……」

ハンドピースの掃除を楽にする金属コーティング剤

●実際にコーティングしてみたところ、たしかに必要なうがいの回数が減って掃除がしやすくなった

FUN! COATING
ArtFun!　実勢税込2500円

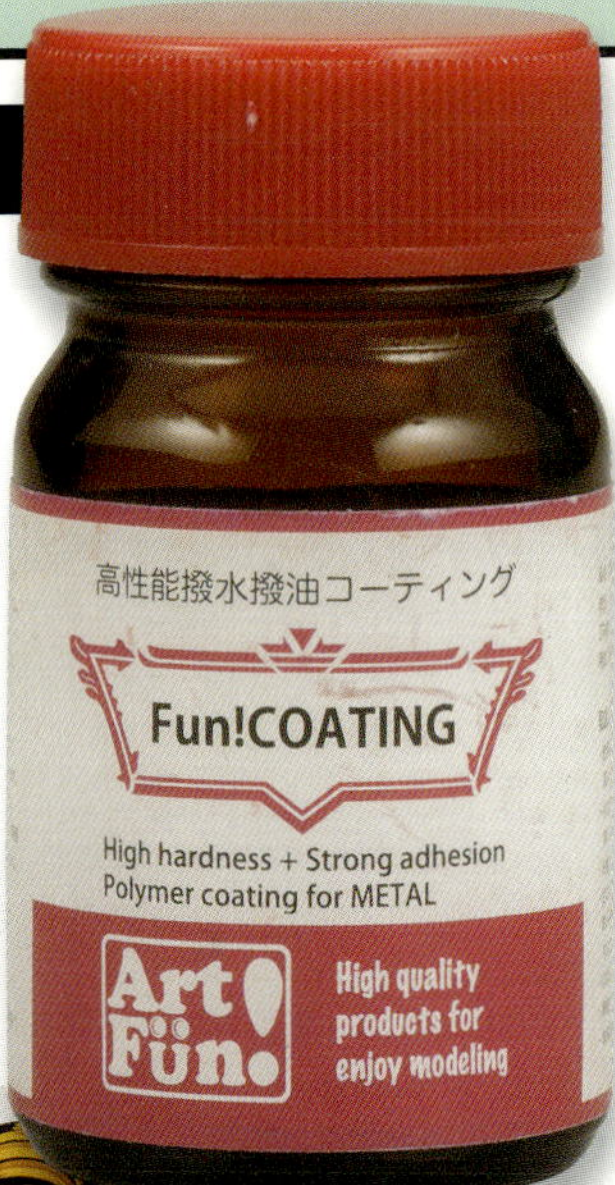

●FUN! COATINGはメッキや金属の表面を、高硬度／高密着いコーティングするコーティング剤。撥水、撥油、防汚、摩擦低減などの効能がある

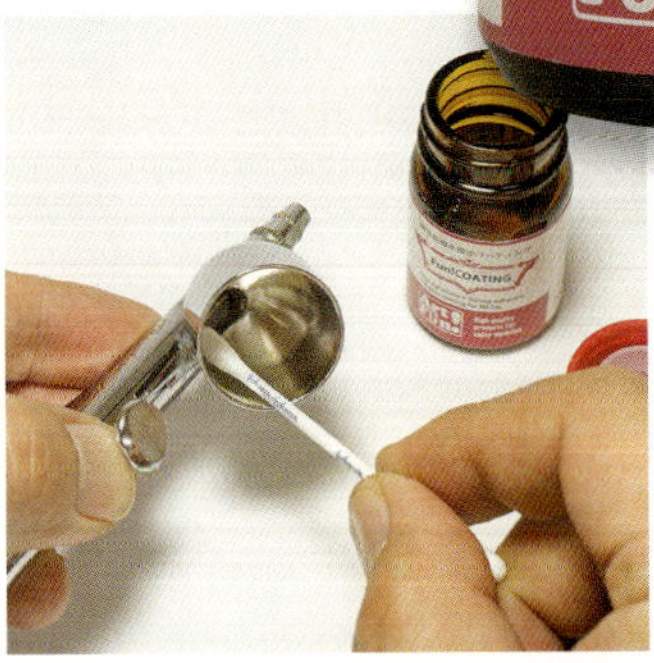

●塗ったあと室温で3時間以上乾かすか80℃で60分間加熱乾燥することによりコーティング層が化学反応で密着する。うすめ液で溶けることや塗料に影響を与えることはないが、効果切れを感じたら改めて塗ってコートする必要がある

比較的簡単にきれいな塗膜で塗れるエアブラシは非常に便利なツールだが、手間がかかるのが、塗料を交換するときや塗装を終えたときに行なう塗料カップ内の掃除。適当にしておくと次の色と混ざったり、塗料が中で固まって詰まってしまったりする。

そんなエアブラシ掃除の強い味方がこの撥水撥油コーティング剤Ｆｕｎ！ＣＯＡＴＩＮＧ。これでコーティングしておくことでハンドピースの金属素材が塗料を弾くようになるので掃除が楽になる。塗料カップや内部に塗料がこびりつきにくくなって掃除をするときのうすめ液でのうがいの回数が減ると、楽なだけでなくうすめ液の節約にもなる。なお、塗布後の乾燥に時間が必要なので時間に余裕をもって使おう。

72 工具ではないけれど模型をよりよく見せるツール

ワイヤレスなので簡単工作 画期的なLED電飾展示台

●2枚の板はそれぞれ約30㎝四方で、大きすぎず小さすぎずちょうどよい大きさだ。ベースの供給電力が大きいので、同時に数百もの発光ユニットを点灯可能

ATTENTION!
配線無用で
ワイヤレス給電
即発光！

クロスベース ワイヤレスパワーステーション
ハピネット　実勢税込1万7000円

●ワイヤレス給電式なので、「構造上配線が難しい」「内部スペースが極端に少ない」というような模型でも簡単に電飾することができる

●クロスベースに対応する専用ワイヤレスLEDユニットは、ホワイト／レッド／ブルー／グリーン／アンバー／ピンク／パープルの７色（各10個セット）が販売中。発光させること自体に工作は不要で、パッケージに入ったままの状態でもベースに近づけるだけですぐに点灯する。2枚の板の大きさはそれぞれ約30㎝四方で、大きすぎず小さすぎずちょうどよい

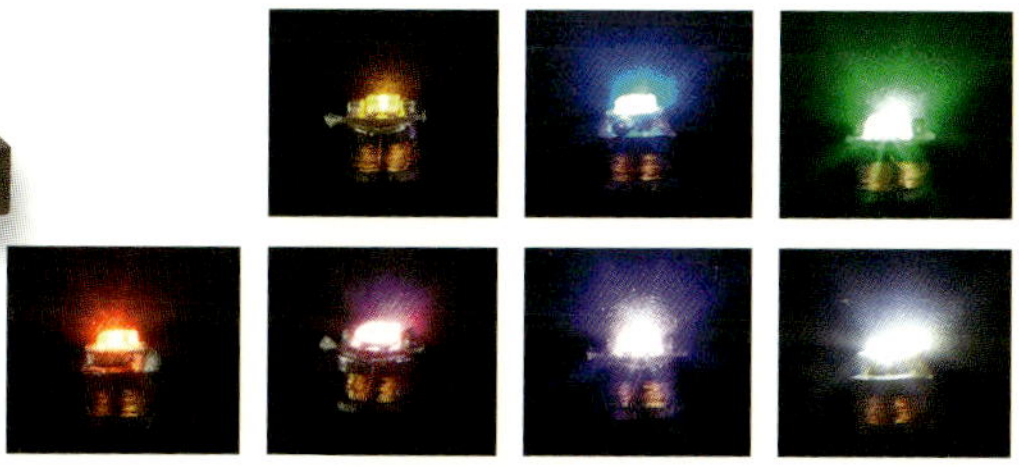

●1/150のバスコレジオコレを使って電飾してみたが、両面テープを使って貼り付けるだけでお手軽に電飾工作終了。バスコレのような小スケールで車体内に電池や配線のスペース確保が難しい模型でも見映えよく光らせることができた。完成後にストラクチャーを置き換えるのも簡単で、バスの位置を動かしてもそのままで発光する

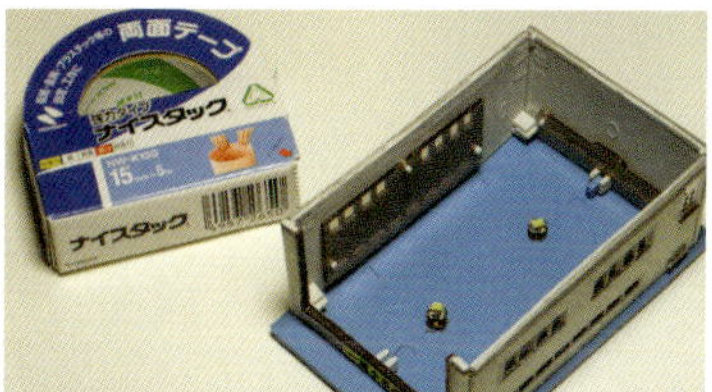

厳密にいえばベースは工具ではないが、「模型をよりよく見せるツール」ということで、おもしろい電飾ベースを紹介したい。

ハピネットが販売しているクロスベースは、ワイヤレスステーションと専用LEDユニットを組み合わせることで無線給電でLEDを点灯させることができるベースシステムだ。基本的な仕組みはスマホのワイヤレス充電と同じで、ベースとLEDユニットの両方にコイルを入れておくことで、両者の間に発生する磁力で電流を発生させるというもの。垂直に組み合わされた2枚の板の両方にコイルが内蔵されているので、この2枚の板で挟まれた空間にLEDユニットを入れるだけで発光する。

LEDの普及のおかげで模型の電飾環境は大きく変わった。麦球を使っていたころと比べてスペースと熱の問題から解放されたため電飾の可能性は大きく拡がった。しかし、電飾をしようとするモデラーの前に立ちはだかる問題が電気回路の知識と配線の工作だ。LEDは小型になったぶん配線工作の難易度が上がっている。そこで挫折してしまうモデラーも結構いるのではないかと思うが、このクロスベースなら配線工作はいっさい不要で、配線をしないので電気回路の知識もとくに必要ない。要は模型のなかにうまくLEDユニットが収まりさえすればいいので、場合によっては両面テープでLEDユニットを貼り付けるだけでできあがり、なんていうこともできる。とにかく気楽に電飾ができてしまうので、興味がある方はぜひ一度お試しあれ。

73 デスクトップモデリングで作りたいものを作ろう！

日進月歩のデジタル造形環境 ついに3万円を切る3Dプリンターも

●3Dの造形をするマシンは、大きく分けて切削するタイプと光硬化樹脂などを積層していくタイプがある。一般的に3Dプリンタと呼ばれるものは積層式のものが多い。積層式のメリットは、削り粉が出ない、中空成形が簡単、価格を安価にしやすいなどがある。ここに載せているものはすべて樹脂積層式だ

ATTENTION!
急速に充実して低価格化が進む3Dプリンタ

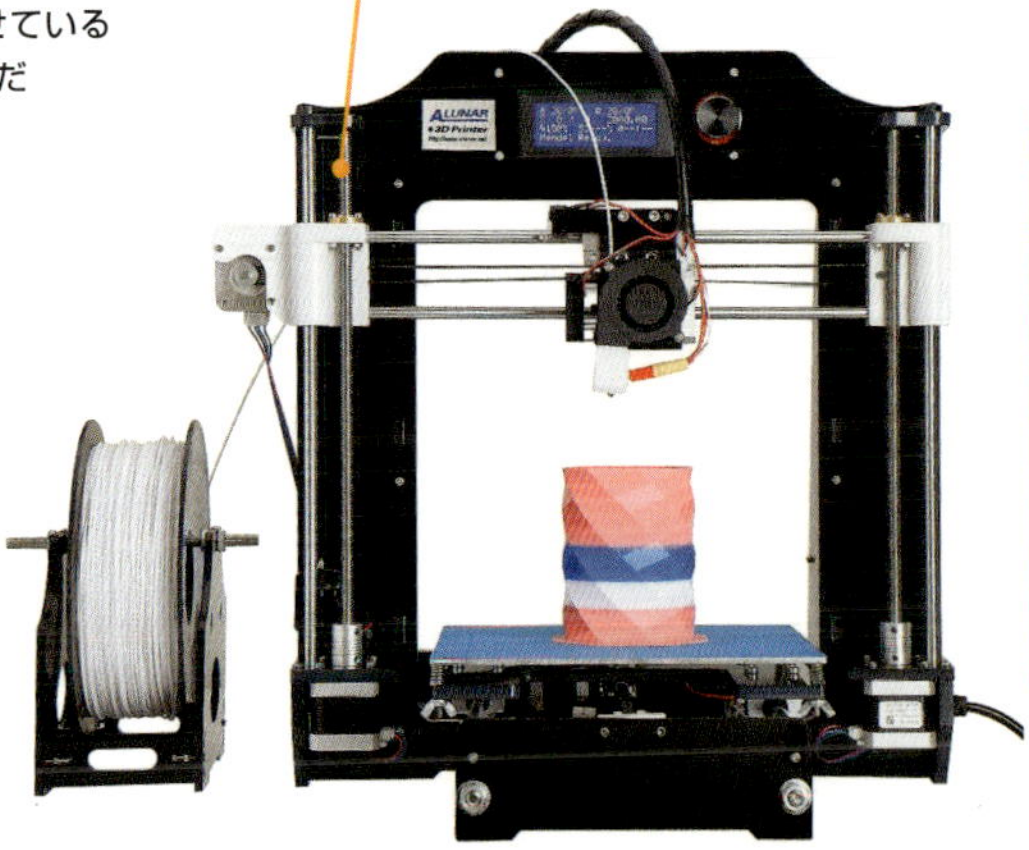

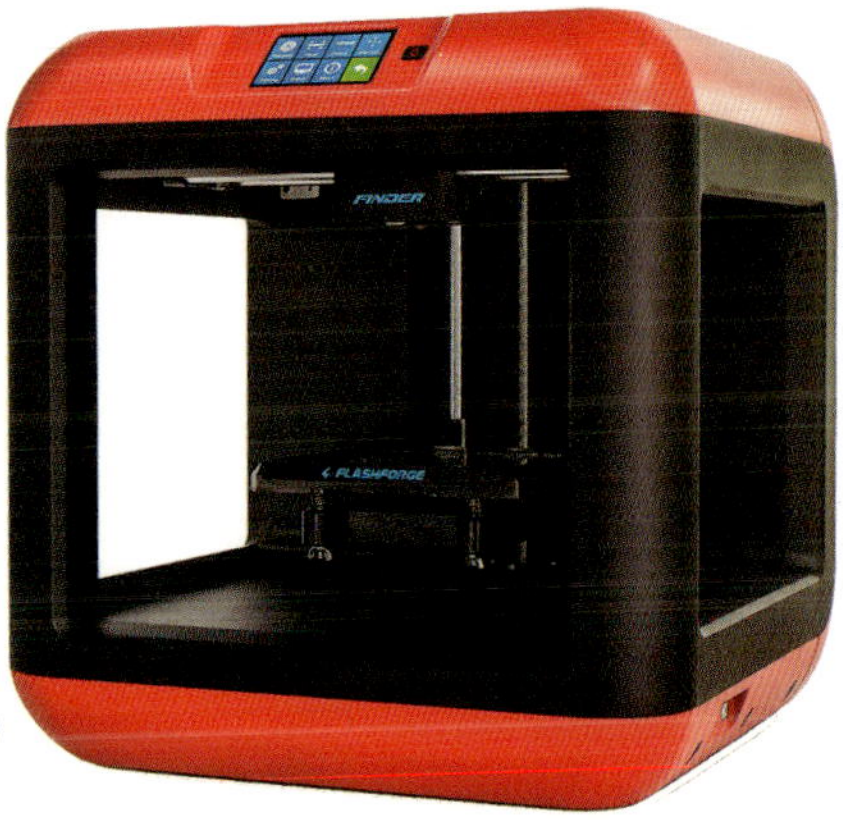

●ここではあえてこまかな商品名や仕様には触れないことにするが、amazonやモノタロウで検索するだけでもいろいろな3D造型機が見つかるはずだ。現在amazonで最安な3Dプリンタは組み立て式で2万7000円程度。アッセンブルされたモデルで5万円程度からある。一般家庭での使用を考えたコンパクトな3Dプリンタが増えてきており、なかには充電式で屋外への持ち出しが可能なものなどもある。また、3Dプリンターを購入せずとも、DMMやKinko'sなどいろいろなところで3Dプリントのオンデマンドサービスが開始されているので、データだけ自分で作成してそれらを利用するとという手もある

●「3d Systems 3dスキャナ iSense for iPad」はipadに取り付けるタイプの3dスキャナ。20㎝から3mまでスキャン可能で分解能は１㎜程度。これまで3Dスキャナは100万円を超えるようなものばかりだったが、こちらの価格は実勢税込7万円。3Dスキャナも手が届く価格になりつつある

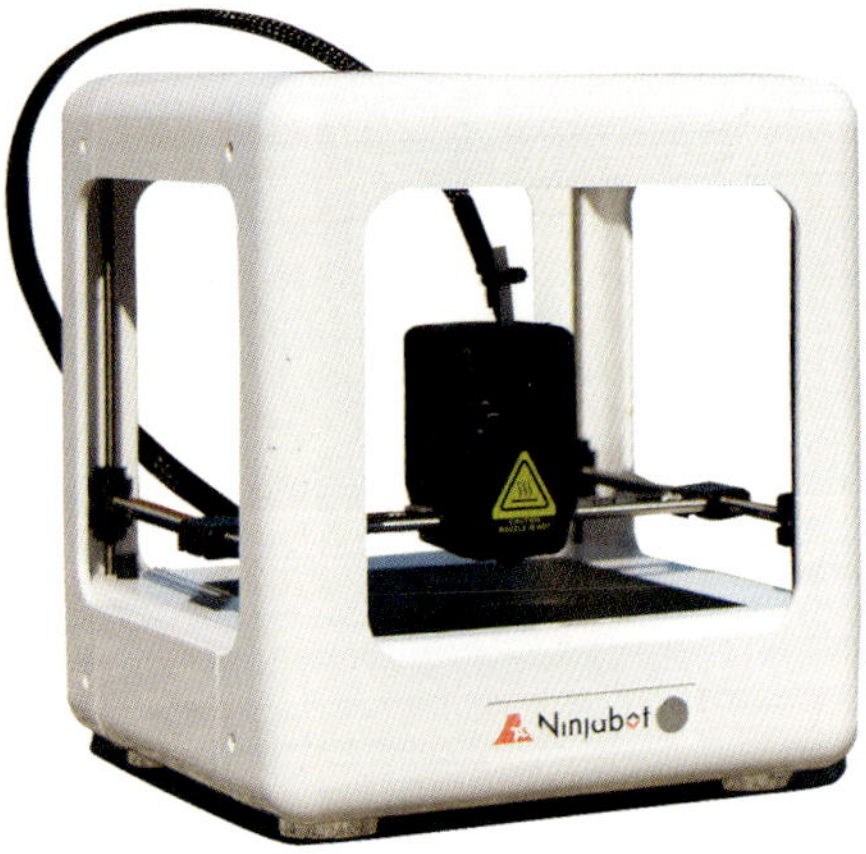

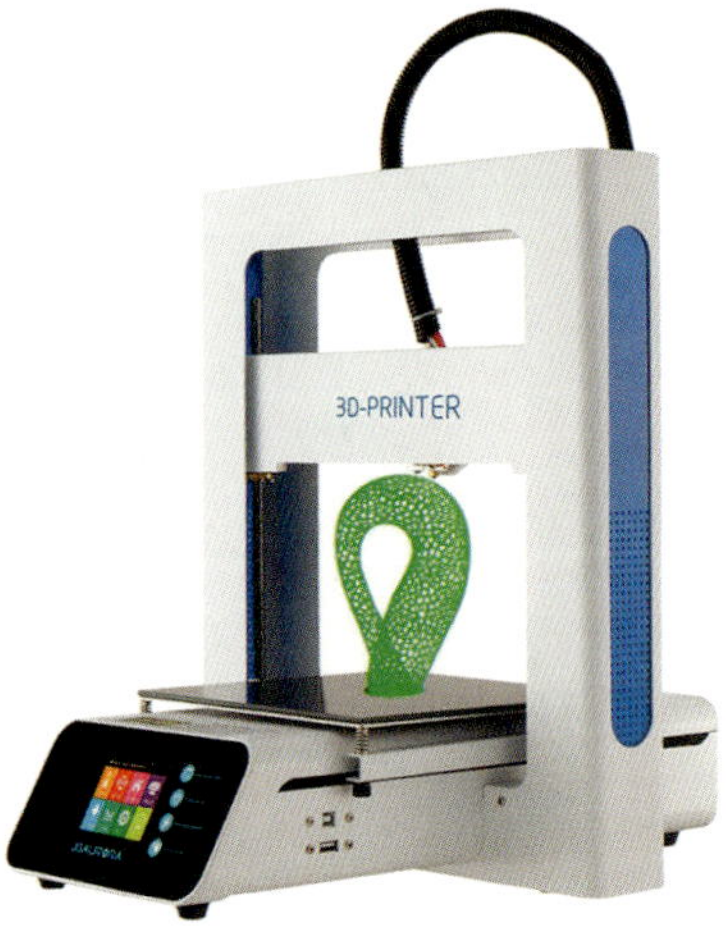

この10年のスマホの進化に顕著なとおりデジタル系の技術は日進月歩だが、3Dデジタル造形の世界もこの5年くらいで急速な進化を遂げている。「3Dプリンターの普及が産業を変える！」というようなニュースがもてはやされたのはそう古い話ではないが、ついに3Dプリンターが数万円で手に入る時代がやってきた。

今回調べたなかでの最安値は、組み立て／調整を自分で行なわなければならないDIYキットではあるものの、なんと実勢税込2万7000円。5～10万円も出せば、かなりしっかりとした製品が購入できる。3Dプリンターには興味があるが高いので……と尻込みしていたモデラーは、これを機に一回調べてみることをオススメしたい。ここで言う3Dプリンターは積層造形方式のものだが、より精密な3D出力ができる切削式モデリングマシンでもRolandのmonoFab SRM-20が50万円を切る価格となってきている。「3Dプリントや切削モデリングは表面が凸凹でそのままではパーツとして使えない」というのも過去の話で、それなりの性能／価格のマシンを使えばそのまま塗装に移れるほどきれいな表面でできあがるようになった。もうひとつ言うと、スマホやタブレットに取り付けて使う手頃な3Dスキャナーも販売されるようになっている。スキャンデータをそのまま出力できるとは限らないが、少なくとも3Dモデリング時のガイドにはなるので、造形力に不安がある方はこういったツールも視野に入れるとよいだろう。

74 取扱い点数なんと1500万アイテム! ネジ1本から即日発送可能

プロ用工具もここで探せる!! 職人御用達通販サイト「モノタロウ」

●ここまでくると工具と資材はほとんどなんでも売っているという感じで、カー用品、調理用具、実験測定器具、農耕具、医療用品にいたるまでなんでもござれ。100万円を優に超えるような業務用3Dプリンタなんてものも売っているぞ

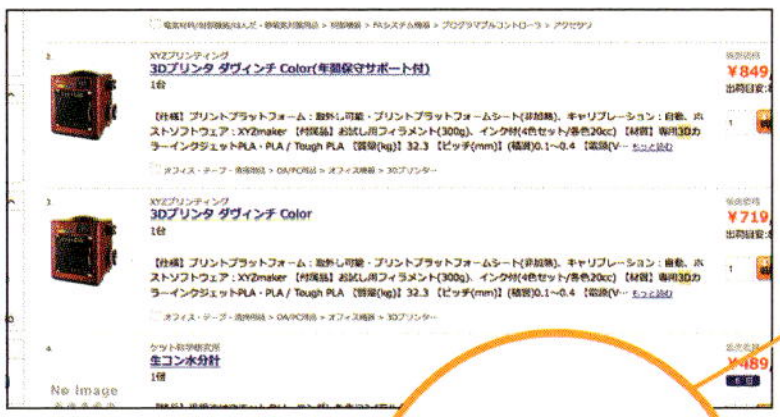

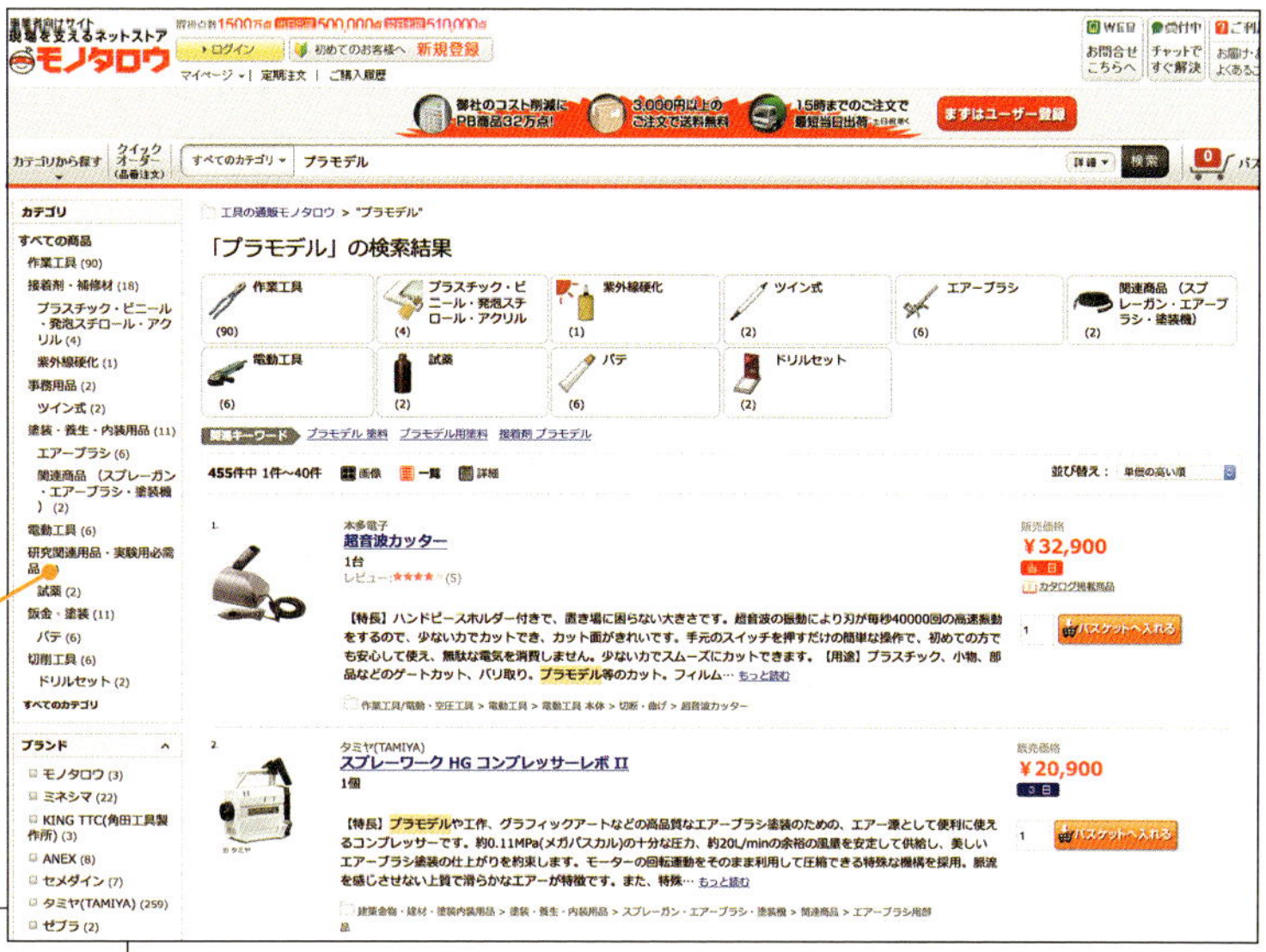

ATTENTION!
あらゆる工具/資材が揃います!

●取扱い点数はなんと1500万アイテム! もちろんキーワード検索ができるがジャンルやカテゴリーで探していくことも可能。在庫があればネジ1個からでも15時までの注文で即日発送可能、さらに3000円以上の購入で送料無料となる

●模型で使える工具も、刃物工具や研磨工具にはじまり、エアブラシ用品やモーターツール、超音波カッターといったものまで数多く取り揃えられているので探してみよう。そうやって探していくなかで知らなかった便利そうな工具に出逢うことも多いのだ

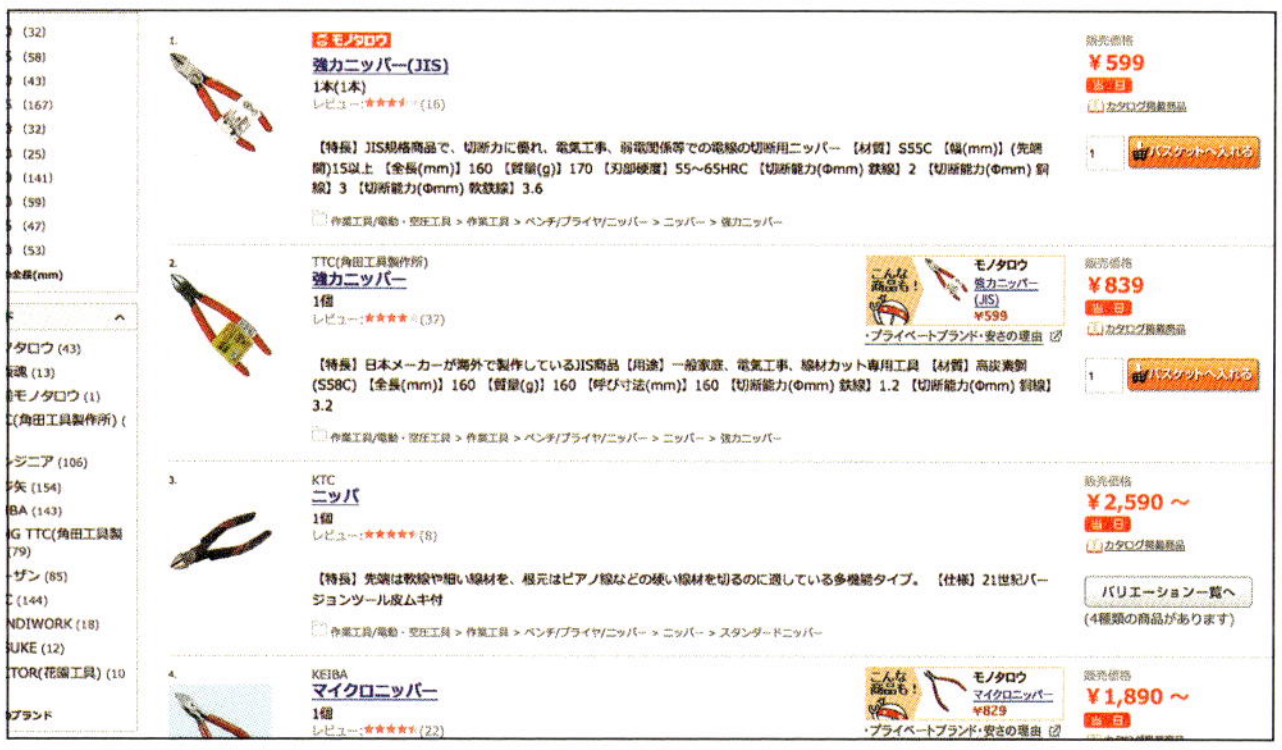

いまは地上波のCMも放送されているので有名になってきたが、筆者がはじめてモノタロウで買いものをしたのはいつのころだったか。10年くらいは経つような気がするが、はじめは自転車かエアガンに使うためのネジを買おうと思い立ってインターネットで調べていくうちにモノタロウにいきあたった。あらゆる工具や資材が1個から個人でも購入できることに驚き、それ以来モノタロウとのおつきあいは続いている。

モノタロウは、主にプロ向けに工具や資材を販売する通販Webサイトだが、法人や個人事業主ではない一個人でも少量から購入することができるのが特長。モノタロウがなかったころは、DIYショップでも売っていないようなプロ用の工具や資材を買おうと思うと、秋葉原のようなところにいって直接探すかメーカーに見積もり依頼を出すところからはじめないといけなかった。そのうえネジのようなものだと「個数は100個から」というようなことになってしまい非常に敷居が高かった。見積もり依頼を出して、ということになると実際に手に入るまでの期間も数週間かかったりする。そういう「プロとアマの間の壁」をあっさり乗り越えられるようにしてくれたのがモノタロウだ。在庫さえあればインターネットで注文して数日で届く便利さである。また、その商品ラインナップはまさに膨大。大きな耕うん機から用途が限定される特殊工具、そしてネジ1本まで、ありとあらゆる工具/資材が扱われているので、眺めているだけでもかなりおもしろいぞ。

75 台所をピカピカに磨けるメラミンスポンジを模型でも使おう

お掃除の強い味方メラミンスポンジを模型製作に活用すると……

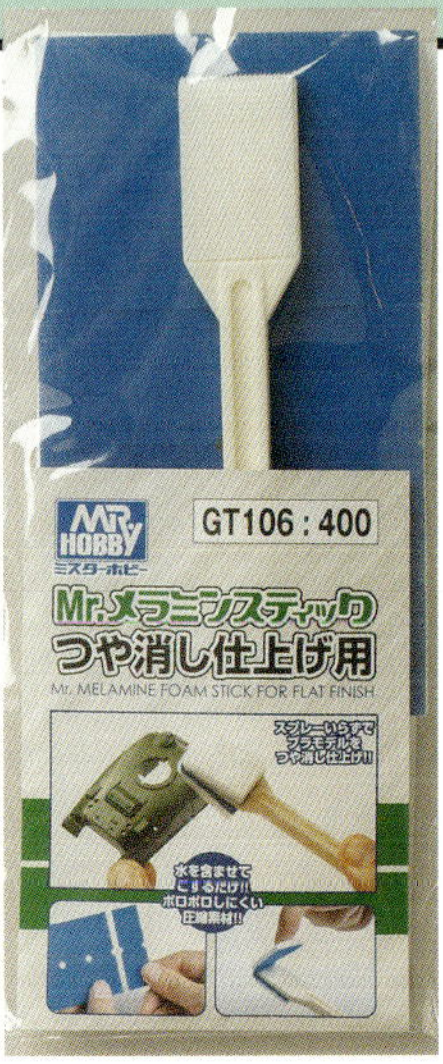

●スティック状にすることで狭い部分や小さいパーツの磨きがしやすくなっている。スポンジは手で切り離せるので、切り離してからスティックにマジックテープで取り付ける

●Mr.メラミンスティック つや消し仕上げ用は、プラモデルのパーツ表面をメラミンスポンジで磨くことで、成型色を活かした自然なつや消し仕上げを手軽に楽しめるというもの。発泡させた素材を特殊な方法で圧縮することで、通常のメラミンスポンジと比較し、約4倍もの耐久性を実現しているとのことだ

Mr.メラミンスティック つや消し仕上げ用
GSI クレオス　実勢税込620円

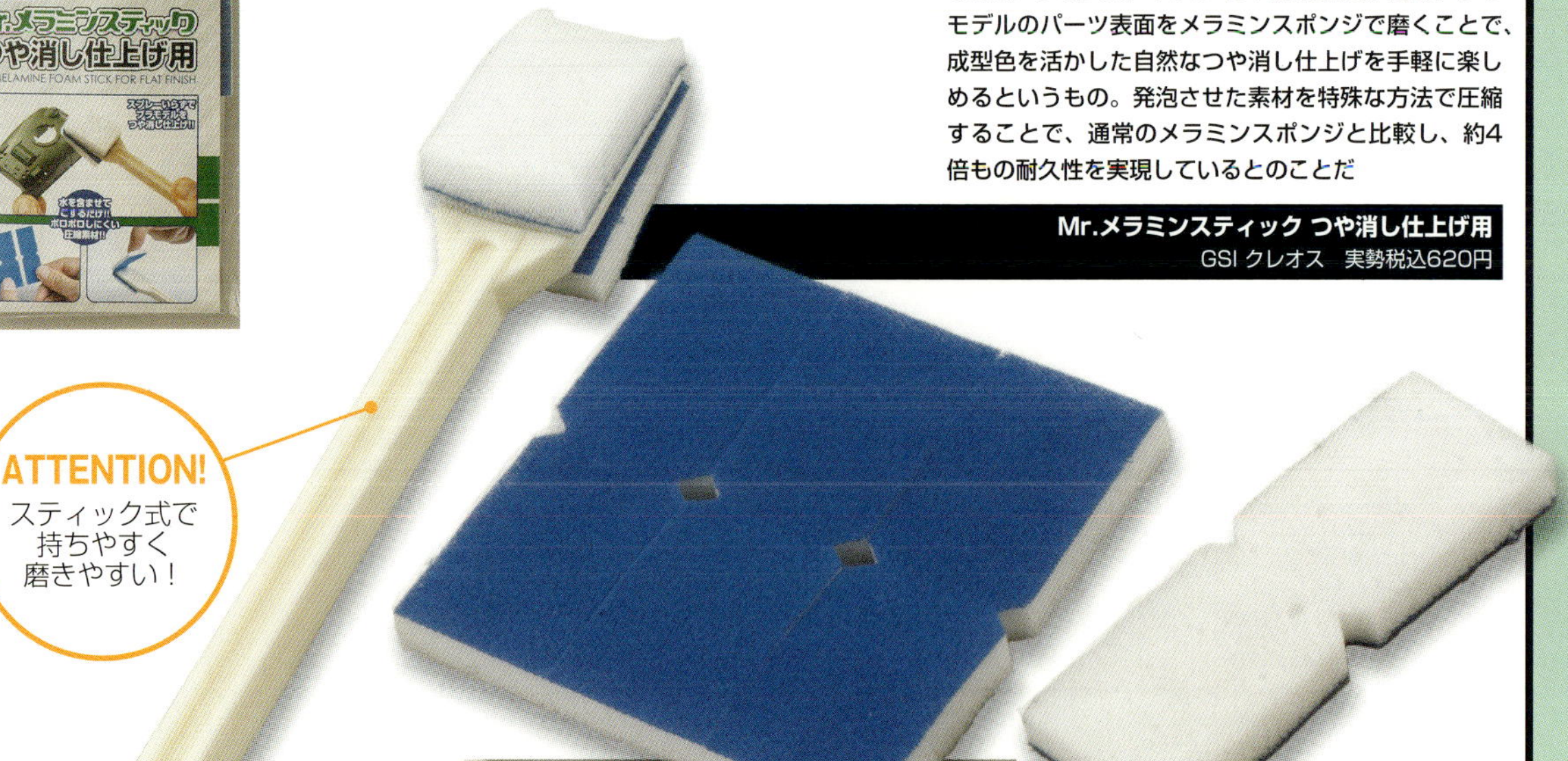

ATTENTION!
スティック式で
持ちやすく
磨きやすい！

●白いスポンジ表面側には凸凹のエンボス加工が施されている

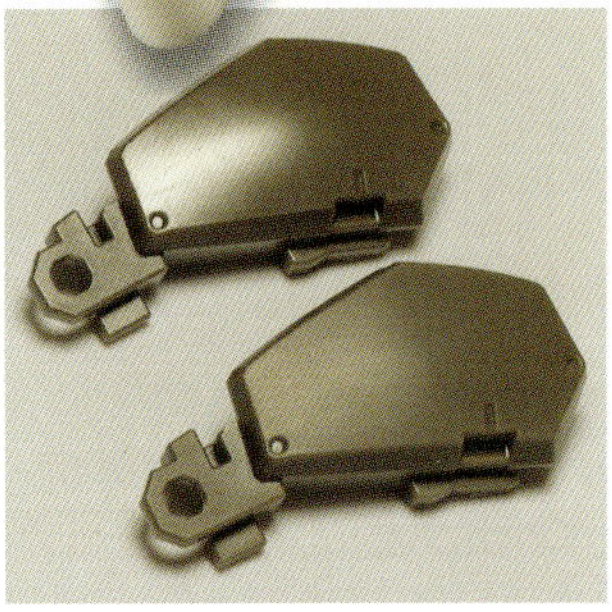

●上側がキットパーツのままで、下側がMr.メラミンスティックで磨いたパーツ。キットのままのパーツはテカリがあるが、磨くことでテカリが押さえられてしっとりした質感になる。これで塗らない仕上げでもオモチャっぽさを減らすことができる

メラミンスポンジって知ってるかな？メラミン樹脂は耐熱性、耐水性、耐候性、耐磨耗性に優れているので食器や建築材料にも使用されていて、結構身の周りにある素材だ。このメラミン樹脂でできたスポンジがメラミンスポンジ。テレビのお掃除番組などでよく紹介されるが、台所のシンクなどの汚れをこすってきれいに取ることができ、百円ショップなどでも売っていて簡単に安価で手に入れることができる。このメラミンスポンジを模型に活用してみよう、というのがGSIクレオスのMrメラミンスティック つや消し仕上げ用だ。

メラミンスポンジでこすると汚れが落ちるのは、メラミン樹脂の高い耐磨耗性によってこすったところが研磨されるから。要は目がこまかい紙ヤスリでこすっているようなものなので、表面は当然つや消しになる。もちろん、模型に使う場合は掃除をしようということではなくて、このつや消しを活かそうということなのである。カーモデルなど一部を除くと、一般に模型はツヤ消しにしておいたほうが見映えがいい。たとえばガンプラを塗らないで飾っておきたいときなど、ツヤ消しのクリアーを吹いてもいいが、塗料だと動かしているうちにこすれて剥げることがある。そんなときはこのメラミンスティックの出番だ。パーツ表面をメラミンスティックでこすって仕上げておけば、簡単にきれいなツヤ消し状態にできて見映えがよくなるし、塗装ではないのでこすれてもそこだけツヤがでてくることもない。これはちょっと新しいぞ。

76 ビン入りサーフェイサーを使えばいろんないいことがありますよ

サーフェイサーがうまく吹けない？それなら、ビンサフを使おう！

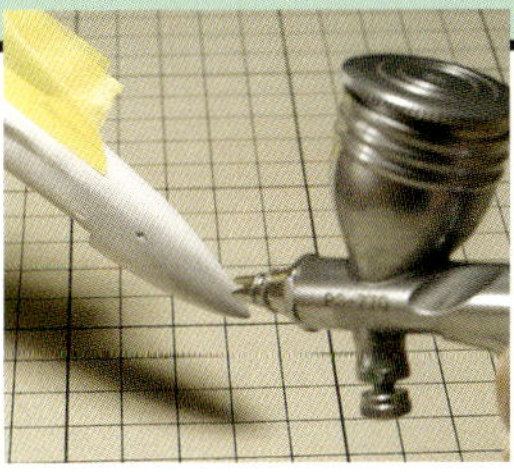

●ビン入りサーフェイサーをエアブラシで塗れば、部分的にサーフェイサーを吹いて表面を確認しつつ全体には吹かずにモールドはシャープに保つ、というようなこともできる

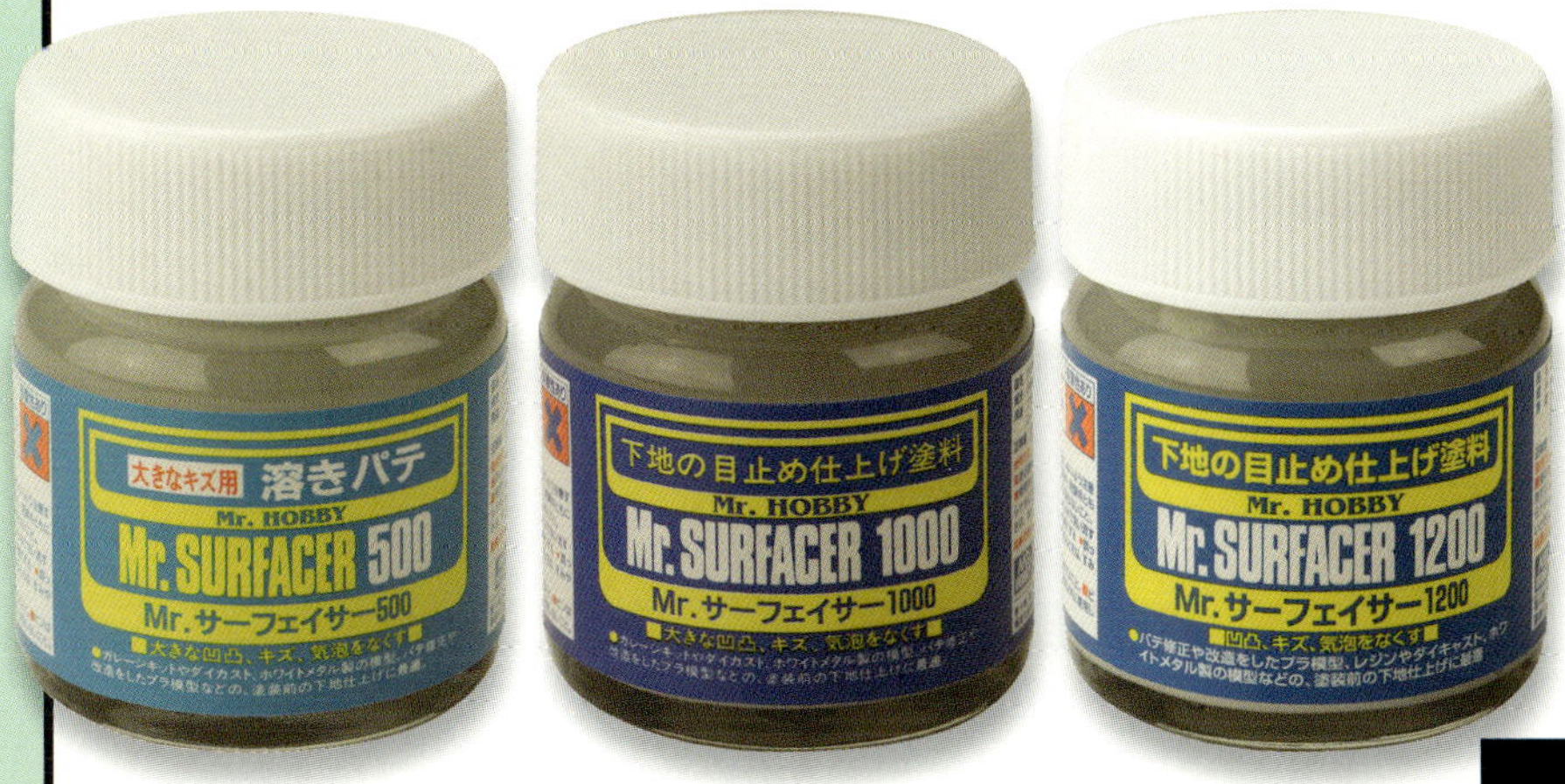

●1000を基本として、大きな傷を埋めたいときは500、よりなめらかな表面にしたいときは1200や1500というふうに使い分けるとよいだろう

Mr.サーフェイサー 500
Mr.サーフェイサー 1000
Mr.サーフェイサー 1200
Mr.フィニッシングサーフェイサー 1500 ホワイト
Mr.フィニッシングサーフェイサー 1500 グレー
Mr.マホガニーサーフェイサー 1000
Mr.プライマー・サーフェイサー 1000（グレータイプ）
GSI クレオス　実勢税込250円～

●傷を埋めて表面の状態を確かめる、という意味ではグレーのサーフェイサーが使いやすいが、結局サーフェイサーの上に発色をよくするための白やシャドーにするための濃い色の下地色を塗るというような場合は、ホワイトやマホガニーといったはじめから色がついたサーフェイサーを塗るのも手だ。また、エッチングパーツを使用している場合は、金属部分への塗装の食いつきをよくするためにプライマー成分が入ったプライマーサーフェイサーを使おう

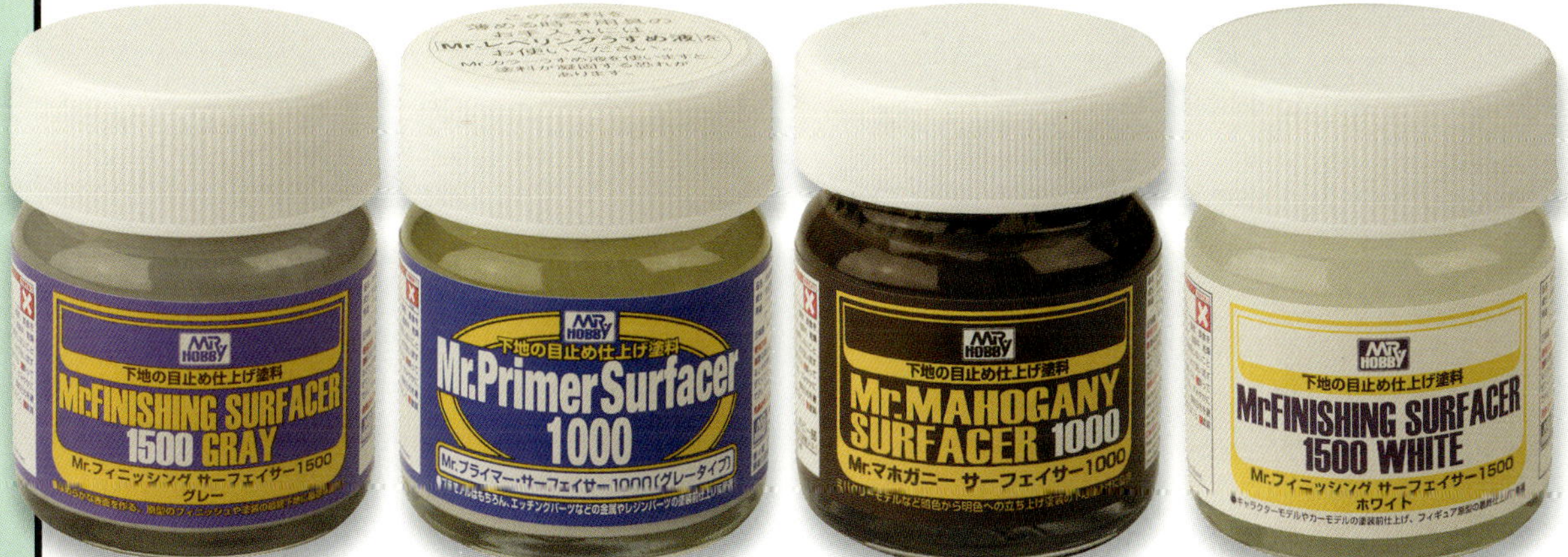

昔から「缶スプレーをどうやってうまく吹くか」というのは模型工作Q&Aの定番。しかし結論から言うと缶スプレーは難しいので初心者にはおすすめしない。とくに缶サーフェイサーの失敗は、数多い「模型工作あるある」のなかでもわりと上位にくるものだ。缶サーフェイサーは手軽に使えるところがすばらしいツールなのだが、一定以上にきれいに塗ろうとするとかなり難易度が高い。とくにサーフェイサー吹きの段階で失敗してモールドが埋まってしまったり表面がザラついてしまうと、そこからのリカバリーは非常に手間がかかるし難しい。

「缶スプレーをどうやってうまく吹くか」という質問に正直に答えるならば、その答えは「悪いことはいわないので、缶スプレーではなくエアブラシで塗ろう」だ。缶サーフェイサーは薄くきれいに吹くのがとても難しいが、ビン入りサーフェイサーをハンドピースで吹けば、「厚塗り」や「ザラつき」といったことはほぼ起きないのでそれだけで問題はほぼ解消してしまう。下地のサーフェイサー層が滑らかできれいに、しかも薄く仕上がっていれば、当然塗装後の仕上がりは格段によくなるはずだ。

ビン入りサーフェイサーが敬遠されるいちばんの原因は、塗装後のハンドピースの掃除なのではなかろうか。たしかにサーフェイサーはパテなのでしっかり掃除しないとたいへんなことになる。しかし、その掃除の手間と完成品の仕上がりを天秤にかければ……圧倒的にビン入りサーフェイサーを使うほうに軍配を上げたい。

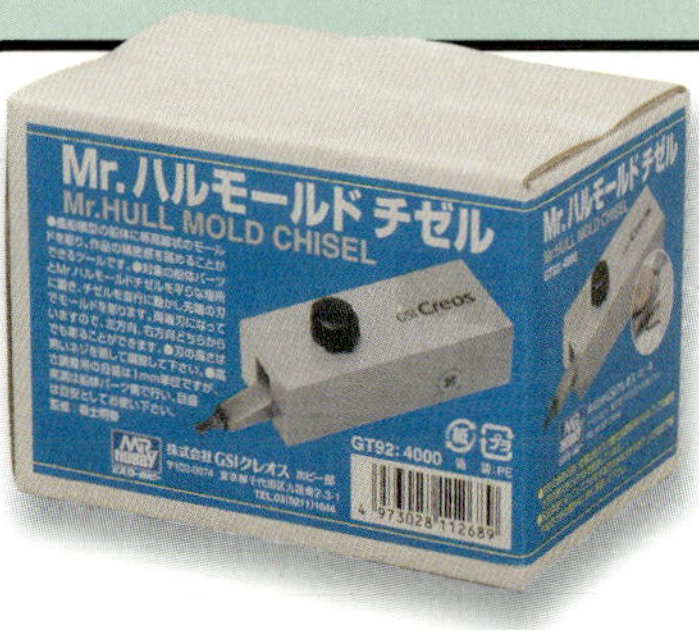

77 用途がめっちゃ限られるけど その工作ではないと困るんです

艦船模型で超便利なMr.ハルモールドチゼル、その使い方と意味、ちゃんと知ってますか？

●Mr.ハルモールドチゼルは、プロモデラーTakumi明春氏が個人的に作って使っていた工具をGSIクレオスが製品化したもの。簡単に艦体に等高のモールドが彫れる。刃先の高さは黒いネジで調節可能

Mr.ハルモールドチゼル
GSI クレオス　実勢税込2700円

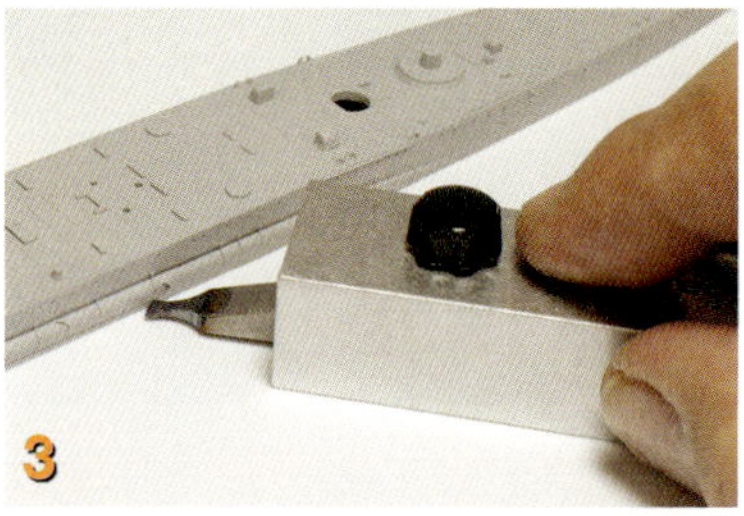

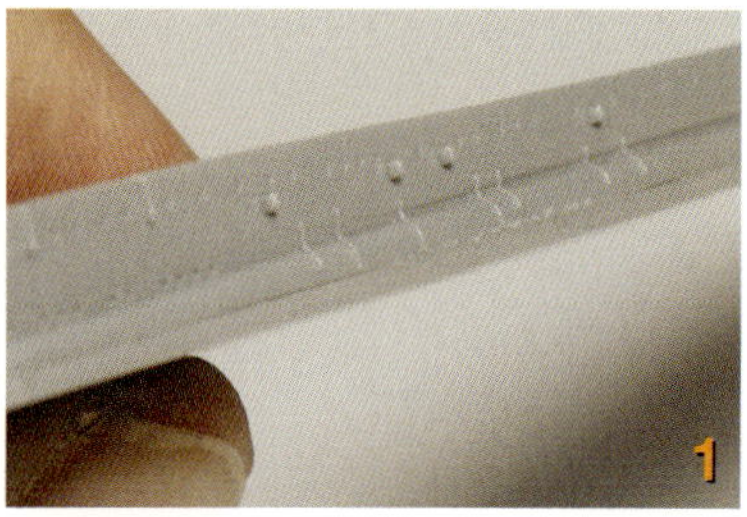

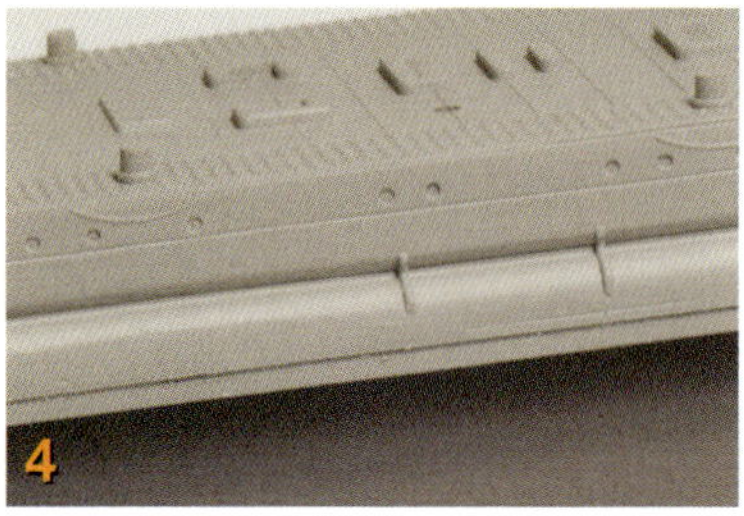

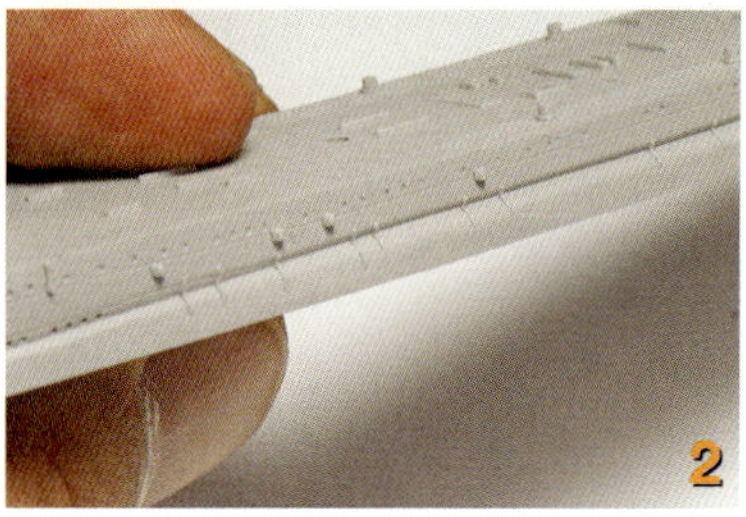

①艦体パーツと艦底パーツを接着すると、そのままでは段差ができる
②瞬間接着剤を使って合わせ目と段差を処理したところ。処理をすると、当然のことながらどこが合わせ目＝喫水線か外見からはわからなくなる
③そこでMr.ハルモールド チゼルの出番だ。高さを１㎜程度に合わせ、刃先の角を艦体側面にあててスジを引いていく。深く彫る必要はないので軽くなぞろう
④彫れたラインを元に塗り分けをしよう

工具のなかには用途が非常に限定される代わりに「それがないとその工作ができない」というようなものがある。数ある模型工具におけるそういった特殊用途工具の代表格がこのMrハルモールドチゼルだ。簡単な説明だとほとんどの人にはこの工具の持つ意味が伝わらないので、ちょっと詳しく説明してみることにしよう。

このチゼルは艦船模型に喫水線、すなわち舷側のグレーと赤い艦底色の境目のラインをつけるためだけの工具。喫水線とは、「艦体と水面＝平面が接するところのライン」のことだ。ところが、艦体と艦底のパーツを接着して合わせ目を消し基本色グレーの塗装をしてしまうとどこが喫水線かわからなくなってしまう。「大体直線なのだからマスキングテープをピンと張って貼ればきれいにラインが出るのではないか」と思われるかもしれないが、それがそんなに甘くない。まっすぐ貼ったつもりでも、艦首／艦尾方向の低めから眺めると、ほぼ例外なくラインがうねってしまう。「艦首／艦尾方向の低めから」というのは艦船模型完成品を眺めるときのカッコいい角度の定番のひとつなので、それでは興ざめだ。そこで登場するのがこのハルモールドチゼルだ。これを使えば、一定の高さのところに簡単にラインを引ける。艦船の舷側のように曲面構造のところでもまったく問題なし。これで引いたラインを頼りにマスキングをして艦底色を塗り分ければ喫水線がばっちり仕上がる。艦船モデラーなら要チェックな用途限定スグレモノ工具である。

78 しばらく置いておいた塗料ビンで困っているアナタに

塗料ビンにまつわるちょっと便利な工具2選

●GSIクレオスのMr.カラー、水性ホビーカラーの10cc／18ccボトルのキャップを開けるためのオープナーセット。メガネ型レンチは新旧のMr.カラーと水性ホビーカラーに対応し、 ボトル側が滑りにくくするための軟質キャップも付属する

Mr.キャップオープナー
GSI クレオス　税込430円

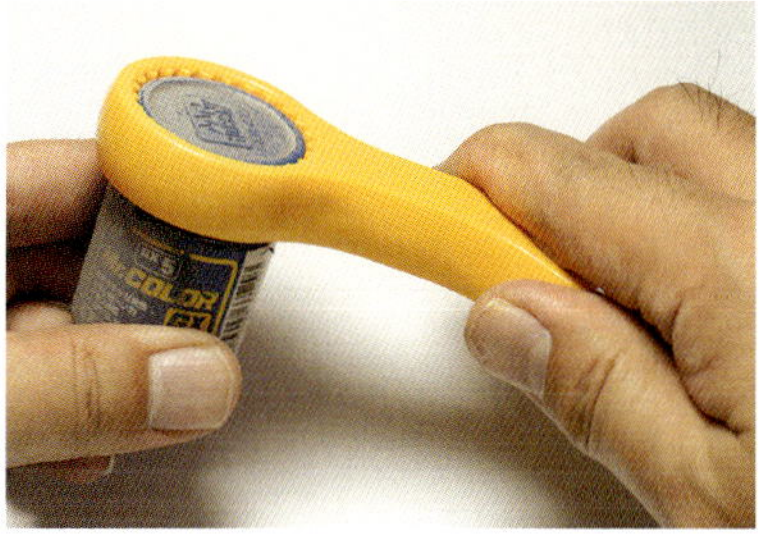

ATTENTION!
ただの球ですがコレを入れればバッチリ攪拌

Mr.攪拌用メタルボール
GSI クレオス　税込410円

●塗料ビンのなかに3～4個入れて振ることで、より均一に塗料を攪拌できる。ビンの角に合わせた大きさのボールになっているので、沈殿した顔料も効果的に混ぜることができる

「なくても作業できなくはないけれど、あるととても便利な模型工具シリーズ」(いま勝手に命名）のなかで、とくにオススメしておきたい塗料関係の2アイテムをまとめて紹介することにしよう。

家にある使いたい色の塗料ビンを見つけて出してきたものの、「ふんっ……フンッ！……フンガー!! ハァハァ。ふたが開かなくて使えない……」なんてことあるよね。そういうときにビンヅメなんかだったら「温めて開ける」なんてセオリーがあるけれど、塗料ビンを温めていいものやらわからない（たぶん温めないほうがいい）。そこで登場するのがMrキャップオープナー。Mrカラーのビンのフタにぴったりはまってテコの原理で一気にフタを開けることができる。値段も安いので塗装場にぜひ1本置いておくことをおすすめしたい。

もうひとつがMr攪拌メタルボール。ただの玉のようだが、わかりやすくいうと缶スプレーを振ったときに缶のなかで「カラカラ」いうアレだ。この金属球がなかに入っていることで、振ると球が上下に動いて塗料が攪拌される。とくに永く置いておいた塗料は溶剤と顔料が分離しがちで、うすめ液を足してもビンをそのまま振ったくらいではなかなか均一に混ざってくれない。ちゃんと混ざっていないと、色味が変わってしまったりハンドピースで塗装中に途中から濃さが変わって表面がザラザラになったりしやすいが、このメタルボールを入れて振るだけで、ビンのなかでかなり均一に塗料を攪拌することができるのだ。

79 こびりつくことなく ホコリやゴミだけ集めて取れる

削り粉を飛び散らせずに掃除できる新機軸クリーナー

ATTENTION!
トリモチ状の
もっちりゲルで
ゴミを取る

Mr.ゲルクリーナー
GSI クレオス　実勢税込1000円

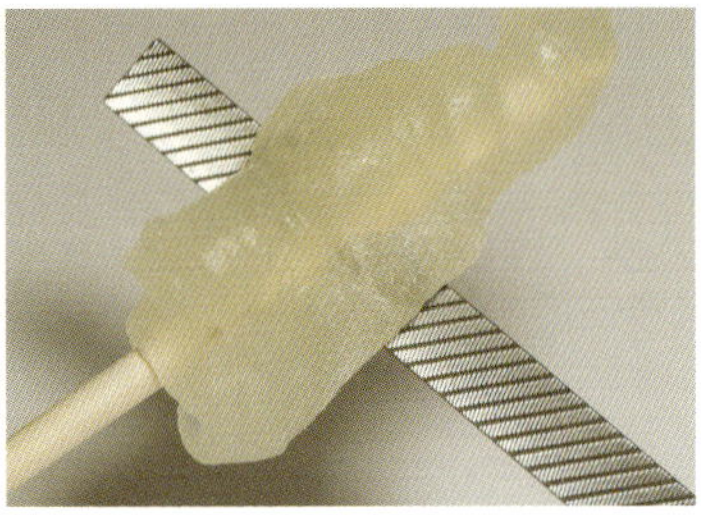

●フタを開けてみると結構しっかりした硬さのゲルが入っているので、2〜3㎝の玉になるくらいの量を取り出し、指で練ってから使おう。初めのうちはべとつく感じがあるが、工具や指、パーツにべとつきが残ったりはしないし、ゲルクリーナーを使用したパーツに塗装をしても問題なし。ヤスリなどの工具やパーツに付着した削り粉を取ったりナイフの刃先の削りカスを取るなどのほか、完成品につもったホコリを取ったりなど、いろんな使い方をすることができる

ほかのところでも書いたが、プラモデル製作は「粉を量産する作業」だ。当然削るときに使用したヤスリなどには大量に削り粉が付着した状態になる。そしてそのままだと目がつまって削れなくなるので掃除をすることになる。そんなとき皆さんはどのようにしているだろうか？

自分もそうだったが、よくやるのがハブラシなどを使ってヤスリの目をこすって粉を落とす方法。たしかにヤスリはきれいになるのだが、ヤスリについていた削り粉は床に落ちたり部屋のなかを舞ってしまう。毎回掃除機をかけたり塗装部屋を別に持っているならあまり問題ないが、工作と塗装を同じスペースで行なっている場合は、塗装中にパーツや塗膜に削り粉がつきやすくなってしまう。ホコリや粉は塗装の大敵、塗面がザラつく原因だ。このように、適当に取り除こうとするとあとがめんどうな削り粉をまとめてにきれいに掃除することができるツールがある。その名もＭｒゲルクリーナー。その名が示すとおり、ゲル状のクリーナーだ。このゲルクリーナーは「とりもち」（虫などを捕らえるねばねばの物体）みたいなもので、素材の粘着力を使って押しつけるだけで粉やゴミを取り除くというものだ。直径3㎝くらいの大きさの塊を取って、少し練ってから工具などに押しつけていくときれいに掃除できる。なお、工具だけじゃなくて、パーツはもちろん、机の上やＰＣのキーボードに積もったホコリやゴミなんかを掃除するのにも便利。ほかにもいろいろなものが掃除できそうだ。

80 これは削る感じに慣れればかなり便利そう！

塗膜のゴミ、ブツ、タレを削り取るプロ用超硬ブツ取り工具

ATTENTION!
鉄超硬を
1/100㎜の高精度
ラップ研磨加工

ダストカットメタル
THANKSGIVING　実勢税込3800円

●ダストカットメタルは、非常に硬い超硬合金を1/100㎜の高精度ラップ研磨加工で仕上げたエッジで削る工具。切削性が非常に高く、塗膜に付着したホコリ、ブツ、タレなどを素早く簡単に削り取ることができる。付属のヒモは刃に角度をつけて削りやすくするためのもので、太さを変えれば角度を調整できる。なお、塗膜を乾かして硬化させてから削るようにする

●本来は実車のウレタン塗料塗膜などを削る用途のようなので、模型用塗料の柔らかめの塗膜を削るにはちょっとコツが必要だが、慣れればサクサク表面を滑らかに削れるようになる

エアブラシで塗装をしていると、ノズルに溜まった塗料の滴が何かの拍子にブッと吹き出したりホコリなどが塗膜について凸凹ができてしまうことがある（塗装面のこういった凸凹を「ブツ」という）。こうなると「ああ～、塗装やり直しか……」となるが、そういうときも対処法を知っておけばそこからリカバリーすることができる。

塗膜にブツができたところは、塗膜を乾かして硬化させてから塗膜を削って平らにすれば平滑な塗面に戻せる。一般的には紙ヤスリを使う方法がオススメで、1日くらい置いて硬化した塗膜なら800番くらいから2000番のヤスリを使ってていねいに水研ぎすれば塗料の出っ張りをなくして平らにできる。ただ、削りすぎると下地が出てしまうので要注意。どれくらい削ると下地が出るかは塗膜の具合によって変わるので感覚的に覚えていくしかないだろう。

ヤスリで処理する方法は少しずつ削るので失敗しにくいが手間と時間がかかる。ここで紹介するダストカットメタルは、もっと手早くブツを取りたい人のためのプロ用の専用工具だ。四角い金属の角が研ぎ澄まされた刃になっていて、角を塗膜にあてながら表面を削っていくことで塗膜のブツを削り取る。見た目からの想像以上にかなり切れ味がよいため、塗膜が柔らかめな模型用塗料では、あてる角度と力加減がつかめないと下地まで刃を入れてしまうもしれないが、慣れるとかなり手早くきれいにブツを処理できる。サーフェイサー吹きの段階で使用するのもよいだろう。

81 ぴったり＆エコロジーな感じで あふれる塗料ビンをしまおう

専用設計だからぴったり収まる Mr.カラー専用収納BOX

Mr.COLOR & 水性ホビーカラー
カラー収納BOX

●組み立て式のカラー収納BOXは左の写真のような状態で販売されている。パッケージ状態では完成後の大きさがちょっと掴みにくいが、組み立てると高さ137㎜×幅187㎜×奥行き230㎜になる

カラー収納BOX
GSI クレオス　実勢税込1000円

ATTENTION!
専用設計で
Mr.カラーのビンに
ジャストフィット

●4つの引き出しに各2列ずつ、1個のカラー収納BOXでMr.カラーのビンを48本まで収納することができる。GXカラーなど背が高いほうのビンはもちろん、とんがり帽子型の旧型キャップのビンにも対応している

●組み立てはちょっと複雑だが、プラモデルが組み立てられるモデラーならなんなく作ることができるはず。複雑なのは、折り返しで強度を持たせているからだ。この構造のおかげで、紙製ながらビンをぎっしり詰めても強度的な問題はなさそう。パッケージ写真のように積み上げていくこともできる

プラモデルをひとつ塗装して仕上げようと思ったら少なくても10色以上の塗料を使用する場合がほとんどだろう。そうやっていくつも模型を製作していると、手持ちの塗料ビンはあっという間に１００を超える数になってしまう。そこで問題になってくるのがその収納をどうするかだ。

塗料ビンひとつひとつは小さいがまとまると結構な体積になる。塗料ビン数百本を広げて並べておいておくと畳一畳ぶんくらいをあっという間に占有してしまう。かといってまとめて大きな箱にザラザラと入れてしまうと、塗料を使うときに使いたい色を探しにくくて非効率的だ。そこで多くのモデラーがしている工夫が、塗料ビンを引き出しに入れてしまっておく方法だろう。ホームセンターやインターネット通販で色々な形状の引き出し棚が安価に販売されているので、そこに整理してビンを入れておくことで、スペースを節約しつつ使いやすさを損なわないようにするのである。

そのような塗料ビン引き出し収納の極めつけ的アイテムがこのカラー収納ＢＯＸ。ＧＳＩクレオスがＭｒカラー専用に設計した塗料引き出し収納だ。専用設計にすることでスペースのムダを極限まで減らし、機能的にＭｒカラーを収納できるように工夫されている。また、段ボール組み立て式にすることでコストを抑えつつエコに配慮し、少量から大量までさまざまなニーズに応えられるよう、あとから追加して積み上げていけるようにもなっている。塗装スペースが格段に機能的になることうけあいだ。

82 意外とスペースをとってしまう組み立て説明書を立てておきたい!

プラモデルを作るとき、説明書って邪魔じゃありませんか?

ATTENTION!
ヒンジ付きで
折りたたんで
収納可能

組み立て説明書用自立スタンド S.A.I
ブラッツ　実勢税込2600円

●お店で使われるの什器にも似たようなものがありそうだが、これは模型の組み立て説明書用に作られた専用品。高さや幅などがプラモデルの説明書に合わせて作られているので大きすぎず小さすぎずちょうどよい使い勝手になっている

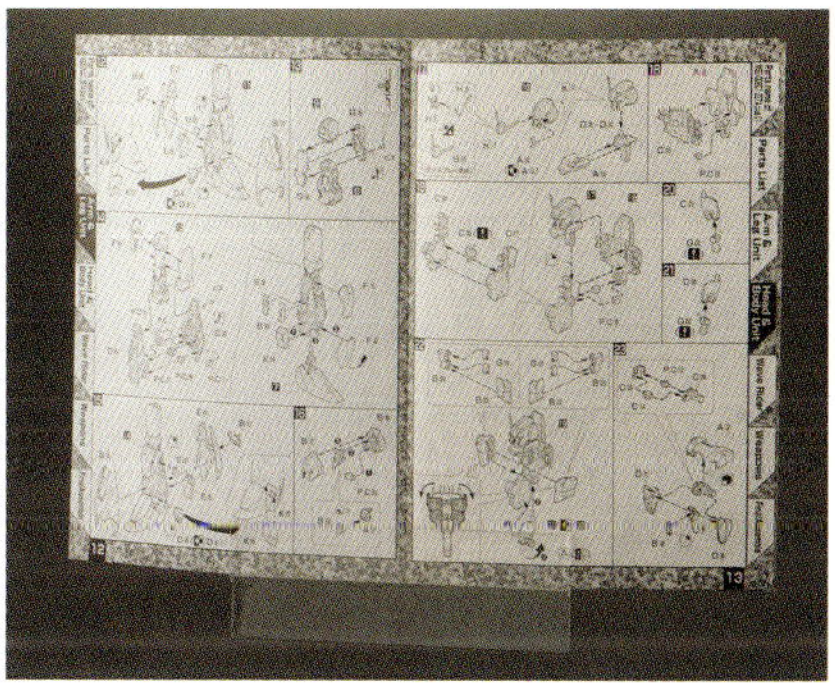

●実際に説明書を置いてみるとこのとおり。下側に押さえておくところがあるので、置いておくうちに勝手にページがめくれてしまうというようなことがない。また、押さえておくところも透明なので、ページ内容が隠れることもない

●使わないときは折りたたんでしまっておけるのも便利ポイント。折りたためばかなり薄くなるので、本棚やちょっとした隙間に締まっておくことができる省スペース設計。机や周辺が狭い日本のモデラーにはいろいろうれしいスタンドなのである

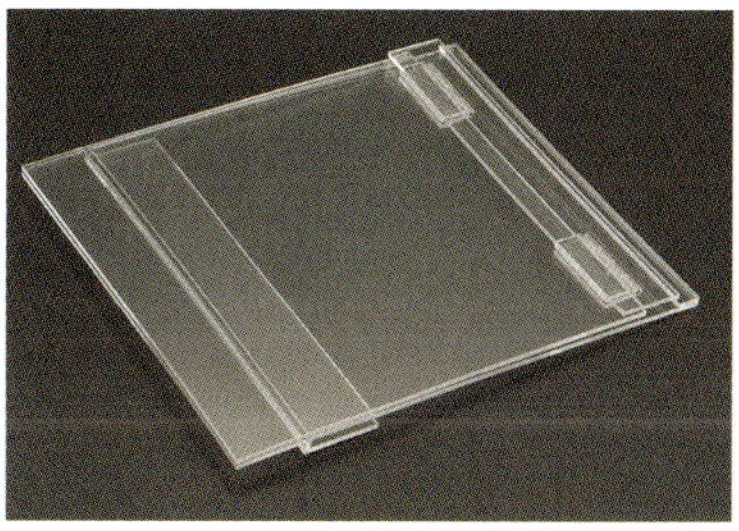

「ありそうでなかった、しかもあるとかなり便利な模型工具シリーズ」（これもいま勝手に命名）の有望なルーキーがこの組み立て説明書用自立スタンドだ。

プラモデルにはたいてい組み立て説明書がついているので作業中はそれを広げておくことになるわけだが、これがけっこうスペースをとって邪魔なのである。説明書の上で作業をしていると、上に置いたパーツが説明書のイラストや字に埋もれてしまい、目の前にあるのに「パーツ、パーツ……」と探すはめになりがちであまり望ましくない。また、説明書に手などをひっかけると上にのったパーツが飛んで大散乱なんてこともあるし、なによりパーツがあるとページをめくりにくい。また、刃物を使って精密な工作をするとき、下が動きやすい紙だと工作しにくいこともある。そこで筆者が普段プラモデルを製作するときは、机に置いてあるPCモニターに立てかけてキーボードで滑り落ちないよう留めている。こうすると説明書の見やすさと工作のしやすさは問題なくなるが、今度はPCでメールチェックをしたいときに一回説明書をどけないといけなくなる。まさにこちらをたてればあちらが立たず……なのだが、そんな不便さもこの説明書スタンドを使えば一発で解消だ。下側にひっかけるところが作ってあるのでページが勝手にめくれることがなく、透明なのでページを押さえておく部分で内容が隠れて見えないこともない。しかも終わったら折りたたんで収納できる……これ、カンペキでしょ。

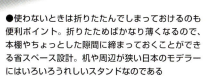

83 プラモデルを作っていると いつもランナーを探しているような……

ジミに製作時間を短縮できる こんなアイディア商品はいかが?

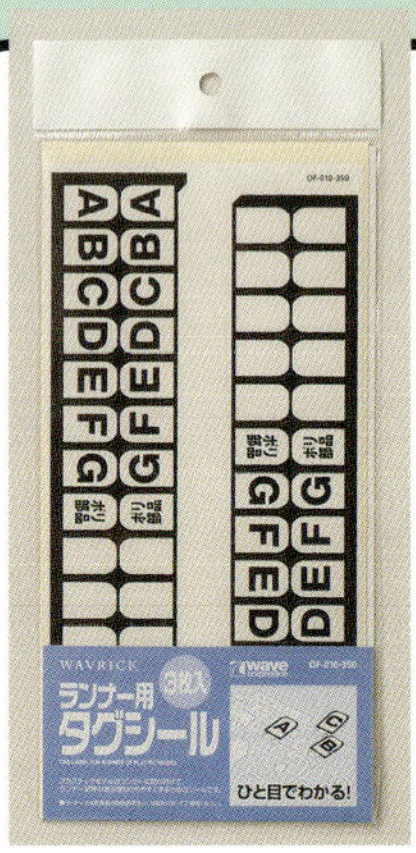

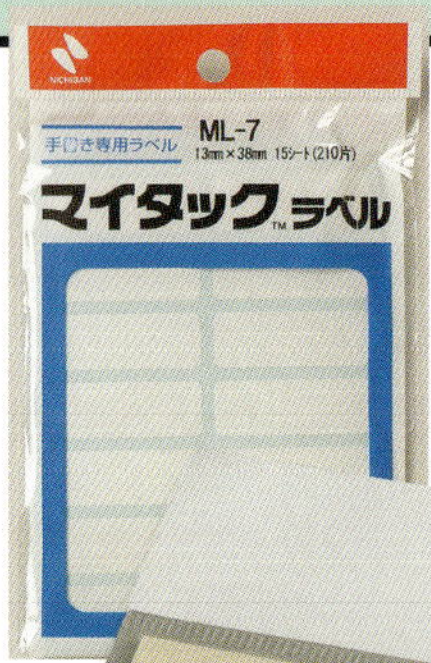

ランナー用タグシール
ウェーブ　実勢税込500円

Mr.ポリッシャー PRO
ニチバン　実勢税込340円

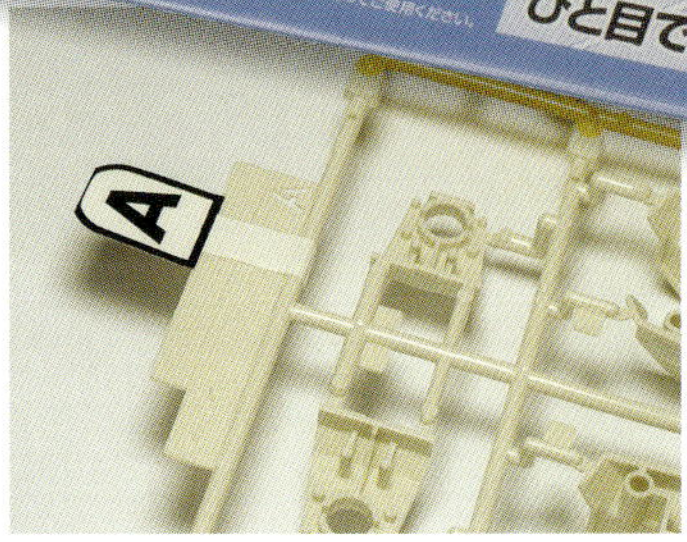

●貼るだけでランナー名の視認性が格段に上がるタグシール。市販のラベルを使ってランナー名を手書きしても同様の効果が得られるが、模型専用製品を使えば手間いらず。これで製作中のランナーを探す時間を劇的に短縮できる

最近のプラモデルは細密化やギミックの複雑化が進んでパーツ数が多くなってきている。これは、模型としての再現度という意味ではとても望ましいことなんだけれど、製作するという面では悩ましいところもある。パーツが増えるということは、パーツを収めたランナーも増えるということ。普通プラモデルの組み立て説明書は「A-1」というふうにランナー名と番号でパーツを指定しているので、製作している最中は常に「Aランナー、Aランナー……」というふうに探し続けることになる。

とくに近年の1/35AFVモデルやガンプラのマスターグレードのようにランナー数が20枚を超えるようなものは、ヘタをすると製作の時間の大半を「●ランナーはどこだ!?」と探す時間に費やしているといっても過言ではない。もちろん、「模型を楽しく、あるいはうまく作る」という意味ではまったくの無駄な時間と言える。そこで考えられたのが、このランナーに貼るタグシールである。ランナーには大きめにランナー名が彫刻されているが、タグシールを貼ることで視認性が一気に上がって探す時間を短縮できる。ランナーを探し続ける無駄な時間が減れば、そのぶんを工作の時間に費やすことができて、完成品の仕上がりがアップするという寸法だ。もちろん、時間が短縮できるだけでなくランナーの誤認によるパーツ取付の間違いを予防することができるという効果もある。ほんのちょっとしたアイディアだが、思いのほか効果があるので試してみてね。

84 海外発のアイディアツール これでランナーがさらに探しやすくなる

ありそうでなかったアイディア商品 ランナー立てが続々発売中

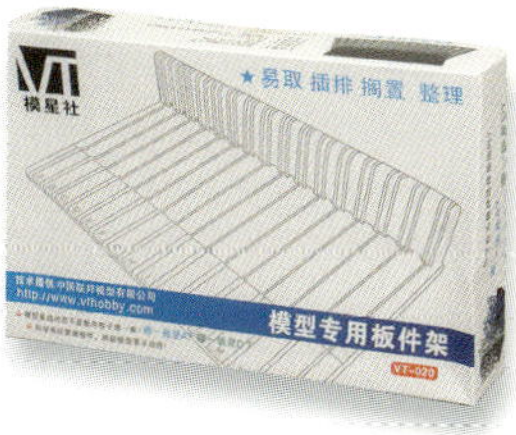

●amazonで「ランナースタンド」で検索すると数種類のスタンドがヒットする。価格は1500～2000円程度の海外製のものだ。国内メーカーではシモムラアレックからもランナースタンドが販売されている。どれも基本的なコンセプトは同じなのでここではこのふたつを紹介する

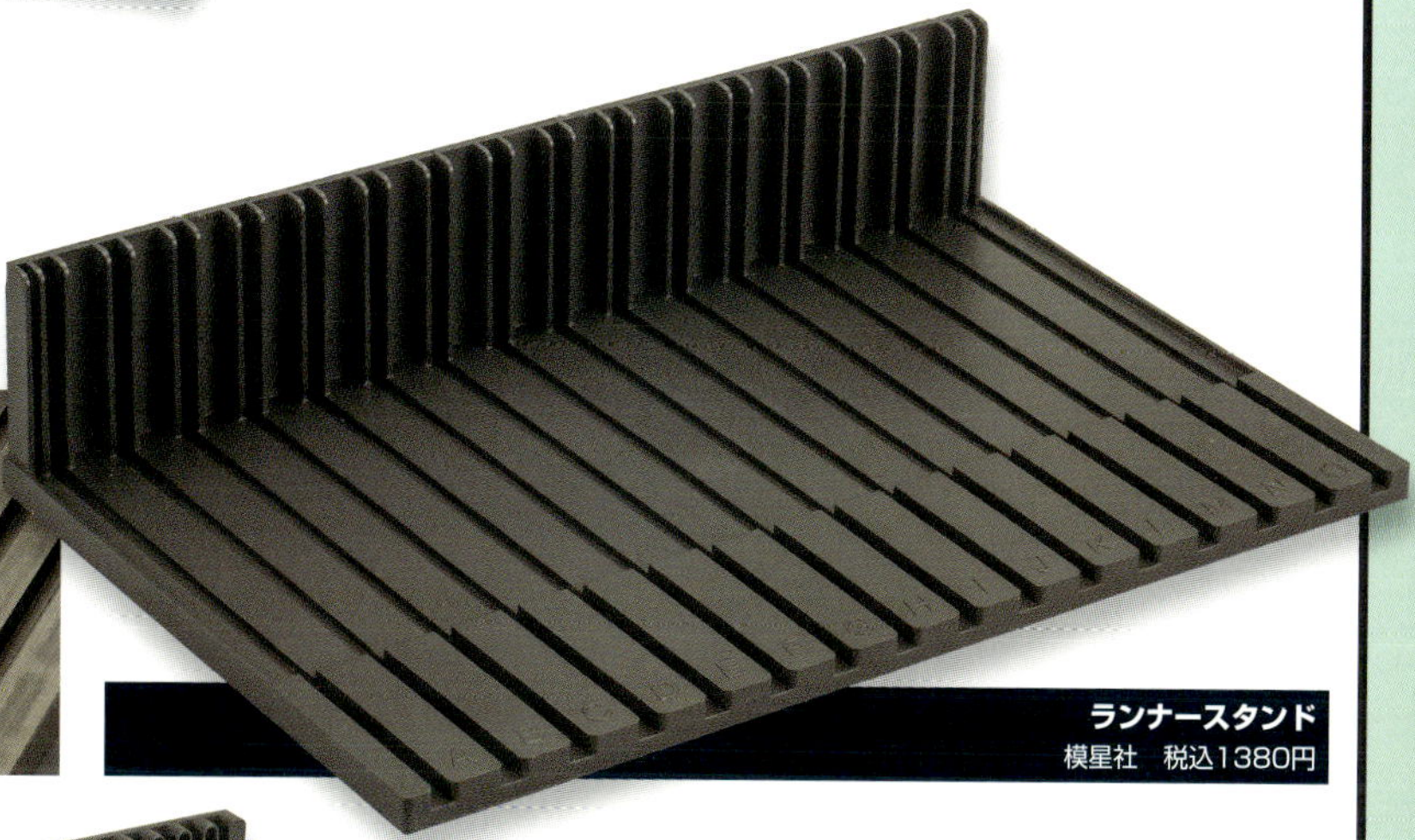

ランナースタンド
模星社　税込1380円

●アルファベットの振られたスリットにランナーを立てるところは同じだが、上のものは一体型。左のものはヒンジがついた折りたたみ式になっている。折りたたみ式のほうは、ランナーが奥側に収まりやすいよう、手前が高くなるような可動式ケタもついている。すべてのスリットにランナーを並べるとパーツ形状によってはあたってしまうので、1列ずつ空けて置くと使いやすかった

ランナースタンド
USTAR　実勢税込2600円

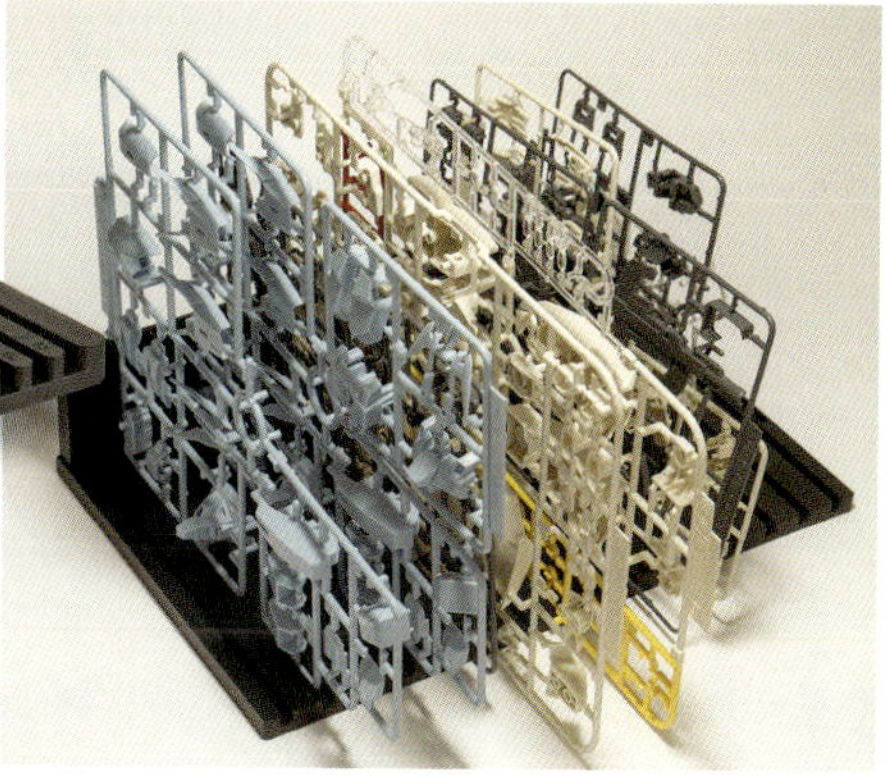

ランナータグシールの項で、「製作時間の大半をランナー探しに費やしてない?」ということを書いたが、タグシールとは別の方向からランナーを探しやすくするアイディア商品がこのランナースタンドだ。

ランナーが20枚以上もあるようなプラモデルを製作しているところを思い浮かべてほしい。プラモデルの箱にはランナーが積み重ねられて収められている。そのままの感じで箱にランナーを入れて作っていくと、下側のランナーを探すたびに上のランナーが邪魔になってどけなくてはならない。箱にランナーを立てて並べておくと、何回かランナーを抜いているうちに横倒しになってきて結局ぐちゃぐちゃになってしまう。かといって、机や床にランナーをすべてひろげておくのはあまり現実的ではない。そこで考えられたのが、抜きやすいように立てておくけれど横倒しにならないスタンド。ランナーを立てて置いておくことができれば作業性がかなり上がるし、ランナー名順に並べておけば、「A、B、C、D……発見!」というふうに、格段にランナーが見つけやすくなる。こうやって製品を目前にすればしごくあたりまえなことばかりなんだけれど、それまでになかった発想を形にしたアイディア商品だ。とはいえ、今回実際に使って見たところ現状ではクオリティーにちょっと不満なところもあって、かなりきちんと挿し込んでおかないとランナーがドミノ倒しになることもあったりした。まだ新しいジャンルの模型用品なので、今後さらに使いやすいものが出てくることだろう。

85 ちょっと敷居が高そうなハンダづけをもっと簡単に

ハンダづけをするなら、ないと不便な“脇役”を揃えよう！

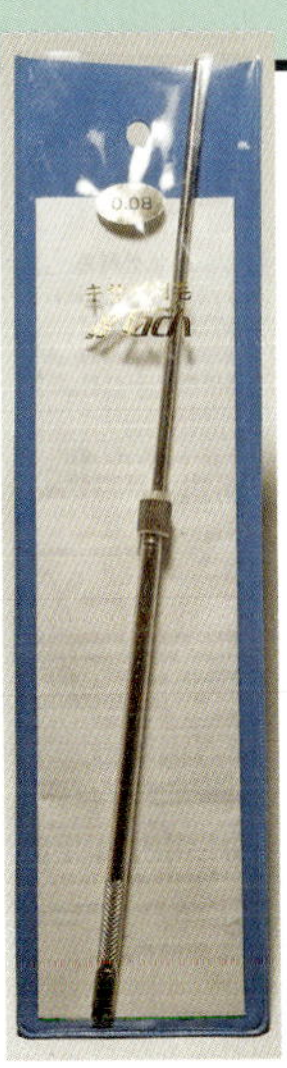

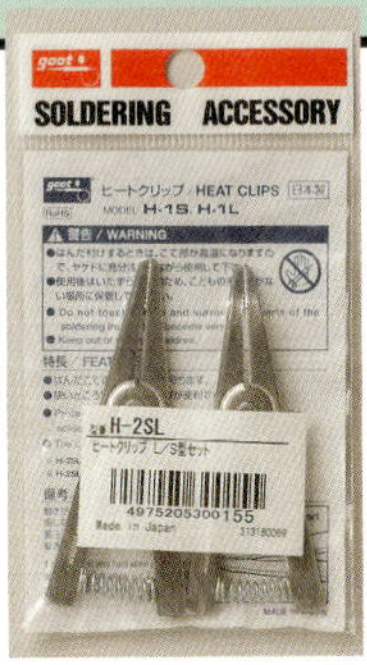

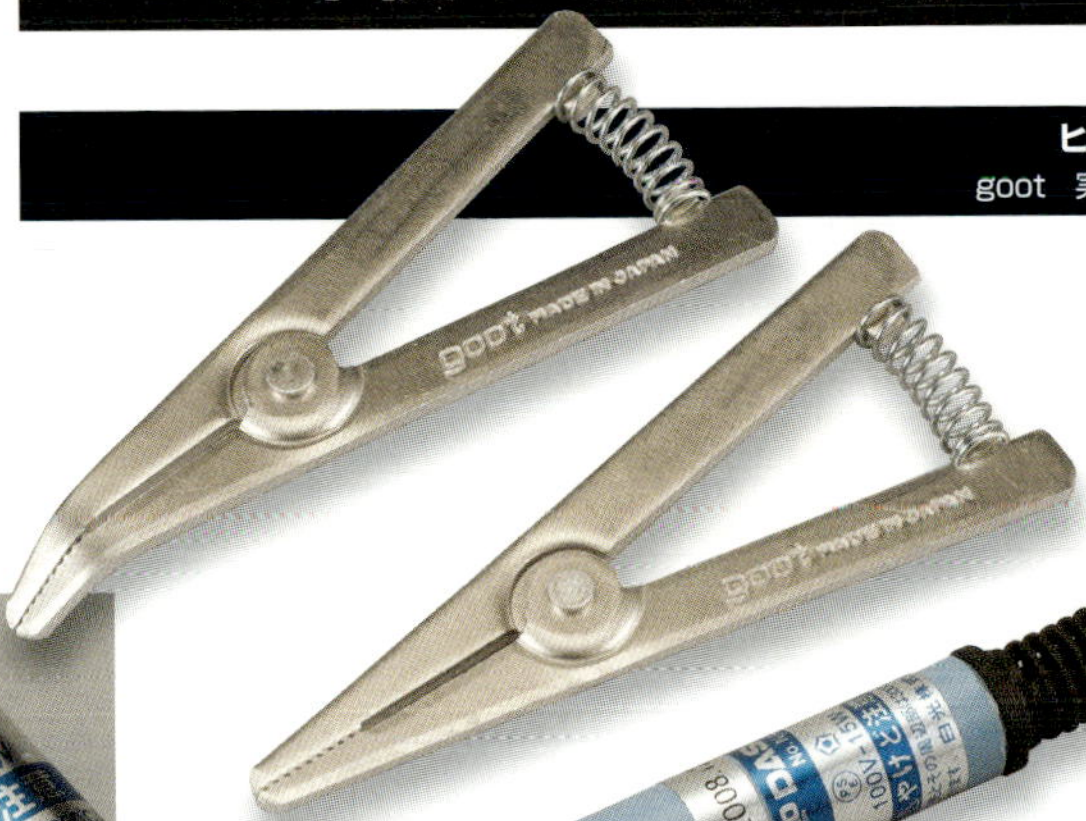

ヒートクリップ
goot　実勢税込200円

●放熱クリップは熱に弱い電子部品に熱が伝わりにくくするためのものだが、模型製作で複数パーツをハンダづけするとき、溶接中にほかのパーツが熱で外れないようにできる

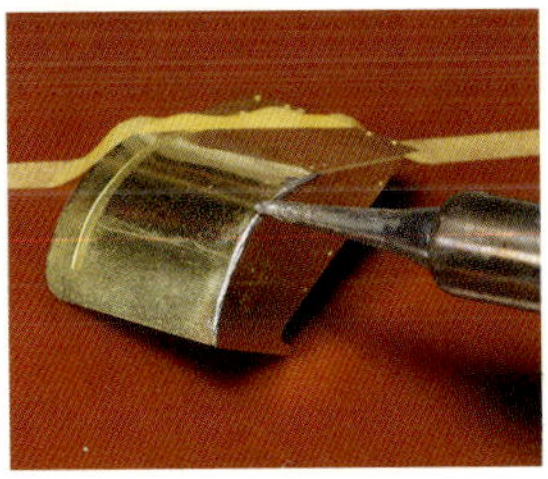

●ハンダゴテは、溶接箇所によってW数や太さを変えて熱容量＝熱の伝わる量をコントロールするとうまくいくようになる

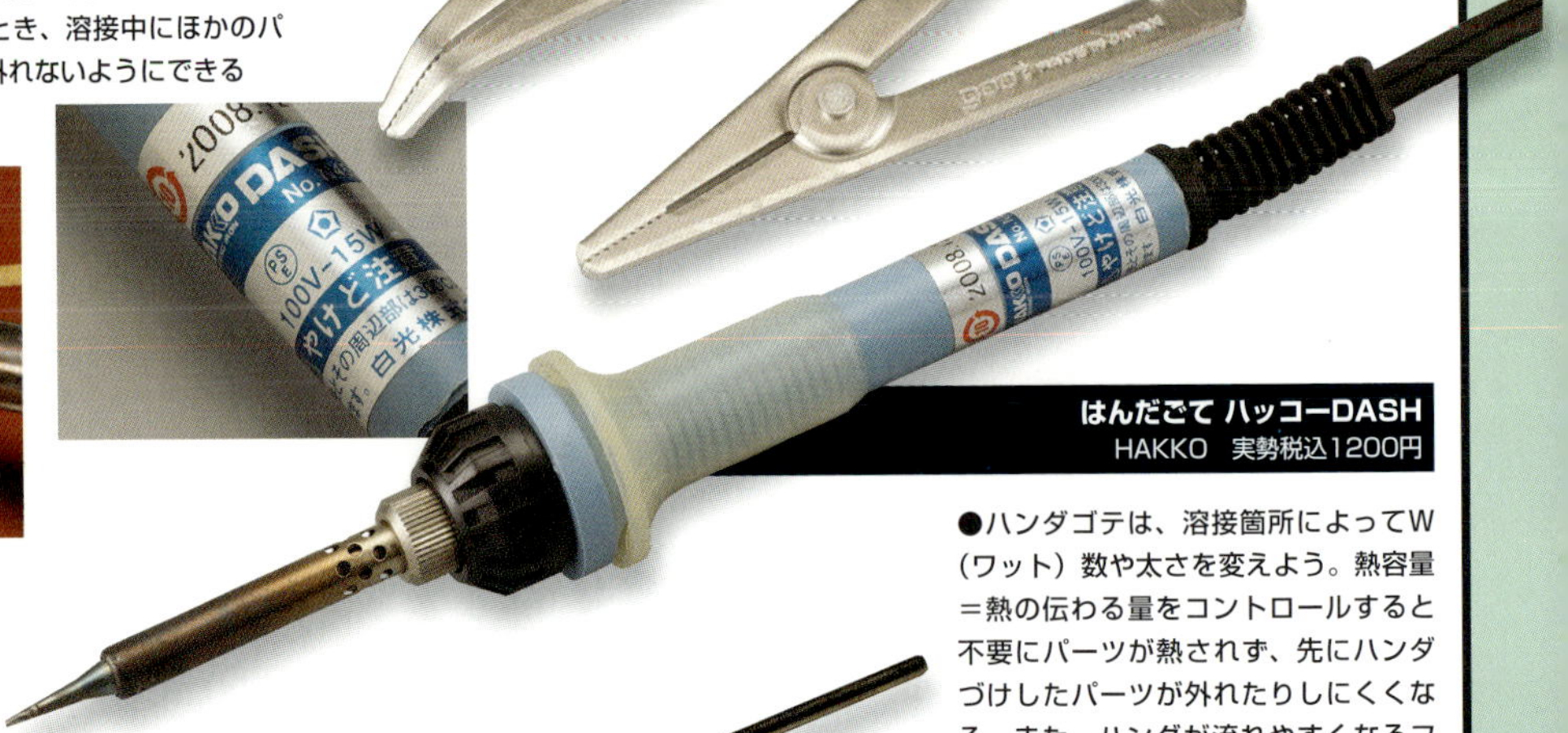

はんだごて ハッコーDASH
HAKKO　実勢税込1200円

●ハンダゴテは、溶接箇所によってW（ワット）数や太さを変えよう。熱容量＝熱の伝わる量をコントロールすると不要にパーツが熱されず、先にハンダづけしたパーツが外れたりしにくくなる。また、ハンダが流れやすくなるフラックスを併用するが、フラックスの蒸気が目に入らないよう注意し、溶接を終えたら流水で洗い流しておくこと

ATTENTION!
ハンダのはみ出しを簡単に削り取れるキサゲ刷毛

キサゲ刷毛 各種
マッハ模型　各実勢税込3700円～

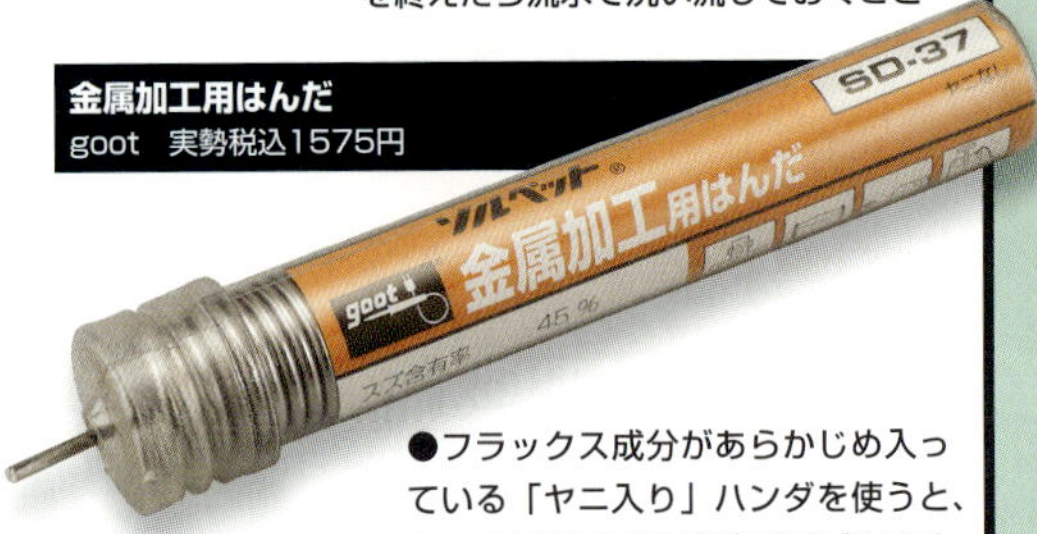

金属加工用はんだ
goot　実勢税込1575円

●キサゲ刷毛は、鉄道模型メーカーマッハ模型が販売しているワイヤーブラシ状のハンダを削る工具。ハンダだけを削り取ることができるので、ハンダのはみ出しの処理が楽になる

●フラックス成分があらかじめ入っている「ヤニ入り」ハンダを使うと、ヤニの層ができて塗装が剥げやすくなったりするので、模型の工作ではヤニが入っていないハンダを選ぼう

エッチングパーツなどで接合面がほとんどないときや瞬間接着剤では強度的に不安なときはハンダづけをしてみよう。ちゃんとした工具さえ揃えておけば、やり直しもきくので思いのほかやりやすい工作だ。

まずハンダごてだが、電気工作用の100Wのものは熱量が高すぎる場合が多いので15Wや30Wのものも持っておくとよい。これくらいのW数のものは先端が細いものがあるのでこまかい工作もしやすくなる。ハンダはヤニ入りのものはNG。ヤニなしのものを選ぶようにして溶接する素材にあったフラックスを併用する。コテは熱くなるのでスタンドも用意しておこう。

で、ここからが本題。ハンダゴテとフラックスがあればいちおうハンダづけはできるが、そのほかにも用意しておくと便利、というよりないと非常に不便なツールがある。ひとつめは放熱クリップ。1箇所しか溶接しない場合はいいが、複数箇所溶接する場合は、そのままだと1箇所を熱するとそれまでに溶接した箇所にも熱が伝わってポロポロと外れてしまう。そこで適当な箇所に放熱クリップを取りつけて熱の伝導をコントロールしよう。もうひとつはキサゲ刷毛。キサゲとは金属などを削る工具だが、先端が刷毛（ハケ）状なのがキサゲ刷毛。細い金属線の刃が束になっていて、これでハンダをこそげ取ることができる。ハンダづけをすると余分なハンダが残るが、それをヤスリで削ろうとすると難しく時間がかかる。キサゲ刷毛なら手早くきれいに余分なハンダだけを削り取れるのだ。

86「一眼レフじゃないときれいに撮れない」そんなことはありません。

模型をきれいに撮りたいなら……スマホがむしろオススメだ!!

●下の写真は実際にiphoneで撮影したもの。ご覧のとおりかなりキレイに撮れる。1200万画素あるので、大判の商用印刷とかでなければ解像度は充分。スマホのバンドルのカメラアプリで撮影する場合、ほとんどのアプリは自動でiso感度を上げるので、なるべく明るく照明をあてて撮影するのがミソ

超音波洗浄器 MyFresh TKS-210
東芝　実勢税込17500円

●iphoneはデュアルカメラになって長い方のレンズが35㎜版相当で50㎜くらいになってから模型が撮影しやすくなった。あまりパースがつかないので自然なフォルムで撮れる。また、レンズが小さいからグッと寄れるのもスマホカメラのメリット。ディテール撮影もバッチリ

ATTENTION!
スマホの現行機種は数年前の一眼レフやコンデジより優秀！

●有名なレンズメーカー、カール・ツァイスのレンズを採用したNokia 8やライカのカメラを搭載したHUAWEI P10 Plusなど、カメラ性能にとくに力をスマホも多くなってきた。シャッタースピードやisoをマニュアルで操作できるアプリもあるので使ってみよう

ブログからインスタグラムへと世が移ろったこともあって、模型完成品を撮影してインターネットに上げたり人に見せる機会はどんどん増えていると思われる。そうなるとせっかく作った完成品だからきれいに撮影したくなるが、問題は何で撮るかだ。数年前までなら、できれば一眼レフかよいコンデジ（コンパクトデジカメ）を選んで買おうとなったのだが、いまなら確実にスマホを推す。それくらいここ数年でスマホのカメラは進歩している。数年前の一眼レフやコンデジを買うくらいなら最新のスマホを使おう、というのが筆者の考えだ。

昨今はインスタグラムのためにカメラ性能でスマホ機種を選ぶことも多いようだし、なにより、最新のスマホは本来は優に10万円を超える高額機器だ。数万円の一眼レフやコンデジより高性能なのは考えてみればあたりまえ。しかもシステムが頻繁に更新されるので、カメラアプリの性能も最新版。とくにホワイトバランスについては一眼レフやコンデジよりも先を行っている機種も多い。画素数も2000万画素クラスが普通になったので中級一眼レフに引けを取らない。3年前の一眼レフやコンデジを使うくらいなら、最新のスマホのほうがよっぽどきれいに撮れてしまうのだ。最近はカール・ツァイスのレンズを採用したモデルや、露出やシャッタースピードが一眼レフのように個別に操作できるカメラアプリ搭載モデルなどもあるので、スマホを機種変更するときは、カメラ性能にも気をつけて選ぶようにしてみるのはいかがだろう。

87 パテの色が自由になるといろんないいことがある

あらゆる色にすることができていろいろ使える便利なパテ

●瞬間カラーパテは粘度が高めの瞬間接着剤系パテ。7色がラインナップされているので、混ぜて好きな色にすることができる。調色する時間をとれるように、瞬間接着パテとしては硬化が遅めになっている。硬化後は切削性がよく、ナイフや紙ヤスリなどで整形することが可能。硬化を早めたい場合は、瞬間接着剤用の硬化促進剤が併用できる

ATTENTION!
三原色があるのでどんな色でも混ぜられる

瞬間カラーパテ各種
ガイアノーツ　各実勢税込1000円

●パテが調色できるとレジンキットをサーフェイサーレス仕上げするときや、フィギュアのプラモデルのパーティングラインを消したいときにとても便利。ガンプラの塗らないで仕上げる簡単フィニッシュなどでも威力を発揮する

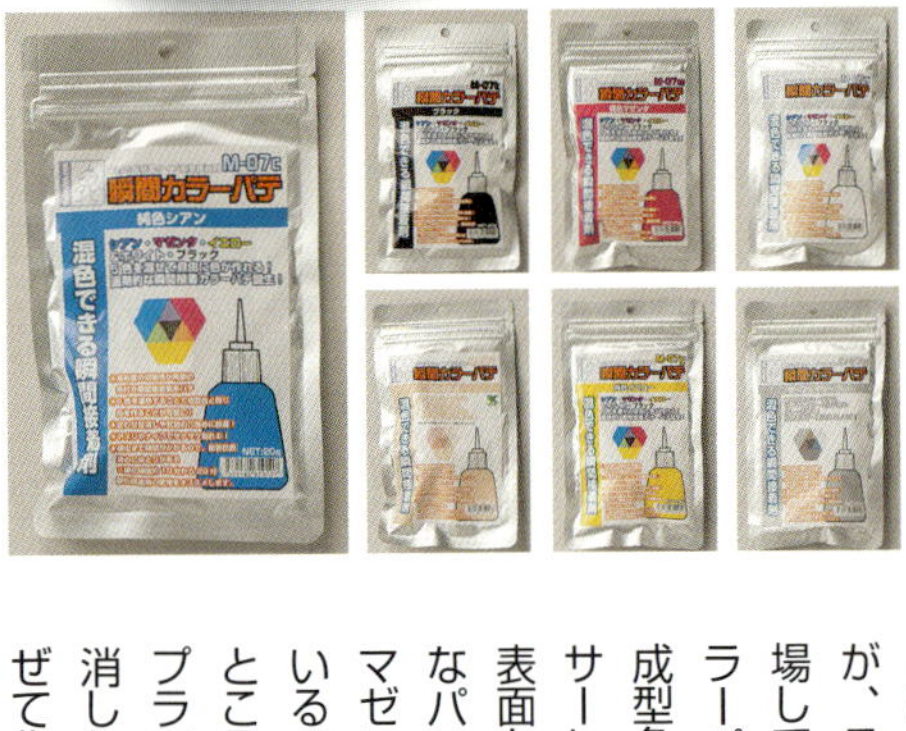

●ホワイト、ブラック、グレー、フレッシュ、シアン、イエロー、マゼンタの6色が発売中。フレッシュは、レジン注型で有名なRC.ベルグ社の協力を得て、レジンキットでよく使われる肌の色に近い色味を出している

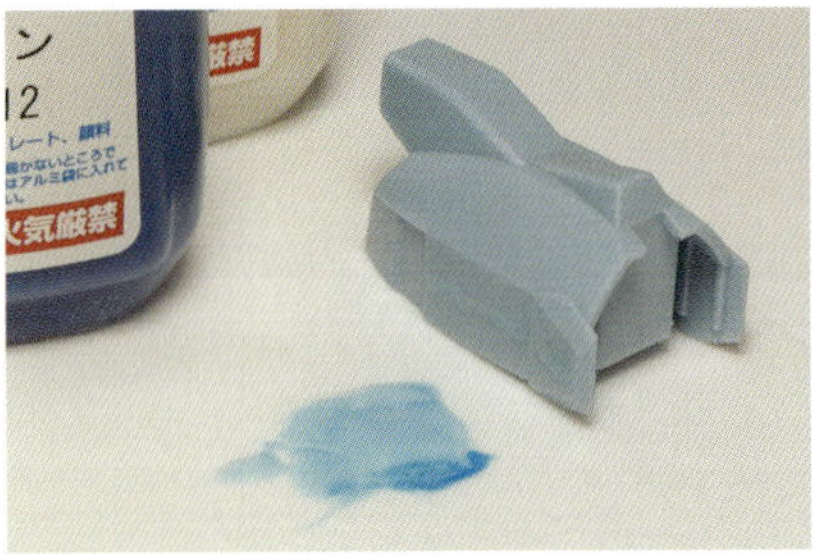

その昔、模型で使うパテといえばラッカー系パテがほぼ唯一の選択肢だったころもあったが、その後ポリエステルパテやエポキシパテの模型での使用が一般的になって選択肢は拡がった。ただ、ラッカーパテは手軽な代わりに乾くのに時間がかかりヒケる、ポリエステルパテは臭いが強い、エポキシパテは硬化に時間がかかり完全硬化後は硬くて削りにくい、ということで、プラモデル製作で合わせ目や軽微な凹みを修整するのには瞬間接着剤や瞬間接着材系パテが使われることが多くなっていった。瞬間接着剤／瞬間接着材系パテの長所は、すぐに固まるので作業時間が短縮でき、硬化後のヒケがほとんどないところにある。一回瞬間接着剤での合わせ目消しに慣れてしまうと、硬化に数十分〜数時間待たないといけないパテには戻れなくなる。

かように「模型製作の必需マテリアル」となった瞬間接着剤／瞬間接着材系パテだが、ここにきてさらに便利な瞬間パテが登場している。それはガイアノーツの瞬間カラーパテ。瞬間パテに色をつけることで、成型色を活かした簡単仕上げやサーフェイサーレス仕上げに活用したり、加工箇所の表面を目視しやすくすることができる便利なパテだ。このパテのポイントはシアン、マゼンタ、イエローという三原色が揃っているので混ぜ方次第でどんな色でも作れるところ。近年多くなってきたフィギュアのプラモデルで成型色を活かしたまま段差を消したいときなどに、成型色と同じ色を混ぜて作ることができるのだ。

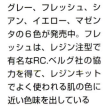

88 くっつくのが速くなったり くっつかなかったものがくっついたりする

瞬間接着剤の用途を拡張する、持っておきたいふたつの小ビン

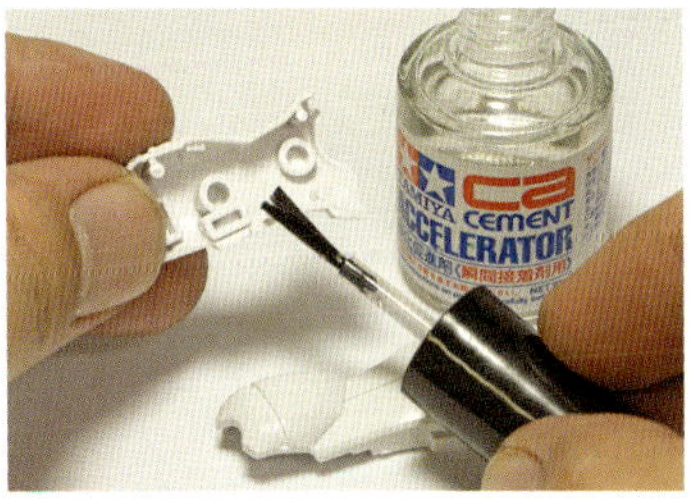

●瞬間接着剤用プライマー(PP・PE・POM)は、一般的な瞬間接着剤では接着できないポリプロピレン、ポリエチレン、ポリオキシメチレンが接着できるようになるプライマー。接着したいパーツの両方に薄く塗布し、乾かしてから瞬間接着剤で接着する。これを使えばポリキャップにプラスチックを接着できるようになるので、可動部のポリキャップがむき出しになっているガンプラなどでプラ板を貼ってディテールを作ることもできる

瞬間接着剤用プライマー(PP・PE・POM)
タミヤ　定価税込756円

硬化促進剤 瞬間接着剤用
タミヤ　定価税込756円

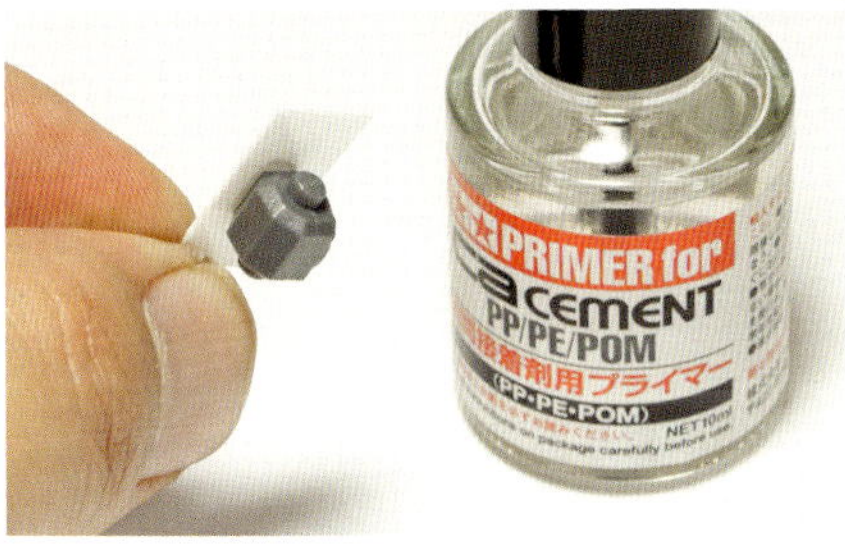

●硬化促進剤 瞬間接着剤用は、瞬間接着剤と併用することで硬化時間を短縮することができる。ボトルキャップについているハケで接着対象の片面に硬化促進剤を塗り、もういっぽうに瞬間接着剤を塗って合わせるようにして使用する

もはやプラモデル製作には欠くことができないマテリアルとなった瞬間接着剤。パーツ同士の接着はもちろんのこと、パテ代わりに使うことでも工作にかかる時間を大幅に短縮できる便利な接着剤だ。そんな便利な瞬間接着剤をもっと便利に使えるようにするのがここで紹介するふたつの小ビン。

ひとつめは硬化促進剤だ。模型でも、以前からスプレータイプの瞬間接着剤用硬化促進剤はよく使われてきたが、スプレーであるがゆえに接着部以外にも促進剤がかかってしまうという難点があった。瞬間接着剤用硬化促進剤は、その種類や使うプラスチックパーツの素材によって程度が変わってくるものの、プラスチックに浸透して侵す性質がある。侵されたプラスチックは脆くなり、その場で割れたり、あとでスミ入れしたときに割れやすくなったりするおそれがある。その点ビン入りで接着箇所だけに塗れる硬化促進剤なら、そういった事故が起きる可能性を低減できるのだ。また、瞬間接着剤は1回目の接着に失敗すると2回目以降はとてもくっつきにくくなる。硬化促進剤を使用して1回でガッチリ接着できればそれに越したことはない。

もうひとつは瞬間接着剤用プライマー。これは塗装用プライマーとは別種のもので、そのままだと瞬間接着剤での接着が難しい、というかほぼできないポリプロピレンやポリエチレンを接着できるようにするものだ。普通は接着できないポリキャップとプラ板を接着できるようになるので、ロボット関節部の改造などで威力を発揮するぞ。

89 原理は至って単純。でもめっちゃ便利でした

作業机に散乱しがちな刃物をコンパクトに使いやすく整頓する

●元は海外製の工具のようで、アバウトな梱包がいかにも。箱を開けるとこの工具がごろんと入っている。使い方は至って簡単、好きなところに好きな工具をくっつけるだけだ

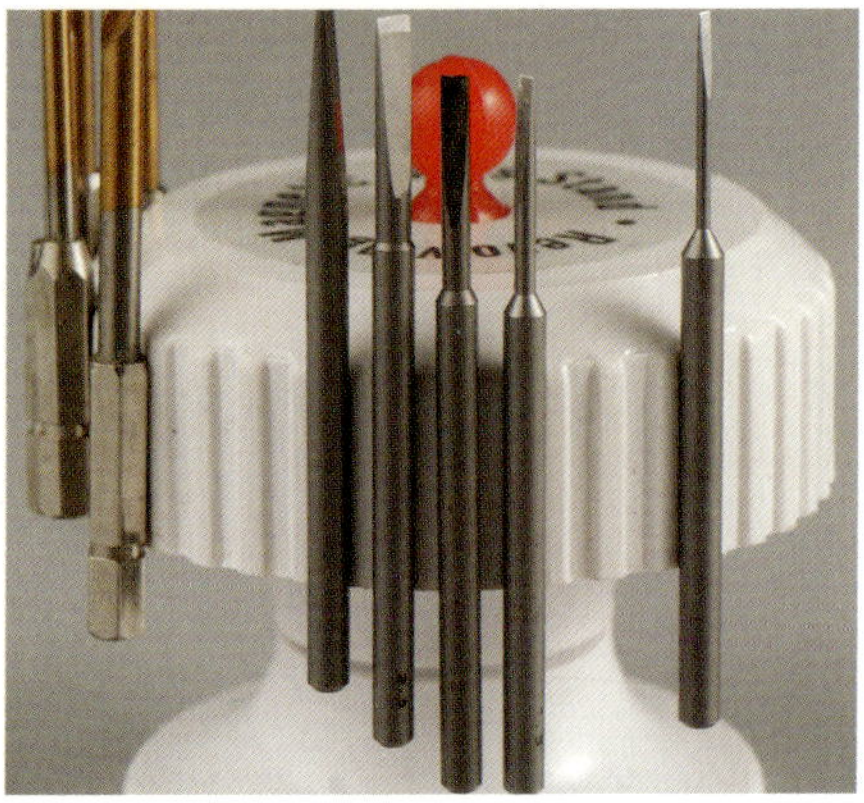

ATTENTION!
磁石でくっつけて
ドリル刃などを
すっきり整理

●刃物系工具が机の上や工具ケース内にバラバラに散っていると、いちいち探すのがめんどうなだけでなくうっかり刃先を触ってケガをする事故も起きやすい。このようなマグネット式刃先スタンドを使えばすっきり整頓できて、工具が選びやすいだけでなく事故も予防できる

くっつくんです
シーフォース　実勢税込1700円

模型を製作しているといつのまにか机の上が工具でゴチャゴチャになってくる。オマエがズボラなだけだろうと言われればそれまでだが、同じような方は多いのではないだろうか。机の上がゴチャゴチャになってくると、工作の効率が下がるだけでなく危険も伴う。模型用の工具には刃物が多く含まれているので、机の上に刃物が雑然と置かれていると危ない。かといって、適当な箱や工具箱にざらっといれておくだけだと、机の上は片づくが、工具を探すときに底に手を突っ込むので危ないことに変わりない。とくに危ないナイフなどはキャップをするなど注意するのでそうでもないが、意外と不注意で危うい思いをすることが多いのが、ドリル刃や付け替え式の彫刻刀の刃先ではないだろうか。これらは小さめで数がある。それぞれに専用のケースが付属していてもついついそれに収めず適当に集めて置いておきがちで、そのなかから目的のモノを探すときが気をつけないと危ない。

そんなズボラな私を一発で魅了したのがこの「くっつくんです」だ。これは磁石でドリル刃などをくっつけておいておけるという工具収納ツール。おちゃらけた名前で見た目も少々チープだが、目的はばっちり果たしてくれるスグレモノだ。使い方は至って簡単。内部に磁石が仕込まれているので、ドリル刃や彫刻刀の刃先、モーターツールのビットなどを近づけるだけでぴたっとくっついてくれる。これで机の上や工具箱の中に刃物が散乱して危ないこともなく、目的の刃先が見つけやすくなる。

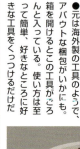

90 シルバリングを防ぐための転ばぬ先の杖

これで古いデカールも安心 のりを足してきれいに貼ろう

ATTENTION!
軟化剤成分が入っていないデカール用のり

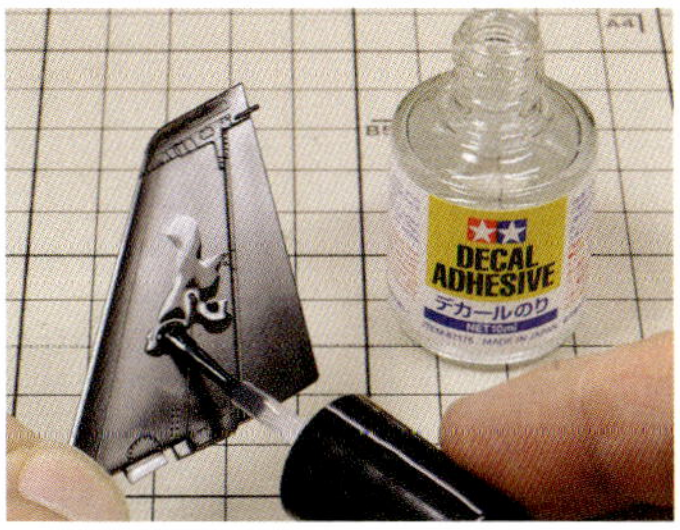

●デカールのりはパーツの上に塗っておき、その上にデカールを貼るようにする。軟化剤が入っていないデカールのりを使う場合は、デカールをパーツになじませるには別途軟化剤を塗る必要がある（軟化剤が入ったデカールのりもある）。また、乾いたあとは余分なのりを水を使って拭き取ろう

●下地が凸凹だったりデカールののりが足りなかったりすると乾いたあとに白っぽくなってしまい、これをシルバリングという。シルバリングしてしまったところは、ナイフの刃先でつついて水で薄めたデカールのりを流し込めば密着させることもできる

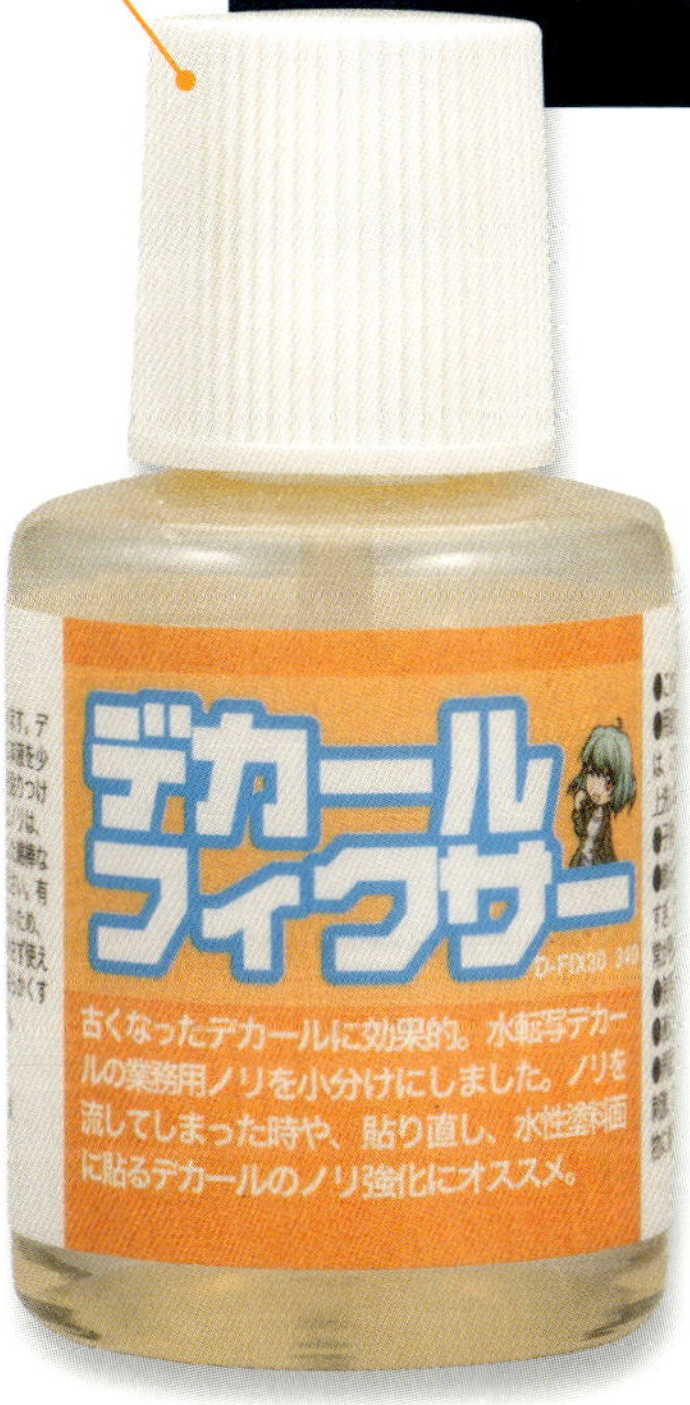

デカールフィクサー
HiQparts　実勢税込600円

デカールのり
タミヤ　定価税込324円

デカールのり（軟化剤入り）
タミヤ　定価税込388円

デカール貼りの失敗で「シルバリング」というものがある。パーツとデカールの間に気泡ができてしまうことにより、そこが白っぽくなって光をあてると銀色に光っているように見えたりすることからそう呼ばれるが、これが起きてしまうとせっかく工作と塗装をがんばってうまくやってもリアリティーがなくなってしまう。シルバリングをなくすにはパーツとデカールを密着させて気泡が入らないようにすればいい。そのためにもっとも有効なのが、デカールのりを使うテクニックだ。

水転写式のデカールは、台紙とデカールの間にのりがあり、水に浸けることでのりが溶けて貼れるようになるが、のりは溶けると少しずつ流れていってしまうので、水に浸けたあとパーツにのせたときにはのりの量が少なくなってしまっていることがある。のりが少ないところには気泡ができやすくなるので、貼るときに先にのりを追加しておいて気泡ができにくいようにするのだ。ここで気をつけたいのは、デカールを貼っている最中は水分があるので密着しているように見えても、乾くと水分が蒸発してシルバリングが起きてくるというところだ。貼っている最中の見た目に騙されずにあらかじめのりを足しておくことが重要である。デカールの種類によっては初めからのりが少なめなものもあるし、古くなったデカールではのりが変質してしまっている場合もある。筆者の場合、どんなデカールを貼るときでも、転ばぬ先の杖で、デカールのりを使うように心がけている。

切る、貼る、削る。
知らないと損をする工具選び 2018

■スタッフ STAFF

著／編集 Author/Editor	森 慎二 Shinji MORI
撮影 Photographer	株式会社インタニヤ ENTANIA
アートディレクション Art Directorr	横川 隆（九六式艦上デザイン） Takashi YOKOKAWA

切る、貼る、削る。2018　知らないと損をする工具選び

発行日	2018年8月24日 初版第1刷
発行人	小川光二
発行所	株式会社 大日本絵画 〒101-0054 東京都千代田区神田錦町1丁目7番地 Tel 03-3294-7861(代表)
URL	http://www.kaiga.co.jp
編集人	市村弘
企画／編集	株式会社 アートボックス 〒101-0054 東京都千代田区神田錦町1丁目7番地 錦町一丁目ビル4階 Tel 03-6820-7000(代表)
URL	http://www.modelkasten.com/
印刷／製本	三松堂株式会社

Publisher/Dainippon Kaiga Co., Ltd.
Kanda Nishiki-cho 1-7, Chiyoda-ku, Tokyo 101-0054 Japan
Phone 03-3294-7861
Dainippon Kaiga URL; http://www.kaiga.co.jp
Editor/Artbox Co., Ltd.
Nishiki-cho 1-chome bldg., 4th Floor, Kanda
Nishiki-cho 1-7, Chiyoda-ku, Tokyo 101-0054 Japan
Phone 03-6820-7000
Artbox URL; http://www.modelkasten.com/

ISBN978-4-499-23241-8

内容に関するお問い合わせ先　03(6820)7000 (株)アートボックス
販売に関するお問い合わせ先　03(3294)7861 (株)大日本絵画